Fritjof Haft

**Das Normfall-Buch**

IT-gestütztes Strukturdenken und Informationsmanagement

6. überarbeitete und erweiterte Auflage

edition normfall Band 4

Originalausgabe
Normfall GmbH
Bismarckstraße 22
80803 München
www.normfall.de

ISBN 978-3-00-028853-1

Umschlaggestaltung, Layout, Satz und Illustrationen:
Igor Clukas, München

Druck und Bindung: CPI books GmbH, Leck

# Inhalt

Einleitung ........................................................................................... 11

Methodische Grundlagen ................................................................. 15
  Die Entwicklung des Managers ..................................................... 15
  Der Parallelbetrieb von Normfall 5 und Normfall 7
  auf demselben Computer ............................................................. 19
  Drei Medienrevolutionen .............................................................. 20
    Übersicht .................................................................................. 20
    Die Entwicklung der Sprache .................................................... 20
    Die Erfindung der Schrift .......................................................... 22
    Die Computerrevolution ........................................................... 37
  Das Strukturdenken ...................................................................... 42
    Das Komplexitätsproblem ........................................................ 42
    Das Strukturdenken ................................................................. 53
    Die Auswertung unstrukturierter Daten .................................. 65
  Das Strukturdenken im Recht ....................................................... 78
    Übersicht .................................................................................. 78
    Die übersehene Methode ......................................................... 78
    Die beiden großen Strukturmodelle im Recht .......................... 83
  Die Konsequenzen für das Design computergestützter
  juristischer Fallmanager im Recht ................................................ 90
    Übersicht .................................................................................. 90
    Das kontinentaleuropäische Recht ........................................... 90
    Das angelsächsische Recht ....................................................... 91
    Die Verbindung beider Ansätze ................................................ 91
    Vieldimensional Strukturieren .................................................. 92
    Die Konzentration auf den Sachverhalt ................................... 93
    Die Konsequenzen für die Elektronische Justiz ........................ 94
  Die Beherrschung der Komplexität von Urkunden und Dateien 100
    Die Problematik ...................................................................... 100
    Der Lösungsweg über die Struktur ......................................... 101
    Die Anbindung mehrerer Textauszüge an einen
    Strukturpunkt ......................................................................... 106
    Die Erzeugung von Redundanz .............................................. 107
  Der Schritt von der Akte zur Information .................................. 108

Übersicht ........................................................................... 108
Die digitale Justizakte ...................................................... 108
Die Information ................................................................ 109
Die IT-Desiderate .............................................................. 111

Einführung in den Manager .................................................. 117
   Übersicht ........................................................................... 117
   Die Oberfläche des Managers .......................................... 118
      Übersicht ........................................................................ 118
      Die Oberfläche .............................................................. 118
      Die Titelzeile ................................................................. 119
      Das Ribbon – die Multifunktionsleiste ...................... 121
      Die flexible grafische Benutzeroberfläche ................ 122
      Die Schaltflächen und die Befehle .............................. 122
   Der Werkzeugcharakter und die Architektur des Managers ...... 127
      Übersicht ........................................................................ 127
      Der Werkzeugcharakter ............................................... 127
      Die Architektur .............................................................. 128
   Die Grundbegriffe ............................................................... 130
      Übersicht ........................................................................ 130
      Das Normfall-Projekt .................................................... 130
      Die Normfall-Struktur .................................................. 131
      Der Strukturpunkt ........................................................ 132
   Die Speichermöglichkeiten ............................................... 135
      Übersicht ........................................................................ 135
      Die Speicherung im Projektspeicher .......................... 136
      Die Speicherung im Dateisystem ................................ 140
      Die Offline-Speicherung ............................................... 141
   Die Anbindungen ................................................................ 143
      Übersicht ........................................................................ 143
      Die Speicherung von Kopien der angebundener Dateien ...... 143
      Die Kombinationsmöglichkeiten beim Anbinden ...... 144
   Die fünfstufige Informationsarchitektur des Managers ......... 148
      Übersicht ........................................................................ 148

Die erste Stufe ......................................................................... 148
Die zweite Stufe ........................................................................ 149
Die dritte Stufe ......................................................................... 149
Die vierte Stufe ......................................................................... 150
Die fünfte Stufe ......................................................................... 151

Die Anwendungsmöglichkeiten des Managers ....................... 153
  Übersicht ................................................................................ 153
  Die Anlage eines Projektes ................................................... 155
    Der Projekt-Typ „Standard Projekt" .................................. 155
    Der Name, das Schließen und das Öffnen des Projektes ......... 156
    Das Fenster „Navigation" .................................................. 157
    Der Wurzel-Strukturpunkt ................................................ 158
    Die externe Sicherung ...................................................... 159
    Das Löschen eines Projektes ............................................. 159
  Die Nutzung der flexiblen grafischen Benutzeroberfläche ......... 161
    Übersicht ........................................................................... 161
    Die Fensterarten .............................................................. 161
    Das Abdocken und Bewegen von internen und
    sekundären Fenstern ....................................................... 162
    Die Nutzung von eigenständigen Fenstern ...................... 164
    Die Arbeit mit zwei oder mehr Bildschirmen .................... 166
  Die Anlage und Bearbeitung einer Struktur ............................ 169
    Übersicht ........................................................................... 169
    Das Prinzip ........................................................................ 169
    Das Strukturfenster .......................................................... 172
    Die Bildung der Struktur ................................................... 173
    Die Bearbeitung der Struktur ........................................... 175
  Die Anbindung verschiedener Dateitypen an Strukturpunkte . 191
    Übersicht ........................................................................... 191
    Die herkömmliche Dateiverwaltung ................................ 191
    Die Dateiverwaltung im Manager ..................................... 191
    Die Vorgehensweise beim Anbinden von Dateien ............ 192
    Synchronkopien und Verknüpfungen bei Verweisen ........ 202

Die Nutzung des Datei-Eingangs ............................................................ 207
    Übersicht ............................................................................................ 207
    Das Anlegen des Ordners „Datei-Eingang" im
    Windows Datei-System .................................................................... 207
    Das Anbinden von Dateien im „Datei-Eingang" als
    Verweiszeilen .................................................................................... 209
Die Nutzung der Schnellansicht .............................................................. 210
    Übersicht ............................................................................................ 210
    Das Öffnen eines angebundenen PDF-Dokuments
    mit der Schnellansicht ..................................................................... 210
    Das Anbinden eines extern gespeicherten PDF-Dokuments
    an den Manager mit der Schnellansicht ........................................ 211
    Das Anbinden von Grafikdateien sowie von Audio-
    und Videodateien ............................................................................. 215
    Die „Out-of-Band"-Funktion ............................................................ 216
Die Nutzung des in den Manager integrierten PDF-Editors ....... 219
    Übersicht ............................................................................................ 219
    Die Bedeutung von „PDF" ................................................................ 219
    Das Menü des integrierten PDF-Editors ........................................ 220
Die Unterstützung der Relationstechnik ............................................. 228
    Die Relationstechnik ........................................................................ 228
    Die Hindernisse bei der Arbeit mit Papier ................................... 229
    Das Relationsmodul des Managers ............................................... 231
Die Arbeit mit Schlagwörtern und die Durchführung gefilterter
Abfragen bei Verweisen ............................................................................. 246
    Übersicht ............................................................................................ 246
    Die Begriffe: Schlagwort-Projekte, Schlagwort-Klassen und
    Schlagwörter ..................................................................................... 246
    Das Anlegen eines Schlagwort-Projektes .................................... 247
    Das Aktivieren von Schlagwort-Projekten in (normalen)
    Normfall Projekten ........................................................................... 249
    Die Abfragen ..................................................................................... 252
Die Durchführung gefilterter Abfragen bei Strukturpunkten ..... 259
    Übersicht ............................................................................................ 259

Die Reichweite der Abfrage .................................................. 259
Die Durchführung der Abfrage ............................................. 260
Die Suchfunktionen ............................................................. 263
  Übersicht .......................................................................... 263
  Die systematische Suche über die Baumstruktur ............. 263
  Die „klassische" Volltextsuche .......................................... 264
Das Textverarbeitungs-System des Managers ................... 274
  Übersicht .......................................................................... 274
  Der Texteditor .................................................................. 274
  Die Text- und Dokumentvorlagen ..................................... 302
  Die Texterstellung ............................................................ 313
  Die Dateitypen für die zu exportierenden Dokumente ..... 329
  Keine Notwendigkeit eines gesonderten
  Textverarbeitungsprogramms .......................................... 330
Die Teamarbeit mit dem Manager ...................................... 331
  Übersicht .......................................................................... 331
  Das Prinzip des „optimistischen Sperrens" ....................... 331
Das Wissensmanagement .................................................. 333
  Übersicht .......................................................................... 333
  Das längerfristig gültige Wissen ....................................... 334
  Die Gesetze als Schlüssel ................................................ 334
  Ein Beispiel ...................................................................... 336
  Kein Wissensmanagement bei der herkömmlichen
  Vorgehensweise ............................................................... 339
  Das Wissensmanagement bei juristischen Datenbanken .. 340
Die Normfall Elektronische Akte (NEA) ............................... 341
  Das Konzept von NEA ...................................................... 341
  Das Anlegen einer E-Akte in NEA .................................... 342
  Das Befüllen der E-Akte ................................................... 344
  Die Abfragen .................................................................... 346
  Die Paginierungsfunktion ................................................. 348
  Fazit .................................................................................. 351

# A. Einleitung

Seit vielen Jahren habe ich mich mit den Einsatzmöglichkeiten des Computers im Recht sowohl wissenschaftlich als auch in der Praxis auseinandergesetzt. Im Jahre 1999 habe ich die Normfall GmbH als Spin-Off der Eberhard Karls Universität Tübingen gegründet. Das Kernprodukt dieser Gesellschaft ist der Normfall Manager (künftig: Manager). Er ermöglicht die Beherrschung aller Rechtsfälle und darüber hinaus aller komplexen Gegenstände, wo immer auch sie bewältigt werden müssen. Seit Jahren ist diese Software in Kanzleien, Gerichten, Behörden und Unternehmen sowie bei Freiberuflern verschiedener Disziplinen erfolgreich im Einsatz. Die aktuelle Version 7 enthält die bewährten Funktionen der Vorgängerversionen und bietet zusätzlich neue Anwendungsmöglichkeiten – alles auf modernstem und zukunftssicherem technischen Stand.

In diesem Buch beschreibe ich die methodischen Grundlagen sowie die Anwendungsmöglichkeiten des Managers. Ein ausführliches Handbuch, welches die einzelnen Schaltflächen und Befehle der Software beschreibt, ist als Hilfe in den Manager integriert. Auch kann es als PDF aus dem Internet geladen werden. Es erläutert auch den PDF-Editor, der in die Schnellansicht des Managers integriert ist.

Abraham Lincoln (1809–1865) wird das Zitat zugeschrieben: „*A lawyer's time and advice are his stock in trade*". Es stammt zwar nicht von ihm, aber es könnte von ihm stammen, was fast dasselbe ist. Was die Zeit angeht, handelt es sich bekanntlich um ein begrenztes Gut. Auch wenn man es angesichts mancher Stundenabrechnungen von Anwälten nicht glauben möchte, hat der Tag nur 24 Stunden. Die Produzenten von Büroklammern oder Autos haben es in dieser Beziehung besser. Steigt die Nachfrage nach ihren Produkten, können sie die Produktion hochfahren. Juristen können das nicht. Sie können aber ihre „Law Firm" rationalisieren.

Wenn Sie einmal mit der Stoppuhr messen, wieviel Zeit Sie benötigen, um beim Schreiben oder Diktieren eines juristischen Schriftstückes relevante Stellen in verschiedenen Unterlagen – Gesetzen, Kommentaren, Literaturstellen, früheren Ausarbeitungen u. dgl. mehr – zu suchen und zu zitieren, werden Sie feststellen, dass Sie etwa die Hälfte Ihrer Arbeitszeit hierfür benötigen. Beim Einsatz des Managers, zweckmäßigerweise unter Verwendung von mindestens zwei, besser drei, noch besser vier Bildschirmen können Sie diesen Zeitaufwand drastisch verringern. Dabei geht es nicht nur um juristische Informationen. Nehmen Sie an, Sie stoßen bei Ihrer Arbeit auf ein englisches Wort, das Sie nicht kennen. Sie können nun aufstehen, zum Bücherschrank gehen, das Lexikon in die Hand nehmen, das Wort nachschlagen, zu Ihrem Arbeitstisch zurückkehren, die Übersetzung in Ihren Text einfügen, dann wieder aufstehen, das Lexikon wieder in den Bücherschrank zurückstellen und sich wieder zu Ihrem Arbeitsplatz begeben. Fünf Minuten später stoßen Sie auf einen Fachbegriff, dessen Bedeutung Ihnen nicht klar ist. Sie wiederholen den Vorgang, wobei Sie sich jetzt in einer Enzyklopädie informieren. Im Internet können Sie das alles in einem Bruchteil der bislang dafür benötigten Zeit erledigen, und wenn Sie dafür einen eigenen Bildschirm benutzen, steht Ihr Text die ganze Zeit sichtbar vor Ihnen auf dem anderen Bildschirm.

Messungen in der Praxis haben ergeben, dass Sie mit dem Manager eine Zeitersparnis in der Größenordnung von fünfzig und mehr Prozent gegenüber der herkömmlichen Arbeitsweise erreichen können.

Gewichtiger noch ist die Verbesserung der Arbeitsqualität. Nach der Rechtsprechung muss beispielsweise der Anwalt alle Urteile der Obergerichte kennen – in der Rechtstheorie nennt man so etwas eine Fiktion. Aber um eine gewisse Sorgfalt bemühen sollte er sich schon. Oft genug geschieht das nicht. Stattdessen findet das statt, was ein anderer berühmter amerikanischer

Jurist, Oliver Wendell Holmes, Jr., wie folgt beschrieben hat: *"Lawyers spend a great deal of their time shoveling smoke."* Der Manager bietet viele Möglichkeiten der Rauchvermeidung – von der strukturierten Textverarbeitung bis hin zum individuellen Wissensmanagement. Ich empfehle, sie zu nutzen.

Noch ein Wort zu der verbreiteten Unsitte, Leser nach ihrem natürlichen Geschlecht z. B. als LeserInnen o. ä. zu bezeichnen. Das mache ich in diesem Buch nicht mit. Sie beruht auf einer Verwechslung des grammatischen Geschlechts mit dem natürlichen Geschlecht. Mit einer Diskriminierung hat das nichts zu tun.

# B. Methodische Grundlagen

## I. Die Entwicklung des Managers

Der Manager wurde entwickelt, um in dem gemeinhin nicht für automatisierbar gehaltenen Kernbereich des Rechts eine IT-Unterstützung zu ermöglichen. Während andere Verfahren einen „Bottom-Up"-Ansatz verfolgten – von der Routine zur Nichtroutine – habe ich hier den umgekehrten „Top-Down"-Ansatz – verfolgt. Ich bin nicht von vorhandenen administrativen Verfahren, etwa von Datei- Management- Systemen (DMS), ausgegangen, sondern ich habe ein Verfahren entwickelt, das vom Kernbereich des Rechts ausgeht und von diesem aus nach automatisierbaren Lösungen sucht. Dazu muss man sich freilich von den geisteswissenschaftlichen Kategorien des „Auslegens" und „Verstehens" von Normen und Rechtsbegriffen lösen und statt dessen sehen, dass Juristen seit jeher vor allem im tatsächlichen Bereich komplexe Aufgaben bewältigen müssen. Hierzu wenden sie seit langer Zeit Strukturierungsmethoden an, die mit Hilfe der modernen Informationstechnik unterstützt werden können.

So entstand im Jahre 1999 die erste Version des Managers. Sie wurde in strafrechtlichen Umfangsverfahren (sog. „Gürteltieren"), an denen ich damals als Verteidiger mitwirkte, erfolgreich eingesetzt. Dabei halfen mir jahrelange Forschungsarbeiten, die ich als Lehrstuhlinhaber für Strafrecht und Rechtsinformatik an der Eberhard Karls Universität Tübingen geleistet habe. Höhepunkt dieser Tätigkeit war die gemeinsam mit IBM Deutschland durchgeführte Entwicklung eines natürlich-sprachlichen juristischen Expertensystems (das LEX-Projekt)[1].

---
[1] Haft/Lehmann, Das LEX-Projekt: Entwicklung eines juristischen Expertensystems, Tübingen 1989.

Im Jahre 1999 habe ich dann die Normfall GmbH als Spin-off der Universität Tübingen gegründet. In diesem Unternehmen haben meine Mitarbeiter und ich die Software laufend weiter verbessert. Sie wurde in einer Reihe von Gerichtsprozessen aller Verfahrensarten (nicht nur im Strafrecht, sondern auch im Zivilrecht und im Öffentlichen Recht) erfolgreich eingesetzt. Zahlreiche Anwaltskanzleien arbeiten inzwischen mit dem Manager. Daneben dient er auch Behörden, Wirtschaftsunternehmen und Freiberuflern sowie Angehörigen verschiedener Berufe und Privatleuten, vielfach auch außerhalb des juristischen Bereiches.

In der Justiz und Polizei mehrerer Bundesländer wurde der Manager erfolgreich pilotiert. Aus der Zusammenarbeit mit der Praxis haben wir zahlreiche Anregungen und Hinweise erhalten, die in die Software eingeflossen sind. Dabei bestätigte sich unsere Sicht, dass vor allem die Unterstützung bei der Sachverhaltserfassung für die Praxis wichtig ist. Das Relationsmodul des Managers, in dem erstmals die Anwendung der Relationstechnik in kontradiktorischen Verfahren unterstützt wird, ist das sichtbarste Zeichen dieser Überlegung.

Die rasante Entwicklung der Technik hat uns im Jahre 2010 veranlasst, ein komplettes Re-Engineering des Managers auf der Grundlage von Microsoft .NET Framework 4.5 in enger Zusammenarbeit mit der Praxis durchzuführen. Ende 2013 konnten wir aufgrund dieser Vorarbeiten und nach zahlreichen Praxistests die aktuelle Version 7 der Software veröffentlichen. Damit weist der Manager eine moderne Benutzeroberfläche auf, die an Office 2010 angelehnt ist (Ribbon-Menüs, abdockbare Fenster, eine virtualisierbare Drei-Schichten-Architektur, eine Datenhaltung wahlweise über einen SQL Server oder im „klassischen" Dateisystem, eine Volltextsuche in allen in Normfall Projekten enthaltenen Dateien, eine verbesserte Relationstechnik (Drag & Drop, freies Editieren u.a.m.), eine Unterstützung des Online-/Offline-Einsatzes durch Synchronisation sowie eine vollständige Windows 64 Bit und Tablet Unterstützung auch bei Windows 8.) Eine wichtige

Neuentwicklung wurde zu Beginn des Jahres 2014 eingeführt: Das Textverarbeitungs-System, bei dem alle wesentlichen Funktionen der Textverarbeitung mit den Anwendungsmöglichkeiten des Managers verbunden sind, reicht über die „klassische" Textverarbeitung weit hinaus und macht den Einsatz eines herkömmlichen Textverarbeitungssystems entbehrlich. Wir werden diese Entwicklung fortsetzen und sind zuversichtlich, auch in Zukunft hilfreiche Beiträge für die Realisierung der elektronischen Justiz leisten zu können.

Der Manager entstand also aus den Bedürfnissen der juristischen Praxis. Er hat sich aber auch in anderen Bereichen bewährt und ist heute ein Werkzeug, dessen universeller Nutzen bei der Bewältigung komplexer Aufgaben aller Art zunehmend erkannt wird. Das Spektrum der Anwender reicht dabei vom Kirchenmusikdirektor, der seine Noten und Chöre mit dem Manager verwaltet bis zum Business Consultant, der seine Beratungsprojekte damit strukturiert. Im Zentrum stehen freilich die Juristen. Sie haben von allen Berufsangehörigen die längste Erfahrung beim Umgang mit Komplexität. Diese reicht bis zu den Tagen des Römischen Rechts zurück, als der Jurist Gaius um 160 n. Chr. in seinem Werk *„Institutionen"*, dem ersten juristischen Lehrbuch, die Systematik schuf, die in allen Ländern, die wie unser Land in der Tradition des Römischen Rechts stehen, bis heute die Grundlage aller juristischen Tätigkeit ist. Gaius ermöglichte durch sein Werk die Strukturierung der ungeheuren Masse an Entscheidungen und Normen, die schon in der Antike im Laufe einer langen Rechtsentwicklung angefallen war. Er löste damit, modern gesprochen, das „Retrievalproblem" (dem wir heute mit Datenbanken zu Leibe rücken) und zugleich das „didaktische Problem" des Rechtsunterrichts, das bis heute ungelöst ist (davon lebt der Repetitor – vom Problem, nicht von der Lösung). Da der menschliche Kopf sich heutzutage nicht von denen des Gaius und seiner Zeitgenossen unterscheidet, sind wir Juristen auf diesem methodischen Stand geblieben. Erst die gegenwärtige Computerrevolution erlaubt es uns, einen Schritt weiterzugehen. Hinzu kommt die Erfahrung der angelsächsischen Common-Law-Welt, in welcher der Fallvergleich dominiert. Mit dem Relationsmodul des Managers haben wir erstmals eine Technik zur Unterstützung auch dieser auf dem Fall basierenden Vorgehensweise geschaffen. Damit verbindet der Manager das Beste zweier juristischer Welten.

Die theoretischen Grundlagen der in diesem Buch dargestellten Entwicklung beruhen, wie schon gesagt, auf langjähriger wissenschaftlicher Arbeit, die ich als Hochschullehrer an Fakultäten für Recht und Informatik in interdisziplinärer Zusammenarbeit mit Informatikern, Psychologen, Linguisten, Rhetorikern, Philosophen, Ökonomen, Mathematikern, Rechtstheoretikern und vor allem in engem Kontakt mit Praktikern geleistet habe, wobei ich als Strafverteidiger Gelegenheit hatte, meine Lösungen stets auch einem Praxistest zu unterwerfen.

## II. Der Parallelbetrieb von Normfall 5 und Normfall 7 auf demselben Computer

Wenn Sie bisher mit Normfall 5 gearbeitet haben und auf die neue Version Normfall 7 umsteigen, werden Sie vermutlich für eine Weile beide Versionen auf ihren Computer installiert halten und auch beide Versionen parallel nutzen wollen. Dies ist möglich. Natürlich können Sie jedes Normfall 5 Projekt in Normfall 7 importieren. Die originale Normfall 5 Datei bleibt dabei erhalten. In der umgekehrten Richtung ist dies nicht möglich. Eine neue Normfall 7 Version kann nicht in eine Normfall 5 Version rückverwandelt werden.

Den Import eines Normfall 5 Projekts nehmen Sie im Ribbon-Menü Dateireiter *„Datei"* über den Befehl *„Importieren"* vor.

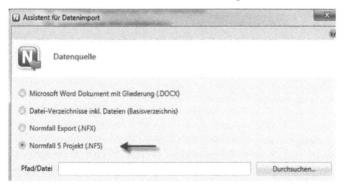

## III. Drei Medienrevolutionen

### 1. Übersicht

Drei Medienrevolutionen hat es in der Geschichte gegeben. Sie folgten aus der Entwicklung der Sprache, der Erfindung der Schrift und der Einführung der Computertechnik. Jede von ihnen hat auch die Art und Weise beeinflusst, wie wir mit dem Recht umgehen. Sprache und Schrift gibt es schon seit langer Zeit. Die Computerrevolution ist Gegenwart, ohne dass dies den meisten Juristen wirklich bewusst geworden ist. Sie wird schon in naher Zukunft zu tiefgreifenden Veränderungen im Recht führen, viel tiefgreifender, als wir uns das heute vorstellen können.

### 2. Die Entwicklung der Sprache

Über die Anfänge der Sprache ist wenig bekannt. Man vermutet, dass der Homo sapiens spätestens vor hunderttausend Jahren eine Gebärdensprache und eine verbale Sprache entwickelt hat. Er stellte Werkzeuge her, betrieb Landwirtschaft, produzierte Kleidung, verwendete das Feuer, schuf Kunstwerke von Rang, entwickelte religiöse Vorstellungen und war fähig, eine Gesellschaft zu organisieren, was voraussetzte, sich in die Bedürfnisse anderer zu versetzen und Opfer zu bringen. Schon vor der Erfindung des Geldes gab es sicherlich Arme und Reiche. Fiel die Ernte schlecht aus, mussten die Dorfältesten für eine gerechte Verteilung sorgen. Auch sonst mussten Konflikte „gerecht" entschieden werden. Das Recht spielte daher schon früh eine zentrale Rolle in der Sprachentwicklung. Die Möglichkeit, eine rechtliche Lösung durch sprachliche Mittel statt durch den Einsatz von Fäusten und Waffen herbeizuführen, ermöglichte den Schritt vom primitiven zum zivilisatorischen Zeitalter. Schon in der Frühzeit gab es sicherlich das, was wir heute kreative Win-Win-Lösungen nennen. Erzielte die Dorfgemeinschaft in guten Erntejahren einen Überschuss, kamen ideenreiche Älteste auf die Idee, diesen für schlechte Jahre aufzuheben. Joseph von Ägypten hatte sicherlich Vorgänger. Hinzu kommt die friedensstiftende Wirkung des „Palavers", das der Rechtshistoriker William Seagle in seiner *„Weltgeschichte des Rechts"* als ein *„unblutiges Duell"* charakterisiert hat.

Die Mündlichkeit bietet einen Reichtum an Ausdrucksmöglichkeiten, der in der späteren Epoche der Schriftlichkeit weithin verloren ging. Die gesprochene Sprache geht einher mit der Körpersprache, die erst in unserer Zeit als „Kinesik" erforscht wird. Man schätzt, dass etwa die Hälfte aller Informationen bei der mündlichen Kommunikation körpersprachlich übermittelt wird. Das sind so wesentliche Informationen wie die, ob der Sprecher von seiner Sache überzeugt ist, ob er ehrlich ist und offen, oder ob er verschlagen, aggressiv und feindselig eingestellt ist. Richter, die das wissen, fordern Zeugen auf, bei ihren Aussagen unmittelbar vor den Richtertisch zu treten. Nicht umsonst finden politische Veranstaltungen bevorzugt in Bierkellern statt. Früher war dort alles verqualmt, das hat sich zwar geändert. Der Abstand. der Lärm und der Dunst sind aber geblieben.

Als im antiken Griechenland die Volksgerichte entstanden, denen wir die bis heute in Deutschland gültige Einleitungsformel für Urteile *„Im Namen des Volkes"* verdanken, galt ein striktes Mündlichkeitsgebot. Damals entstanden Rhetorik und Recht als zwei eng verwandte Disziplinen. Wer vor Gericht auftrat, musste dies mündlich tun. Wie anders konnten die Richter – konnte das anwesende „Volk" – herausfinden, ob er die Wahrheit sprach oder log? Die Körpersprache spielte dabei eine wesentliche Rolle.

Im Jahre 1879, als eine lange und oftmals unheilvolle Epoche der Schriftlichkeit hinter uns lag, verschaffte man dem Mündlichkeitsgrundsatz in der deutschen Zivilprozessordnung (ZPO), einem der zentralen Justizgesetze des neu gegründeten Deutschen Reiches, wieder Geltung. Noch heute ordnet § 128 ZPO die mündliche Verhandlung an. Anwaltsschriftsätze haben nach

§ 129 ZPO lediglich die Aufgabe, die mündliche Verhandlung vorzubereiten. Und was sich wohl kaum ein Anwalt bewusst macht: Es gibt auch im Zivilprozess ein Plädoyer. § 137 Abs. 2 ZPO lautet: *„Die Vorträge der Parteien sind in freier Rede zu halten; sie haben das Streitverhältnis in tatsächlicher und rechtlicher Beziehung zu umfassen."* Eine Bezugnahme auf Dokumente ist lediglich unter den besonderen Voraussetzungen des § 137 Abs. 3 ZPO *„zulässig"*. In der Realität ist sie freilich die Regel. Der moderne Zivilprozess ist nach wie vor ein Dokumentenprozess – mit allen damit verbundenen Nachteilen. Die kurze Epoche der Mündlichkeit war schon vorbei, ehe sie begonnen hatte.

## 3. Die Erfindung der Schrift

Alle Möglichkeiten der verbalen Sprache und der Körpersprache fehlen bei der Schrift, die viel jüngeren Datums ist als die Rede. Die ältesten Schriftzeugnisse fand der südafrikanische Forscher Christopher Henshilwood in den Blombos-Höhlen unweit von Kapstadt. Es handelt sich um etwa achtzigtausend Jahre alte Objekte mit eingeritzten Linien. Was sie bedeuten, weiß man nicht; ich vermute, es handelt sich um Eigentumszeichen. Wenn es so war, würde dies bedeuten, dass die Anfänge der Schrift mit den Anfängen des Rechts zusammenfallen. Möglicherweise handelte es sich aber auch um Zahlenangaben, dann sehen wir dort die Anfänge der Mathematik. Die Fähigkeit, von den zehn Fingern zu abstrahieren und entsprechende Symbole zu verwenden, war eine der Großtaten des menschlichen Geistes.

Wie auch immer – die Beherrschung der Schrift entwickelte sich aus diesen Anfängen nur sehr langsam und in mühsamen kleinen Schritten. Im fünften Jahrtausend v. Chr. wurde in Mesopotamien die erste Schrift der Menschheitsgeschichte erfunden, die diesen Namen verdient. Das war die Keilschrift. Sie war eine Bilderschrift. Mit einem Schreibgriffel wurden waagrechte, senkrechte und schräge Keile in weichen Ton gedrückt und zu Piktogrammen (von lat. *„pictum"* = gemalt und griech. *„graphein"* = schreiben) und Ideogrammen (von griech. *„idea"* = Idee und *„graphein")* geformt. Die Tontäfelchen wurden gebrannt und fertig war das Schriftstück. Es konnte in die Tasche gesteckt, versandt oder archiviert werden.

Man kann getrost annehmen, dass die Gesetzgebung dabei eine entscheidende Rolle gespielt hat. Frühe Dichtwerke wie das Gilgamesch-Epos oder – später – die Werke Homers konnten fahrende Künstler als „Gesänge" vortragen. Verträge hat man sicherlich per Handschlag besiegelt. Die Alten wussten, was wir heute im Grunde auch wissen: Anständige Leute brauchen keine geschriebenen Verträge, und bei den anderen helfen sie nicht. Aber Gesetze konnte man weder vorsingen noch per Handschlag durchsetzen. Wenn der Landesfürst sicherstellen wollte, dass seine Untertanen Steuern zahlten oder Heeresdienst leisteten, musste er ihnen das buchstäblich „vorschreiben", am besten auf einer Stele aus Stein, die auf dem Marktplatz als allgemein lesbares Gebot aufgestellt wurde. Die Herrscher jener Zeit nutzten daher das neue Medium, um ihre Gesetze zu verkünden und zu verbreiten. Gesetze standen fraglos am Beginn der Schriftentwicklung.

Um 2000 v. Chr. schuf der sumerische König Urnamu in Keilschrift einen Gesetzeskodex, der aber nur in Fragmenten erhalten ist. Etwa dreihundert Jahre später entstand die älteste erhaltene Gesetzessammlung in Keilschrift, der Codex Hammurapi (von akkadisch *„hammum"* = Vater und *„rapum"* = heilen, um 1810 v. Chr. – 1750 v. Chr.). Ihr Schöpfer war der König von Babylon in Mesopotamien, dem Zweistromland zwischen den Flüssen Euphrat und Tigris in den heutigen Ländern Anatolien, Syrien und Irak. Gegen Ende seiner Regierungszeit ließ er seine Gesetze auf eine Steinsäule meißeln, die in der Hauptstadt aufgestellt wurde. Tontafeln mit den Gesetzestexten wurden überall in seinem Reich aufgehängt. Im Jahre 1901 fanden Archäologen die in drei Teile zerborstene Basalt- und Diorit-Stele. Sie wurde restauriert und steht heute im Louvre in Paris.

Im alten Ägypten wurde wenig später eine Hieroglyphenschrift erfunden, die ursprünglich ebenfalls eine reine Bilderschrift war. In einer Inschrift aus der Zeit der 18. Dynastie (um 1500 v. Chr.) heißt es, der Großwesir sei verpflichtet, alle vierzig Gesetzesrollen vor sich auszubreiten, wenn er zu Gericht sitze.

Die Keilschrift war nicht an eine bestimmte Sprache gebunden. Sie konnte daher nicht nur von den Sumerern, ihren Erfindern, sondern auch von den Akkadern, den Babyloniern, den Assyrern, den Hethitern, den Ägyptern und den Angehörigen anderer Kulturvölker des Nahen Ostens gelesen und verwendet werden. Dies war möglich, obwohl sich diese Völker mündlich in ganz unterschiedlichen Sprachen ausdrückten.

Dieser internationale Ansatz der Keilschrift ging verloren, als die Phönizier um 1500 v. Chr. die (heutzutage übliche) Alphabetschrift erfanden, mit der die Sprachlaute abgebildet wurden. Sie besteht aus etwa zwanzig bis vierzig Buchstaben, die als solche nichts bedeuten, die in einem Alphabet zusammengefasst werden, und mit deren Hilfe man gesprochene Wörter schreiben kann. Um 800 v. Chr. übernahmen die Griechen von den Phöniziern das Alphabet. Aus dem griechischen Alphabet entwickelte sich das römische Alphabet, und mit den Römern kam es zu uns.

Auch hier standen Gesetze am Beginn der Entwicklung. Der Pentateuch, die fünf Bücher Moses im Alten Testament, enthält Gesetzbücher, darunter das Bundesgesetz, das wahrscheinlich aus dem 9. Jahrhundert vor Christi stammt. Auf dem Berg Sinai soll Mose die zehn Gebote, in Stein gemeißelt, von Gott entgegengenommen haben. Im antiken Griechenland gab es im 7. Jahrhundert v. Chr. eine Welle der Gesetzgebung. Solon (um 640–560 v. Chr.) und Drakon, dessen „drakonische" Strafgesetzgebung sprichwörtlich geworden ist, zeichneten das bestehende Recht in Gesetzen auf. Im alten Rom stritten die Plebejer mit den Patriziern, denen sie Willkür und Rechtsmissbrauch vorwarfen. Um diesem Vorwurf zu begegnen, zeichneten 450 v. Chr. zehn angesehene Männer, das sog. Dezemvirat, das Zwölftafelgesetz auf.

Cicero berichtete, dass jeder Schuljunge in Rom dieses Gesetz auswendig lernen musste. Von dieser Methode des Rechtsunterrichts, die übrigens heute noch in manchen Ländern praktiziert wird, sind wir inzwischen abgekommen.

Eine Alphabetschrift ist immer an eine bestimmte Sprache gebunden. Darin lag neben allen Fortschritten auch eine weitere Verarmung der Kommunikation. Wer nicht Griechisch beherrschte, konnte keinen griechischen Text lesen. Erst in unserer Zeit gibt es Bemühungen, das zu korrigieren. Im Jahre 1936 entwickelte der österreichische Sozialphilosoph und Wirtschaftswissenschaftler Otto Neurath gemeinsam mit Gerd Arntz eine moderne „Keilschrift" namens Isotype (International System of Typographic Picture Education). Bei den Olympischen Sommerspielen 1964 in Tokio wurden die verschiedenen Sportarten erstmals durch Piktogramme gekennzeichnet, die der japanische Grafiker Katsumi Masaru entworfen hatte. Für die Olympiade 1972 in München entwickelte Otl Aicher diese Piktogramme weiter. In Flughäfen, Bahnhöfen und an anderen öffentlichen Orten kann man heute überall solche Piktogramme sehen. Auch auf den Bildschirmen von Computern werden Piktogramme („Icons") verwendet. Jüngster Höhepunkt (oder Tiefpunkt – je nach Sichtweise) dieser Entwicklung sind die sogenannten Emoticons (von Emotion und Icon). Das sind aus normalen Satzzeichen gebildete Zeichenfolgen, mit denen man in E-Mails Botschaften global verständlich ausdrücken kann. Hier zwei Beispiele:

:-) = Freude (lachendes Gesicht)
:-( = Ärger, Enttäuschung (trauriges Gesicht).

Die Zahl der mit einer Alphabetschrift zu erzeugenden Texte ist groß, aber nicht unendlich. Im 19. Jahrhundert entwarf und berechnete der Schriftsteller Kurd Lasswitz (1848–1910), der Begründer der deutschen Science Fiction, die Universalbibliothek. Das ist eine Bibliothek, die sämtliche jemals geschriebenen und noch zu schreibenden Bücher enthält, wobei alle Kombinationsmöglichkeiten ausgeschöpft werden. Natürlich wären auch viele Werke dabei, in denen Unsinn steht, aber das ist ja auch bei einer normalen Bibliothek der Fall. Geht man von den 26 Buchstaben unseres Alphabets plus Zwischenräumen und Satzzeichen = 32 Zeichen aus und rechnet man ein Buch mit 500 Seiten zu jeweils 40 Zeilen, die Zeile zu 60 Zeichen, so ergeben sich pro Buch 1.200.000 Zeichen. Nunmehr lässt man einen Computer alle Kombinationsmöglichkeiten der n = 32 Elemente zur Klasse m = 1,2 Millionen berechnen und ausdrucken. Jede Kombination ergibt ein eigenes Buch. Wie Sie im Kopf leicht ausrechnen können, ergibt sich eine 1 mit 1,8 Millionen Nullen (zum Vergleich: 1 Billion ist eine 1 mit 12 Nullen, eine Trillion ist eine 1 mit 18 Nullen). Die so entstehende Bibliothek enthielte alle je geschriebenen Bücher, die Ilias von Homer ebenso wie den Faust von Goethe und die Kritik der Reinen Vernunft von Kant, aber auch alle Bücher, die künftig noch jemals geschrieben werden, und dazu jede Menge sinnloser Kombinationen. Ein Bibliothekar, der mit Lichtgeschwindigkeit an den Regalen vorbeifahren würde, wäre nach drei Jahren erst an $10^{18}$ (von $10^{1.800.000}$) Bänden vorbeigekommen. Angesichts dieser Schwierigkeiten hat Google von dem Projekt Abstand genommen. Zurück zu den Anfängen.

Als Medium der Schrift diente in der Antike die in Ägypten im dritten Jahrtausend v. Chr. erfundene Schriftrolle. Sie bestand aus aneinandergeklebten Papyrusblättern. Ihre Breite betrug etwa dreißig Zentimeter, ihre Länge sechs bis zehn Meter. Dass die Handhabung solcher Schriftrollen mühsam war, liegt auf der Hand. Man musste zum Lesen den Text abrollen und ihn danach wieder aufrollen, wozu man beide Hände brauchte. Eine weite Verbreitung der Schriftrollen war ausgeschlossen. Ihr privater Besitz blieb den Reichen und Mächtigen vorbehalten. Für die Öffentlichkeit entstanden Bibliotheken, in denen die Schriftrollen gesammelt wurden. Die größte und berühmteste von ihnen, die Bibliothek von Alexandria in Ägypten, soll zur Zeit Cäsars etwa 700.000 Rollen besessen haben. Sie wurde schon in der Antike samt ihren Schätzen zerstört. Auch die anderen Papyrusrollen der damaligen Zeit wurden fast alle vernichtet. Nur durch Abschriften ist das Erbe der antiken Autoren in Codices (dazu unten) auf uns gekommen.

Die Schriftrollen wurden quer in Kolumnen beschrieben, wie das heute noch in Zeitungen praktiziert wird. Damit wiesen sie ein erstes Strukturierungselement auf, und hierbei sollte es für lange Zeit bleiben. Die Schriftrollen wurden nämlich in der sog. Scriptio continua beschrieben, die bis zum frühen Mittelalter verwendet wurde. Die Buchstaben der Wörter folgen ohne Abstände („Spatien"), ohne Großbuchstaben am Wortanfang und ohne Satzzeichen zwischen den einzelnen Wörtern unmittelbar aufeinander. Das teure Material bewirkte also eine Komprimierung der Schrift, wie sie in unserer Zeit mit der Datenkompression wiedererfunden wurde. Das Lesen war eher ein Auflesen von Wörtern in ununterbrochener Buchstabenfolgen. Die einzelnen Buchstaben musste man zu Silben, Wörtern und Texten zusammenfügen. Man las laut, damit die Mitartikulation durch die Stimme die Augen unterstützte. Das Lesen musste sorgfältig vorbereitet werden und geschah langsam. Der geschriebene Text war eher eine Gedächtnisstütze für bereits bekannte Schriften als ein Text im heutigen Sinne.

Nur allmählich erkannte man die Notwendigkeit, Texte benutzerfreundlich zu gestalten. Dazu diente die Methode der Strukturierung. Das älteste Strukturierungselement nach den Kolumnen ist der von den Moabitern erfundene Punkt. Er findet sich erstmals auf dem aus dem 9. Jh. v. Chr. stammenden sog. „Moabiterstein", der 1868 in der Nähe des Toten Meeres gefunden wurde, und auf dem sich der hebräische König Mescha in phönizischer Alphabetschrift seiner Taten rühmte.

Auszug aus dem Moabiterstein. Die abgebildeten
Wörter bedeuten „Omri König (von) Israel".

Die Phönizier waren nüchterne, praktisch denkende Händler. Es ist bemerkenswert, dass sie und nicht die Griechen, die sonst eigentlich alles erfunden haben, „auf den Punkt" kamen; vielleicht war der Punkt den Griechen zu prosaisch. Die Römer, die ebenso wie die Phönizier nüchtern und praktisch denkende Leute waren, erkannten dagegen die Bedeutung dieser Erfindung und nutzten sie zugleich mit der bereits erwähnten Datenkompression, indem sie Abkürzungen vornahmen und die einzelnen Wörter durch Punkte trennten. Jede römische Inschrift zeigt dies. Der Punkt ist stets auf der virtuellen Mittellinie des Textes zwischen jeweils zwei abgekürzten Wörtern angebracht, z. B.

„IMPCAES· M·AUREL"
(= IMPERATOR CAESAR MARC AUREL).

Auf diese Weise begann die „Interpunktion" (Zeichensetzung) zur Strukturierung von Sätzen und Texten, und für lange Zeit blieb es im Wesentlichen beim Punkt. Noch die Kammergerichtsordnung Kaiser Maximilians von 1495 kannte als Satzzeichen ausschließlich den Punkt. Heute kennzeichnet der Punkt das Ende eines Satzes. In der jüngsten Zeit hat er als „Bullet Point" (Aufzählungspunkt) Karriere gemacht. In der Informatik spielt er heute eine Hauptrolle. Er hat sogar einer ganzen Bewegung den Namen gegeben („Dotcom").

Der Punkt trat als Strukturierungselement zu den bereits genannten Kolumnen. In der Computertechnik wurde übrigens auch diese letztere Strukturierungsmethode ein zweites Mal erfunden. Noch in den siebziger Jahren des vergangenen Jahrhunderts waren Kettendrucker verbreitet, die meterbreite Papierbahnen bedruckten. Erst allmählich entwickelte man die heute üblichen Laserdrucker mit der Möglichkeit, schmale und damit gut lesbare Zeilen zu produzieren.

Zum Punkt traten im Laufe der Zeit die Abstände („Spatien") zwischen den Wörtern und die „Virgel", ein Schrägstrich, aus dem sich das heutige Komma entwickelte. Als „Slash" und „Backslash" spielt dieses Satzzeichen in der heutigen Computertechnik eine wichtige Rolle. Das Komma hat dagegen seine besten Zeiten hinter sich. In den USA diskutiert man ernsthaft über seine Abschaffung.

Ende des 8. Jahrhunderts, zur Zeit Karls des Großen, wurde die karolingische Minuskel (von lat. *„minusculus"* = klein) geschaffen, eine einheitliche Buch- und Verwaltungsschrift für das gesamte Reich. Zu den Großbuchstaben traten die Kleinbuchstaben, wie wir sie heute verwenden.

Wie hilfreich die Strukturierung der Schrift beim Schreiben und Lesen ist, zeigen die folgenden Textbeispiele, die den Weg von der Scriptio continua zur heutigen Interpunktion und Schreibweise verdeutlichen:

Text in scriptio continua:

DIESCHWARZEKUNSTWURDEBISMITTEDER-
ACHTZIGERJAHREDESVERGANGENENJAHRHUN-
DERTSAUSGEÜBTMANNENNTDIESEEPOCHE-
AUCHDIEBLEIZEITMARSHALLMACLUHANPRÄG-
TEDAFÜRDENBEGRIFFDERGUTENBERGGALAXY-
DANNLÖSTEDERCOMPUTERSATZMITDEMDESK-
TOPPUBLISHINGPUBLIZIERENVOMSCHREIB-
TISCHAUSDIESEKUNSTAB

Text mit Spatien:

DIE SCHWARZE KUNST WURDE BIS MITTE DER ACHTZIGER JAHRE DES VERGANGENEN JAHRHUNDERTS AUSGEÜBT MAN NENNT DIESE EPOCHE AUCH DIE BLEIZEIT MARSHALL MACLUHAN PRÄGTE DAFÜR DEN BEGRIFF DER GUTENBERG GALAXY DANN LÖSTE DER COMPUTERSATZ MIT DEM DESKTOP PUBLISHING PUBLIZIEREN VOM SCHREIBTISCH AUS DIESE KUNST AB

Text mit Groß- und Kleinbuchstaben:

Die Schwarze Kunst wurde bis Mitte der achtziger Jahre des vergangenen Jahrhunderts ausgeübt Man nennt diese Epoche auch die Bleizeit Marshall McLuhan prägte 1962 dafür den Begriff der Gutenberg Galaxy Dann löste der Computersatz mit dem Desktop Publishing Publizieren vom Schreibtisch aus diese Kunst ab.

Text mit Satzzeichen:

Die Schwarze Kunst wurde bis Mitte der achtziger Jahre des vergangenen Jahrhunderts ausgeübt. Man nennt diese Epoche auch die Bleizeit. Marshall McLuhan prägte 1962 dafür den Begriff der Gutenberg-Galaxy. Dann löste der Computersatz mit dem Desktop Publishing (Publizieren vom Schreibtisch aus) diese Kunst ab.

Sie sehen: Was uns heute so selbstverständlich erscheint, wurde in einer langen Entwicklung mühselig geschaffen. Diese Entwicklung ist noch längst nicht abgeschlossen.

Der Kodex und damit das Buch in seiner heutigen Form wurde in Rom im ersten Jahrhundert n. Chr. erfunden. Er geht auf hölzerne Schreibtafeln zurück, wie sie in Ägypten bereits in pharaonischer Zeit in Gebrauch waren. Sie wurden mit Wachs bestrichen, das immer wieder geglättet wurde, so dass die Tafeln immer wieder neu verwendet werden konnten. Auch in Griechenland sind schon seit dem 6. Jahrhundert v. Chr. solche Tafeln bezeugt. Daraus entwickelte sich in Rom seit der Kaiserzeit neben der Schriftrolle als zweite Buchform der Kodex (von lat. *„Codex"* = Baumstamm). Das war ein Stapel von Holz- oder Wachstafeln, die zur Beschriftung vorgesehen waren. Nach diesem Vorbild wurde ein Stapel Papyrusblätter mit einem Faden zusammengeheftet und durch einen festen Einband geschützt. Im Laufe der Zeit wurde der empfindliche Papyrus dann durch das haltbarere Pergament abgelöst. Es war zwar teurer als Papyrus, aber man war damit nicht mehr auf Importe angewiesen.

Vor dem Binden wurde der Kodex beschrieben. Dazu wurden die Seiten paginiert. In die Pergamentseiten wurden gleichmäßige Linien als Schreibhilfen geritzt. Um ein einheitliches Schriftbild zu erhalten, wurden die Blätter aufeinander gelegt und an den vier Ecken des Schriftspiegels durchstochen. Die Technik der Kolumnen wurde übernommen. Die Blätter wurden beidseitig beschrieben. Erste Ansätze zur Kalligraphie entstanden.

Trotz dieser Vorteile dauerte es mehrere Jahrhunderte, bis der Kodex im 4. Jahrhundert n. Chr. die Schriftrolle endgültig verdrängte. Dazu trugen wesentlich die Christen bei, die den Kodex für ihre liturgischen Bücher verwendeten und sich damit von den heidnischen Schriftrollen absetzten. Das Wort Bibel drückt dies freilich nicht aus. Es leitet sich von dem griechischen Wort *„Biblios"* (= Papyrusrolle) ab, steht aber heute für das „Buch der Bücher" – ein seltsamer Vorgang.

Man macht sich in unserer Zeit keine Vorstellung mehr davon, wie sehr mit der *„revolutionären Erfindung der Seite"* (Le Goff[2]) die

---

[2] Der französische Historiker Jacques Le Goff beschreibt in seinem Buch „Die Geburt Europas im Mittelalter" (3. Aufl. München 2204, S. 172 ff.) die Entstehung der Buchkultur seit der Antike bis zur Erfindung des Buchdrucks im 15. Jahrhundert.

Benutzung der Handschriften vereinfacht wurde. Die Codices besaßen oft ein bescheidenes Format und konnten daher auf Reisen mitgenommen werden. Der kleinste bekannte Pergament-Kodex, der im 4.–6. Jahrhundert entstandene Mani-Kodex, der in der Universität Köln aufbewahrt wird, wies bei 192 Seiten Umfang lediglich eine Höhe von 45 mm und eine Breite von 38 mm auf.

Neue Strukturelemente dienten der Gliederung der Codices. Anfang und Ende wurden jeweils mit *„Incipit"* und *„Explicit"* markiert. Schmuck- und Gliederungselemente wie Zierleisten und verzierte Initialen erleichterten die Orientierung. Da man den Kodex anders als die Schriftrolle in nur einer Hand halten konnte, war die andere Hand zum Schreiben frei. Man konnte parallel lesen und schreiben, was das wissenschaftliche Arbeiten erleichterte.

Die Kunst des Schreibens und Lesens, die vordem nur in den Klöstern gepflegt worden war, verbreitete sich, und das Buch war ihr Werkzeug. Die Gründung der Universitäten ließ Lehrbücher mit breiten Seitenrändern für Kommentare entstehen. In Bologna, der ältesten Universität des Abendlandes, an der auch das verschollene klassische Römische Recht wiederentdeckt wurde, erfand man auch eine neue Abschreibetechnik, *„Pecia"* (lat. = Stück, Teil) genannt, mit deren Hilfe das Abschreiben quasi industrialisiert wurde. Dabei teilte man Handschriften in eine Vielzahl von Lagen auf, die von mehreren Kopisten gleichzeitig abgeschrieben wurden.

Das teure Pergament wurde durch das dreizehnmal billigere Papier abgelöst. Man stellte es durch Zerstampfen und Kochen von Fasern verschiedener Pflanzenarten her.

In Sentenzenbüchern wurden im Mittelalter grundlegende Texte für die Schuldiskussion veröffentlicht. Die Glosse (von griech. *„Glóssa"* = Zunge, Sprache) war eine weitere Neuerung. Sie lieferte Worterklärungen, die als „Glossa ordinaria" ohne Bindung an einen zu erklärenden Text verwendet werden konnten. Die Magister führten als weitere Neuerung die Kommentare und die Summen ein. Thomas von Aquin (1224 oder 1225 bis 1274), genannt Divus Thomas (der göttliche Thomas), Doctor angelicus (der engelsgleiche Lehrer) und Doctor communis (der allen gemeinsame Lehrer), verfasste als erstes Hauptwerk einen Kommentar zu den Sentenzen des Petrus Lombardus. Sein großes Hauptwerk war die Summa theologiae, die er bei seinem Tod unvollendet hinterließ. Roger Bacon verfasste im Auftrag seines Freundes und Protektors Papst Clemens IV. (1265–1268) eine dreifache Summe: Opus maius, Opus minus und Opus tertium. In seinem Opus maius behandelte er die Mathematik, die Alchemie und die Herstellung von Schwarzpulver sowie die Position und Größe von Himmelskörpern. Er erkannte den Zusammenhang zwischen den Gezeiten und der Position des Mondes. Auch mit Optik befasste er sich. Er beschrieb die Gesetze der Spiegelung und der Lichtbrechung und wies die Ursache des Regenbogens auf. Sogar die Brille soll er erfunden haben. Weitere Erfindungen wie das Mikroskop, das Teleskop, fliegende Maschinen und Dampfschiffe soll er vorausgesagt haben. All dies lässt ihn als einen *„Leonardo da Vinci des 13. Jahrhunderts"* erscheinen (Le Goff).

Le Goff schreibt: *„Die mittelalterliche Scholastik hat durch ihr Bestreben, die Gedanken zu ordnen und das Wissen mit seinem Für und Wider in größter Klarheit darzulegen, jene Neigung zu Ordnung und Klarheit geschaffen oder zumindest verstärkt, die man gewöhnlich Descartes zuschreibt, der allzu oft als die treibende Kraft einer modernen Revolution des europäischen Denkens präsentiert wird. Descartes hat Vorläufer gehabt, die Meister der Scholastik, und er selbst war ein brillantes Kind dieser mittelalterlichen Schule".*

Und: *„Im 13. Jahrhundert bekamen die materiellen und technischen Revolutionen, die dem Buch ein neues Gesicht verliehen und seine Benutzung vereinfachten, ihren letzten Schliff. Die Interpunktion wurde verbessert, in die Handschriften wurden Titel und Rubriken eingeführt, die Bücher in Kapitel untergliedert und alphabetisch geordnete Sachregister angelegt. Revolutionärer noch erscheint die Umstellung vom lauten Vorlesen auf die stille individuelle Lektüre... Ein Europa des lesenden Individuums war geboren."*

Mit der Erfindung des industriellen Buchdrucks durch Gutenberg erreichte diese zweite Medienrevolution ihren Höhepunkt. Der Buchdruck mit beweglichen Lettern wird nach der Druckfarbe auch als Schwarze Kunst bezeichnet. Seine Erfindung wurde nach einer Überlieferung dem Doktor Faust zugeschrieben, der deswegen auch als Schwarzkünstler bezeichnet wurde. Historisch gesichert gilt Johannes Gensfleisch, genannt Gutenberg, aus Mainz (um 1400–1468) in Europa als Erfinder des Buchdrucks. Chinesische Buchdrucke hat es freilich schon früher gegeben. Gutenbergs Leistung bestand vor allem darin, bereits vorhandene Reproduktionsverfahren zu verbessern und zu einem Prozess zusammenzuführen, der die industrielle Massenproduktion von Büchern ermöglichte. Darin, so schrieb Egon Friedell, lag *„eine Tat des Individualismus, eine Befreiung aus der Gebundenheit, Assoziation und Korporation des Mittelalters. Die Elemente, die Zellen gleichsam, die den Organismus des Wortes, des Satzes, des Gedankens aufbauen, machen sich selbständig, freizügig, jede ein Leben für sich, unendliche Kombinationsmöglichkeiten eröffnend. Bisher war alles fest, gegeben, statisch, konventionell; jetzt wird alles flüssig, variabel, dynamisch. Die verschiebbare Letter ist das Symbol des Humanismus."*

Mit Gutenberg begann eine neue Zeit. Druckerzeugnisse lösten die Handschriften ab. Sie konnten schnell und billig verteilt werden. Humanismus und Reformation wurden auf diese Weise verbreitet. Das in Büchern enthaltene Wissen wurde allgemein zugänglich. An die Stelle des mittelalterlichen Denkens in Bildern und Metaphern trat das wissenschaftliche Denken, bei dem auch komplexe Vorgänge in Schriften behandelt wurden.

Das Lesen geschieht seitdem stumm. Die Lesegeschwindigkeit wurde dadurch gesteigert. Auch unbekannte Texte konnten nunmehr rasch gelesen werden. Wie groß der Schritt vom lauten Lesen zum stummen Lesen war, kann man heute noch bei den Anstrengungen erkennen, durch „Improved Reading" die Lesegeschwindigkeit zu steigern. Unter den hinderlichen Lesegewohnheiten, die oft auf das in der Grundschule antrainierte Lesen zurückgehen, ist das Subvokalisieren, das lautlose Mitsprechen, eine Angewohnheit, welche die Lesegeschwindigkeit enorm verringert. Durch Strukturdenken kann man dem heute entgegenwirken (dazu unten).

Weitere Satzzeichen wurden entwickelt. Den Druckern wurden im Laufe der Zeit das Fragezeichen, das Ausrufungszeichen, die Klammer, der Doppelpunkt, das Semikolon, die Auslassungspunkte und der Apostroph zur Verfügung gestellt. Eine besondere Rolle spielte dabei die Erfindung der „Gänsefüßchen". In der Antike war es nicht üblich gewesen, Zitate zu kennzeichnen. Textänderungen, die von fremder Hand vorgenommen worden waren, wurden als solche nicht kenntlich gemacht. Man nennt sie *„Interpolationen"*. Das berühmteste Beispiel eines vielfach interpolierten Textes ist das Corpus Iuris Civilis. Durch *„Exegesen"* (griech. = Auslegung, Erläuterung) z. B. der Digesten (von lat. *„digesta" = Geordnetes),* müht man sich, Interpolationen zu erkennen und die Originaltexte der klassischen römischen Juristen zu rekonstruieren. Früher gehörte eine Digestenexegese zur juristischen Ausbildung. Lang, lang ist's her.

Die Interpolationsforschung entstand mit der Textkritik im 16. und 17. Jahrhundert. Erst zu dieser Zeit wurde es üblich, Zitate als solche zu kennzeichnen. Die ersten Gänsefüßchen tauchten im Jahre 1483/1484 in einem Werk des Renaissance-Humanisten Francesco Filelfo auf, der am Hof der Sforza in Mailand wirkte. Der von ihm verwendete Doppelstrich ging wahrscheinlich auf das griechische *„diple"* (›) zurück, das die alexandrinischen Philologen an den Rand setzten, um auf eine Anmerkung zu verweisen.

Die Schwarze Kunst wurde bis Mitte der achtziger Jahre des vergangenen Jahrhunderts ausgeübt. Man nennt diese Epoche auch die Bleizeit. Marshall McLuhan prägte 1962 dafür den Begriff der Gutenberg-Galaxy. Dann löste der Computersatz mit dem „Desktop Publishing" (Publizieren vom Schreibtisch aus) diese Kunst ab. Auch das vorliegende Buch ist auf diese Weise entstanden.

Parallel zu diesen Neuerungen entwickelte sich der Gemeine Prozess in der frühen Neuzeit als reines Aktenverfahren nach dem Grundsatz *„quod non est in actis non est in mundo"*. Seine Nachteile sind offensichtlich. Nicht mehr der Mensch, sondern das Papier trat in das Zentrum des Prozessverfahrens. Die Praxis der Aktenversendung führte dazu, dass beispielsweise in Strafverfahren über das Schicksal von Delinquenten entschieden wurde, die nie erfuhren, unter welchen gelehrten Perücken die Urteile gegen sie gefällt wurden. Aktentürme in babylonischen Dimensionen entstanden. *„Akten stapeln sich auf Schreibtischen"*, schreibt Cornelia Vismann in ihrem Buch *„Akten – Medientechnik und Recht"*. Sie *„häufen sich in Registraturen, füllen Dachböden und Kellergewölbe. Obwohl sie registriert werden, reißt ihre Ordnung immer wieder ein. Obwohl sie kassiert, reponiert, versendet, verkauft, geschreddert oder auf andere Weise vernichtet werden, wuchern sie weiter. Ihre unaufhaltsame Proliferation – scheinbar ein Naturphänomen."* Und sie merkt an: *„Eine Definition von Akten muss ausbleiben. Als Variablen im Universum der Schrift entziehen sie sich einer allgemeinen gebrauchsunabhängigen Bestimmung."* Es verhalte sich damit ebenso wie mit dem undefinierbaren Begriff *„Recht"*.

Im Zuge der politischen Neuordnung in Europa nach dem Wiener Kongress kam es zu einer Diskussion, ob die Neuerungen des Französischen Rechts im „Rheinischen Recht" beibehalten werden sollten. Dazu zählte das Mündlichkeitsprinzip. Vor allem Feuerbach, der Begründer der modernen Strafrechtswissenschaft, setzte sich mit diesem Thema auseinander. Für ihn war das Mündlichkeitsprinzip eine Forderung der Vernunft und der Gerechtigkeit. Die Paulskirchenverfassung von 1849 forderte seine Verwirklichung gemeinsam mit dem Öffentlichkeitsprinzip. Die „Civilprozeßordnung" von 1877 ordnete dann das Mündlichkeitsprinzip für das Deutsche Reich an. Eine kurze Blütezeit der juristischen Rhetorik war die Folge.

Aber ach – hélas – die Schrift erwies sich als stärker. Die Einführung des Mündlichkeitsprinzips wurde von ihren Gegnern als

Fehlentwicklung gebrandmarkt. Die Redekunst sei unter den Anwälten nur wenig verbreitet. Es bestehe die Gefahr, dass das Recht von der Qualität des Vortrags abhänge. Manche Anwälte würden die Verfahren verzögern, indem sie einfach ins Blaue hinein schwätzten. Mangels ausreichender Vorbereitung in Schriftsätzen würden die Verfahren auf Luft gebaut. Das wirkte. Heute haben wir mehr Schriftlichkeit denn je, und das ist nicht gut so. Denn Papier ist ungeeignet, wenn es darum geht, umfangreiche, komplexe Informationsmengen zu bewältigen. Der unsägliche „Deal" im Strafverfahren, der sogar gesetzlich sanktioniert wurde, zeigt in aller Deutlichkeit, wie sehr dies der Fall ist.

In der Gegenwart rückt man der Schrift zu Leibe. Unter Verweis auf die gleich zu besprechende Computerrevolution ist man dabei, die Schreibschrift mit dem Argument abzuschaffen, die Kinder von heute würden künftig nur noch auf Tastaturen tippen; es genüge, die Blockschrift zu lehren. Nach Lektüre von mehreren tausend handschriftlichen juristischen Klausuren meine ich zwar, dass der Verlust sich hier in Grenzen hält. Aber Abschaffung? Noch gravierender ist der schon erwähnte Anschlag auf das Komma, das durch die Rechtschreibreform bereits aufgeweicht wurde. Ein Satz wie *„Wir bitten die Zuschauer nicht zu essen"* kann künftig durchaus in zweierlei Bedeutungen verstanden werden.

### 4. Die Computerrevolution

Die gegenwärtige Computerrevolution hat eine überraschend lange Vorgeschichte. Sie reicht bis in das Mittelalter zurück. Als Ahnherr der Computertechnik gilt Ramon Lull, latinisiert Raimundus Lullus (1232–1316), ein katalanischer Edelmann aus Mallorca, der als dichtender Troubadour am Hofe König Jakobs I. von Aragon die Süßigkeit des Daseins genoss, bis eine Christusvision ihn dazu brachte, sein Leben radikal zu ändern. Er wandte sich der Wissenschaft zu, stellte seine Dichtkunst in den Dienst des katholischen Glaubens und unternahm Missionsreisen in die arabische Welt des Mittelmeerraumes.

Lullus hielt es für möglich, mit Hilfe der Wissenschaft und des Verstandes Wahrheit und Lüge zu unterscheiden. Er verfasste zu diesem Zweck eine *„Ars magna"* (lat. = große Kunst), der die Idee des mechanischen Kombinierens von Begriffen mit Hilfe einer logischen Maschine zugrunde lag. Eine solche Maschine konstruierte er. Sie bestand aus Scheiben, die übereinander um ein Zentrum drehbar angebracht waren. In jeden Kreisausschnitt schrieb er Begriffe, Kategorien, Prädikate oder Fragen. Sie kamen nach dem Drehen der Scheiben in wechselnden Kombinationen untereinander zu stehen. Durch Verwendung dieser *„Tabula instrumentalis"* sollten sich Leitpunkte ergeben, nach denen jedes Thema zu behandeln sei. Man hat diese „Maschine" mit einiger Berechtigung als den ersten Computer der Welt bezeichnet, und man nennt daher Lullus zu Recht den Ahnherrn der modernen IT-Technik. Vor dem Kloster Montserrat in der Nähe von Barcelona erinnert eine abstrakte Steinplastik, bestehend aus drei übereinander geschichteten Steinscheiben, an den großen Gelehrten Ramon Lull.

Übrigens wurde Lull auch zu einem Märtyrer der Informatik. Im Jahre 1314 reiste er im Auftrag Jakobs II. nach Tunis, wo er die Araber mit Hilfe seiner Maschine zum Christentum bekehren wollte. Das gefiel den Muslimen aber ganz und gar nicht. Der siebente Kreuzzug, den der französische König Ludwig der Heilige 1270–1272 gegen Tunis geführt hatte, lag erst wenige Jahrzehnte zurück, die Erinnerung daran war noch wach, und dass sie mit Hilfe eines „Computers" bekehrt werden sollten, erbitterte die Muslime zusätzlich. Sie steinigten daher Ramon Lull. Er konnte zwar entkommen, starb aber ein Jahr später an den Folgen dieses Angriffs in Mallorca. Dort liegt er in der Basilika San Francesco in Palma hinter dem Altar begraben.

Gottfried Wilhelm Leibniz (1646–1716), der auch eine der ersten Rechenmaschinen konstruierte, entwickelte die Idee einer

Universalsprache, die er „Characteristica universalis" nannte. In ihr sollten wissenschaftliche Konzepte in einem formalen Rahmenwerk ausgedrückt werden, das er „Calculus ratiocinator" nannte. Alle Wissenschaftler sollten sich in dieser Sprache verständigen. Die „Characteristica" sollte eindeutig und frei von Unklarheiten sein. Dabei hat sicher auch eine Rolle gespielt, dass Leibniz seine Laufbahn als Jurist begonnen hat. Für Juristen gibt es bekanntlich trotz großer Sehnsucht keinen einzigen eindeutigen Satz. Ein Anwalt, der dies nicht glauben wollte, behauptete einmal vor Gericht: *„Der Wortlaut dieses (streitbefangenen) Vertrages ist eindeutig." „Dies ist bereits die erste Interpretation"*, erwiderte sein Kontrahent.

Die heutigen Computer waren ursprünglich, der Name sagt es, Rechner. Ihre Vorläufer waren die von Blaise Pascal, Leibniz, Wilhelm Schickard und anderen konstruierten mechanischen Rechenmaschinen. Die Idee der Programmsteuerung wurde bereits in der Antike entwickelt und hatte eine erste Blüte im 18. Jahrhundert, als man die in Lyon eingesetzten Jacquard-Webstühle mit hölzernen Lochkarten steuerte. Der Engländer Charles Babbage (1792–1871) nutzte Lochkarten für die von ihm entworfene „Analytische Maschine", die bereits alle Merkmale eines modernen Computers aufwies, mit nur einer Besonderheit: Sie sollte mechanisch arbeiten, was aber technisch nicht zu realisieren war.

Die erste Programmiererin der Geschichte war Ada Countess of Lovelace (1815–1852), eine Tochter von Lord Byron. Sie war mathematisch gebildet, mit Charles Babbage befreundet und legte einen Algorithmus zur Berechnung von Bernoulli-Zahlen mit seiner Maschine vor. Dabei orientierte sie sich an den Lochkarten, mit denen der Jacquard-Webstuhl gesteuert wurde. Nach ihr wurde in den siebziger Jahren die heute vergessene Programmiersprache Ada genannt. Die Gesellschaft für Informatik hat im Jahre 2012 damit begonnen, Poster über bedeutende Persönlichkeiten der Informatikgeschichte herauszugeben. Das erste Poster dieser Reihe war Lady Lovelace gewidmet.

Es war dann eine große Verwaltungsaufgabe, die US- amerikanische Volkszählung des Jahres 1890, die der Deutschamerikaner Hermann Hollerith mit seiner lochkartengesteuerten Tabelliermaschine bewältigte. Aus der von ihm gegründeten Tabulating Machine Company ging später die IBM hervor. Noch in den siebziger Jahren des vergangenen Jahrhunderts wurden IBM-Großrechner mit Lochkarten gesteuert.

Der deutsche Bauingenieur Konrad Zuse brachte 1941 den ersten programmgesteuerten Rechenautomaten namens Z 3 zum Einsatz. Der Rechner war aus Relais, Fernsprechzählern und Bausteinen der Lochkartentechnik zusammengesetzt. In den USA vollendete Howard Aiken 1944 an der Harvard Universität den Mark I, ein 16 Meter langes, 35 Tonnen schweres Ungetüm, das ähnlich wie der Z 3 konstruiert war. Zur selben Zeit wurde an der Pennsylvania Universität der ENIAC geschaffen, der bereits mit Elektronenröhren arbeitete. Thomas J. Watson Sr., der damalige Chef der IBM, soll diese Anfänge mit den berühmt gewordenen Worten kommentiert haben: *„Ich glaube, dass es auf der Welt einen Bedarf von vielleicht fünf Computern geben wird."* 1946 bewirkte der amerikanische Mathematiker John von Neumann mit seiner Idee der Speicherprogrammierung den entscheidenden Durchbruch zum Computer moderner Prägung und IBM revidierte alsbald die Meinung ihres Vorsitzenden. Das Computerzeitalter begann, und nahezu zeitgleich lagen auch die Anfänge der Rechtsinformatik.

Heute steht das Internet im Vordergrund. Es hat neben positiven Entwicklungen auch neue und große Gefahren geschaffen. Die Abhängigkeit vieler Lebensbereiche wie Energieversorgung, Transportwesen, Banken und Kommunikation von Netzwerken hat das Schreckensszenario eines „Cyberwar" durch Schädigung oder Zerstörung der Netzwerke Realität werden lassen. Im Jahre 2013 wurde bekannt, dass die US-amerikanische National Security Agency (NSA) seit 2005 ein weltweites Programm der Überwachung und Auswertung digital übermittelter Daten betreibt.

Im Fokus stehen dabei vor allem Telefonate mit Handys sowie Emails. Möglichst alle Personen in den USA und anderen Ländern, die digital kommunizieren, sollen danach überwacht werden. Als Rechtfertigung hierfür gilt der Kampf gegen den weltweiten Terrorismus. Über all dies wird derzeit weltweit diskutiert.

Die noch längst nicht abgeschlossene Computerrevolution unserer Zeit hat auch den Weg zu einer Strukturierung komplexer Sachverhalte eröffnet, wie es ihn bislang nicht gegeben hat.

## IV. Das Strukturdenken

### 1. Das Komplexitätsproblem

a) Übersicht

Komplexität ist eine überall zu beobachtende Erscheinung. Um aufzuzeigen, was das bedeutet, erläutere ich den Begriff Komplexität, nenne die acht Merkmale von Komplexität anhand von Beispielen aus dem Recht, mache deutlich, dass und warum Komplexität jeden Menschen überfordert, und zeige im Anschluss daran, wie Sie dieser Überforderung durch Strukturen im Rahmen des Möglichen begegnen können. Es wird sich dann zeigen, dass hier die Chancen liegen, die Sie mit der Normfall Software nutzen können, im Recht wie auch in anderen Bereichen.

b) Die acht Merkmale von Komplexität

   aa) Übersicht

Das Wort Komplexität ist aus dem lateinischen Wort *„complectari"* (=„umarmen" oder „umfassen") abgeleitet. Der Begriff ist unscharf und wird von Psychologen, Ökonomen, Systemtheoretikern und Informatikern auf ganz unterschiedliche Weisen verwendet.

Im juristischen Schrifttum taucht das Wort Komplexität allenfalls am Rande auf, in den juristischen „Methodenlehren" so gut wie überhaupt nicht. In der rechtsphilosophischen Literatur wird Komplexität allenfalls als gesellschaftliches Phänomen erwähnt, über das man als Jurist nachdenken sollte, wobei von „Komplexitätsreduktion" die Rede ist – was immer das sein soll. Von Komplexitäts-„Bewältigung" als Aufgabe der Rechtsanwendung selbst kann in diesem Schrifttum keine Rede sein. Dies ist umso erstaunlicher, als wir Juristen die längste Erfahrung beim Umgang mit Komplexität haben. Sie begann schon vor zweitausend Jahren, als in der Zeit des klassischen Römischen Rechts eine ungeheure Fülle von Detailentscheidungen – sog. Responsa, also Antworten der berühmten Juristen der damaligen Zeit auf einzelne Rechtsfragen – entstanden war. Wie sollte man diese Responsa im Bedarfsfalle finden? Und, gewichtiger noch, wie sollte man angesichts dieser Materialmenge die juristische Ausbildung gestalten? Modern gesprochen, entstand damals erstmals ein Retrieval-Problem, wie es heute in juristischen Datenbanken angepackt wird. Hinzu trat ein didaktisches Problem, das heute noch weitgehend ungelöst ist (auch der Repetitor hat es nicht gelöst).

Der Mann, der eine Antwort auf beide Fragen fand, war der römische Jurist Gaius. Über sein Leben ist wenig bekannt. Man kennt nicht einmal seinen vollen Namen. Gaius war nur sein Vorname. Er war nur von niedriger Herkunft, bekleidete kein bedeutendes öffentliches Amt und wirkte zur Zeit der Kaiser Hadrian, Antoninus Pius, Mark Aurel und Commodus. Zu seinen Werken gehören die *„Institutionum commentari quattuor"*, das um 160 n. Chr. verfasste erste juristische Lehrbuch. Darin entwickelte er die Systematik, die bis heute die kontinentaleuropäischen Rechtsordnungen prägt. Sie ist immer noch gültig, aber es zeichnet sich, wie schon gesagt, eine neue, bessere Antwort ab.

Komplexität ist durch acht Merkmale gekennzeichnet, die man in jedem Rechtsfall nachweisen kann.

- Es gibt eine Mehrzahl von Aspekten.
- Die Aspekte bilden Aspekt-Hierarchien.
- Die Aspekte sind „Mehr-oder-Minder"-Aspekte.
- Die Aspekte bilden Systeme.
- Die Systeme sind eigendynamisch.
- Es gibt eine Vielzahl von möglichen Zielen (Polytelie).
- Zwischen den Zielen gibt es Konflikte und Widersprüche.
- Es gibt stets Informationsdefizite.

Im Einzelnen:

### bb) Eine Mehrzahl von Aspekten

Das erste Merkmal von Komplexität:

In jedem Rechtsfall gibt es eine Mehrzahl von Aspekten. Es gibt Sachverhaltsaspekte, rechtliche Aspekte, wirtschaftliche Aspekte, soziale Aspekte, emotionale Aspekte... Es kann den Beteiligten darum gehen, ein Grundsatzurteil zu erstreiten, um Rechtssicherheit zu bekommen; dieser Aspekt kann sogar der alleinige Grund für einen in der Sache völlig unbedeutenden Rechtsstreit sein; die grundlegenden Zinsurteile des Bundesgerichtshofes ergingen beispielsweise in Fällen mit einem Streitwert von wenigen Euro. Oder es geht den Beteiligten um wirtschaftliche Aspekte, um immaterielle Aspekte (Ehre, Ruf), um „niedrige" Aspekte (Rache, Hass), und vieles andere mehr. Es soll sogar Leute gehen, die zum Gericht laufen, um ihren Adrenalinpegel hoch zu halten.

Manche Aspekte sind den Beteiligten bewusst, andere bilden nur eine Art von mehr oder weniger unbewusstem Hintergrundrauschen. Dabei können einzelne Aspekte durchaus dominant werden, ohne dass die Betroffenen dies merken. So kann es sein, dass ein Zivilprozess um Geld nur deshalb geführt wird, weil der Kläger sich aus ganz anderem Anlass über den Beklagten geärgert hat.

Dieses Hintergrundrauschen hat überwiegend keinen Namen und ist unscharf. Es findet weitgehend im Unbewussten statt. Es wird von den Betroffenen nicht beherrscht. Vielmehr beherrscht es umgekehrt die Betroffenen. Diese sind nicht imstande, es zu kontrollieren.

### cc) Die Aspekte bilden Aspekt-Hierarchien

Das zweite Merkmal von Komplexität:

Zu den Aspekten gehören Unter-Aspekte, und zu diesen jeweils wieder Unter-Unter-Aspekte, und so fort – mit der Folge, dass Aspekt-Hierarchien vorhanden sind. So besteht der Sachverhalt aus verschiedenen Komplexen (Vertragsschluss, Erfüllung, ...), zu denen jeweils wiederum Unterkomplexe (Vorgespräche, Verhandlung, Vertragsunterzeichnung, Anfechtung, ...) gehören. Der Kläger beschreibt vielleicht die Entstehung einer Forderung, der Beklagte fügt einen Verjährungskomplex hinzu. Es ist zwischen relevanten und nicht relevanten, streitigen und unstreitigen Tatsachen zu unterscheiden; letzteren falls treten Beweistatsachen hinzu, die wiederum nach den Beweismitteln untergliedert werden. Zeugen können glaubwürdig oder nicht glaubwürdig sein, Sachverständige kompetent oder nicht kompetent. Entsprechend verhält es sich bei den rechtlichen Aspekten. Es gibt gesetzliche und vertragliche Ansprüche. Zu den gesetzlichen Tatbestandsmerkmalen treten die einzelnen Definitionen und Subdefinitionen in Rechtsprechung und Kommentaren hinzu. Ein Blick etwa in das Inhaltsverzeichnis des Palandt macht die Existenz von Aspekt-Hierarchien deutlich. Dabei gibt es nicht etwa einen einzigen wohlgegliederten „Baum", wie die Begriffsjuristen des 19. Jahrhunderts geglaubt hatten. Nein, es gibt eine Vielzahl von miteinander vernetzten Teilhierarchien in verschiedenen „Bäumen", die von verschiedenen Menschen ganz unterschiedlich gebildet werden. Der eine meint, um eine Sachbeschädigung prüfen zu können, müsse man erst klären, ob eine Sache vorliege, ehe man deren Beschädigung untersucht. Der andere sieht es umgekehrt; ob eine Sache vorliegt, könne zunächst dahingestellt bleiben; man müsse mit der Beschädigung beginnen, und er verweist dazu auf den Fall des Zertrampelns einer Langlaufloipe. Ob diese eine Sache ist, sei fraglich, aber jedenfalls könne sie zerstört werden.

### dd) Die Aspekte sind „Mehr-oder-Minder-Aspekte"

Das dritte Merkmal von Komplexität:

Die Aspekte sind keine Ja/Nein-Aspekte, sondern abstufbare Mehr-oder-Minder-Aspekte. Etwas anspruchsvoller ausgedrückt:

Die Aspekte sind keine „Begriffe", die man abschließend definieren kann, sondern „Typen", die man nur exemplifizieren kann. Selbst scheinbar einfache und eindeutige Aspekte erweisen sich bei näherer Betrachtung als vage. So gibt es nur selten objektiv messbare Fakten des Sachverhalts. Es überwiegen die subjektiven Erfahrungen verschiedener Menschen, die verschiedene Wirklichkeiten produzieren. Ein scheinbar so eindeutiger Rechtsbegriff wie der strafrechtliche Begriff der Sache kann jederzeit zum Problem werden, wenn man es etwa mit Elektrizität oder der eben erwähnten Langlaufloipe zu tun hat. Die Grenze zwischen dem Beschädigen und dem Zerstören kann nur typologisch gezogen werden. Und wenn man es mit hochabstrakten Rechtsbegriffen wie „angemessen" oder „öffentliches Interesse" zu tun hat, scheidet jedes Begriffsdenken von vornherein aus. Vollends deutlich wird das Mehr-oder-Minder bei Prognosen etwa von Gerichtsentscheidungen.

Es gibt Anwälte, die in diesem Bereich gerne mit Wahrscheinlichkeiten in Prozenten rechnen, aber das ist eine Scheinrationalität, die zudem leicht in die Irre führt. Wenn man eine Münze wirft, ist die Wahrscheinlichkeit, dass diese auf Zahl oder Kopf fällt, jeweils 50 Prozent. Wenn man dreimal die Münze wirft, beträgt die Wahrscheinlichkeit, dass dreimal dasselbe Ergebnis kommt, nur noch 12,5 Prozent (50% x 50% = 25% x 50% = 12,5%). Auf einen Rechtsstreit übertragen bedeutet dies: Wenn man beispielsweise eine Forderung hat, die mit einigen Unsicherheitsfaktoren behaftet ist wie mögliches eigenes Mitverschulden und denkbare Verjährungseinrede, sinkt deren „Erfahrungswert" drastisch. Nehmen wir an, der Forderungsbetrag ist 1.000. Die Chance, dass er vom Gericht anerkannt wird, beträgt 50%. Daraus ergibt sich ein Wert von 500. Nun besteht ein 40%iges Risiko, dass dem Kläger Mitverschulden angelastet wird. Damit sinkt der Wert auf 300. Weiter besteht ein Verjährungsrisiko von 20%. Damit sinkt der Wert auf 240. Das wäre also für beide Parteien der richtige Vergleichsbetrag, bei dem beide überdies Anwalts-

und Gerichtskosten sparen würden. Aber beide Parteien werden ihre Chancen weit höher einschätzen und vor Gericht ziehen.

### ee) Die Aspekte bilden Systeme

Das vierte Merkmal von Komplexität:

Die Aspekte sind vernetzt; sie bilden Systeme (von griech. „*sýstema*" = „das Gebilde, Zusammengestellte, Verbundene)..
Diese Systeme stehen nicht etwa ein für allemal fest. Verschiedene Menschen bilden vielmehr angesichts desselben Rechtsfalles ganz verschiedene Systeme. Selbst ein scheinbar so einfacher Sachverhalt wie eine Willenserklärung kann auf verschiedene Weisen systematisch strukturiert werden. Muss man erst klären, ob ein entsprechender Wille vorliegt, oder muss man mit der Frage beginnen, ob eine Erklärung vorliegt. Der eine macht es so, der andere macht es so, und niemand ist da, der entscheiden könnte, wer Recht hat. Weder der Sachverhalt noch dessen rechtliche Beurteilung kann in ein einheitliches, ein für allemal feststehendes System gebracht werden. Aber ohne eine solche systematische Erfassung kann man den Dingen nicht gerecht werden.

Seit den Tagen des Römischen Rechts haben sich viele Juristen in Kontinentaleuropa um **„das"** System des Rechts bemüht. Im 19. Jahrhundert glaubte man, wie schon gesagt, es mit Hilfe der sogenannten „Begriffsjurisprudenz" finden zu können. Dies hat sich als ein Irrglaube erwiesen. „Das" System des Rechts gibt es nicht. Manche Rechtsgebiete, so etwa das Steuerrecht und das Sozialrecht, wurden unter dem Einfluss der Lobby so verwildert, dass sie sich systematischen Anstrengungen weithin entziehen. Gleichwohl steht fest: Kein juristischer Aspekt kann jemals isoliert betrachtet werden. Stets ist er eingebettet in Systeme aus anderen Aspekten. Diese sind ihrerseits wieder anderswo systematisch verstrickt – und so fort. Niemand kann die Gesamtheit aller Systeme beherrschen. Man kann immer nur Teilsysteme beherrschen und benötigt im Übrigen die Fertigkeit, auch in unbekannten Systemen navigieren zu können. Wer diese Fertigkeit nicht erwirbt, scheitert schon im Jurastudium.

ff) Die Systeme sind eigendynamisch

Das fünfte Merkmal von Komplexität:

Die Systeme sind eigendynamisch. Nicht umsonst heißt das Gerichtsverfahren Prozess (von lat. *„processus"* = Fortschreiten, Fortgang, abgeleitet aus *„procedere"* = vorwärts gehen). Auch außerhalb des Gerichtsprozesses geschehen Dinge, und die Betroffenen stehen nicht nur vor der Entscheidung, ob sie etwas tun wollen oder nicht, sondern vor allem auch vor der Frage, ob sie damit in laufende Prozesse eingreifen und den Kurs ändern oder ob sie nichts tun wollen, was bedeutet, die Dinge in die vorhandene Richtung weiter laufen zu lassen. So kann die Nichtbeantwortung eines Forderungsschreibens eine Klage auslösen. Das Unterlassen des Bestreitens kann fatale Folgen haben. Untätigkeit kann zur Verjährung oder zum Versäumnisurteil führen. Und wenn die Gehaltsverhandlung scheitert, hat das ebenso Folgen wie ein erfolgreicher Abschluss.

Beim „systemischen" Denken, neigt man dazu, sich auf den Ist-Zustand zu konzentrieren statt an die Zukunft zu denken. Die Frage *„Was wird?"* wird oftmals über der Frage *„Was ist?"* vernachlässigt. Wir sind gewohnt, unseren Fokus auf Zustände statt auf Prozesse zu lenken. Deren Eigendynamik berücksichtigen wir viel zu selten. Am besten kann man sich das klarmachen, wenn man sich vorstellt, in einem Boot zu sitzen. Beim Einlegen des Ruders darf man nicht nur die aktuelle Position berücksichtigen, sondern muss man auch die Richtung und Geschwindigkeit der aktuellen Fahrt mit einkalkulieren. Bereits kurze Zeit nach einer „Ist-Analyse" kann das Boot bei bereits eingeschlagenem Ruder ganz woanders sein. So mancher Kapitän hat bei solcher Seefahrt schon Schiffbruch erlitten.

## gg) Es gibt eine Vielzahl von möglichen Zielen (Polytelie)

Das sechste Merkmal von Komplexität:
Der Vielzahl der Aspekte entspricht eine Vielzahl von möglichen Zielen, die man verfolgen kann. Mit anderen Worten: es herrscht Polytelie (von griechisch „*poly*" = viel und „*telos*" = Ziel), was man holprig mit Vielzieligkeit übersetzen kann.[3] Mögliche Ziele in einem Rechtsstreit sind etwa Gerechtigkeit, Wirtschaftlichkeit, Zufriedenheit, Eitelkeit, Ansporn, Rache. Sicher gibt es noch manches andere mehr. Wer sich nur auf das eine an der Oberfläche gesehene Ziel konzentriert, gerät in geradezu sprichwörtliche Gefahren: *„fiat justitia, pereat mundus!"* („Das Rechte geschehe, mag dabei auch die Welt untergehen".)

In einer Novelle, also der Erzählung einer „unerhörten Begebenheit", hat Heinrich von Kleist die Geschichte des Michael Kohlhaas behandelt, die auf wahre Ereignisse zurückging. Im 16. Jahrhundert reiste der Kaufmann Hans Kohlhase aus Cölln an der Spree im Brandenburgischen zur Leipziger Messe. Unterwegs wurden ihm auf Anordnung des Junkers von Zaschwitz zwei Pferde als Pfand für die Durchreise nach Dresden weggenommen. Kohlhase wehrte sich juristisch dagegen. Als ihm dies misslang, erklärte er die Fehde und brannte mehrere Häuser in Wittenberg nieder. Martin Luther versuchte vergeblich, den Rasenden aufzuhalten. Kohlhase beging weitere Verbrechen, wurde schließlich ergriffen und in Berlin öffentlich durch Rädern hingerichtet. Dabei war der Mann völlig im Recht.

---

[3] Die Poliklinik schreibt man dagegen mit einem „i", weil dieser Begriff vom griechischen „polis" = Stadt abgeleitet ist; die Poliklinik ist eine Klinik, die verschiedene Fächer unter einem Dach zusammenfaßt, so dass alle Bewohner der Stadt dort behandelt werden können.

### hh) Zwischen den Zielen gibt es Konflikte und Widersprüche

Das siebte Merkmal von Komplexität:

Die einzelnen Teilziele stehen regelmäßig im Konflikt miteinander, bis hin zum völligen Widerspruch, bei dem ein Ziel nur auf Kosten eines anderen erreicht werden kann. Man kann beispielsweise auf Gerechtigkeit setzen, auf Wirtschaftlichkeit, auf Geld, auf Zufriedenheit, auf Eitelkeit, auf Ansporn, auf einen erhöhten Adrenalinpegel und auf manches andere mehr. Aber man kann nicht alles zugleich bekommen.

In seinen Erinnerungen beschreibt der Dichter Hans Fallada das Schicksal eines Onkels, der ein behagliches Pensionärsdasein führte, bis ihm ein Wasserschaden in seiner Villa widerfuhr. Da sein Versicherer nicht sofort reagierte, griff er zur Selbsthilfe, was gegen das Kleingedruckte des Versicherungsvertrages verstieß. Es kam zum Prozess. Nach langen Jahren gewann er diesen zwar, aber die Behaglichkeit seines Ruhestands war dahin.

Wenn eine natürliche Person gegen eine juristische Person klagt, sollte sie stets auch an die Ziele eines erholsamen Schlafes sowie der Pflege ihres Freundeskreises denken. Wer in einen Prozess verstrickt ist, kann womöglich nicht mehr ruhig schlafen, und seine Freunde werden auf die andere Straßenseite gehen, um nicht seine Schauergeschichten anhören zu müssen. Juristische Personen kennen diese Probleme nicht.

### ii) Es gibt Informationsdefizite

Das achte und wohl wichtigste Merkmal von Komplexität:

Stets gibt es Informationsdefizite, die durch nichts zu beheben sind. Man mag sich noch so gut vorbereiten (was man nicht tun kann – eine perfekte Vorbereitung ist schon wegen der Natur der menschlichen Gedächtnisse ein Ding der Unmöglichkeit), stets wird es einem passieren, dass Fragen auftauchen, auf die man nicht vorbereitet ist. Dann wünscht man sich: *„Ach, hätte ich doch* *nur die Akte X noch spätabends durchgearbeitet statt die Sportschau im Fernsehen anzusehen."* Aber das hat man nun einmal nicht getan.

Die Welt ist unendlich, unser Wissen ist dagegen (höchst) endlich, unsere Hilfsmittel sind noch endlicher, auch der Einsatz des Managers kann hier keine Hundert-Prozent-Lösungen bringen, und deshalb müssen wir mit einem Mangel an Informationen leben, den wir letztlich durch nichts und auf keine Weise beheben können. Wenn wir uns das klar machen, können wir damit leben. Die einfachste Weise, damit umzugehen, ist, ein Geständnis abzulegen und die Hemmung abzulegen, immer wieder Fragen zu stellen.

### c) Die Ursachen unserer Überforderung durch Komplexität

#### aa) Übersicht

Die Ursachen unserer Überforderung durch Komplexität finden wir sowohl in der Konstruktion unseres Gehirns (unserer „Hardware") als auch in den Besonderheiten unserer verbalen Sprache (unserer „Software").

#### bb) Die „Magische Sieben"

Die sogenannte „Magische Sieben" ist eine wesentliche Ursache unserer Überforderung durch Komplexität. Das menschliche Arbeitsgedächtnis kann maximal sieben Elemente (plus oder minus zwei) gleichzeitig speichern und verarbeiten. Sieben ist keine sehr große Zahl, und für viele Leute ist schon bei fünf Elementen Schluss. Bereits drei Elemente empfinden wir als eine beachtliche Fülle. Am liebsten haben wir es immer nur mit einem Element zu tun. Deshalb steht an manchen Behördentüren: *„Bitte einzeln eintreten!"*

Hinter dem Arbeitsgedächtnis steht das Langzeitgedächtnis, das nicht nur Fakten, sondern vor allem auch nonverbale Regeln speichert, z. B. des Inhalts: *„Wenn jemand mich bedroht, muss ich durch Flucht oder Abwehr reagieren".* Da das Arbeitsgedächtnis durch die Magische Sieben in seiner Leistungsfähigkeit begrenzt ist, ist das menschliche Betriebssystem offensichtlich so organisiert, dass immer nur sehr einfache und sehr kurze Programme geladen und abgearbeitet werden können. Das genügt im Alltag, und es hat auch früher in einer einfachen, überschaubaren Welt genügt. In der modernen komplexen Welt genügt es aber nicht mehr. Fehlentwicklungen nicht nur im Recht sind die Folge. Wohl das augenfälligste Beispiel hierfür bietet in der Gegenwart die Finanz- und Wirtschaftskrise, die im Jahre 2008 begonnen hat. Obwohl an akademischen und publizistischen Gurus wahrlich kein Mangel ist, wusste niemand wirklich, was zu tun war – und weiß es auch heute noch keiner.

### cc) Unsere eindimensionale Sprache

Neben unserer „Hardware" taugt auch unsere Sprache – unsere „Software" – nur begrenzt zur Bewältigung von Komplexität. Der Psychologe Dietrich Dörner schreibt zum Thema Komplexität:

*„Wir scheitern beim Lösen von Problemen nicht, weil wir 90 Prozent unserer Gehirnkapazität nicht nutzen oder weil wir unsere rechte Hirnhälfte nicht gebrauchen. In Wirklichkeit liegt das Scheitern daran, dass wir dazu neigen, hier diesen, dort jenen kleinen Fehler zu machen, und in der Addition kann sich das häufen. Hier haben wir vergessen, ein Ziel zu konkretisieren, dort haben wir auf die Ablaufcharakteristika eines Prozesses nicht geachtet, da haben wir übergeneralisiert, dort haben wir den Schutz des eigenen Selbstwertgefühls über die Kenntnisnahme des Misserfolges gestellt, hier haben wir zu viel geplant, dort zu wenig, da waren wir ‚heterogen funktional gebunden'".*

Unsere verbale Sprache stößt hier auf eine prinzipielle Grenze, die sich daraus erklärt, dass sie eine Geschichtensprache ist. Wir wissen so gut wie nichts über ihre Entstehung, aber wir brauchen uns nur anzuschauen, wozu sie taugt, und wozu sie nicht taugt, um zu erkennen, was da vor langer Zeit passiert sein muss. Die verbale Sprache taugt in erster Linie dazu, konkrete Geschehnisse zu erzählen, die wir erlebt haben. Diese werden chronologisch und damit linear eindimensional strukturiert. Komplexe Gegenstände können wir damit aber nur schwer, im Grunde überhaupt nicht sprachlich erfassen. Genau besehen tun wir das auch nicht.

Unsere Überforderung durch Komplexität machen wir uns regelmäßig nicht bewusst. Wir kommen ja im Alltag zurecht. Und daher meinen wir, auch einen Rechtsfall problemlos beherrschen zu können.

Eine wirkliche Lösung des Komplexitätsproblems gibt es nicht. Das gilt für das Recht wie für andere Bereiche. Den Wirtschaftswissenschaften ist es beispielsweise trotz bedeutender Fortschritte bislang nicht wirklich gelungen, die Wirtschaft in mathematischen Modellen abzubilden. Im Recht hat man Vergleichbares bislang noch nicht einmal versucht. Die schon erwähnte „hermeneutische" Denk- und Arbeitsweise hat allen entsprechenden Ansätzen etwa in der Rechtslogik einen Riegel vorgeschoben. Es ist wie beim „ganzheitlichen" Denken in der Medizin, wo an die Stelle naturwissenschaftlichen Vorgehens das Schamanentum tritt. Statt das Unmögliche zu beschwören, sollte man das Mögliche versuchen. Ansätze hierzu gibt es. Dies zeige ich im Folgenden auf.

## 2. Das Strukturdenken

### a) Übersicht

Im Folgenden beschreibe ich, was eine Struktur ist. Anschließend beschreibe ich die verschiedenen Strukturarten, unter denen die Baumstruktur und die Tabellenstruktur die größte Bedeutung haben.

## b) Die Struktur

Das Wort Struktur ist aus dem lateinischen „*struere*" (= zusammenfügen) abgeleitet. Eine „*structura*" ist ein geordneter Zusammenbau von irgendwelchen Elementen. Der Begriff ist so allgemein, dass er in einer Vielzahl von Disziplinen verwendet wird, in der Mathematik, in der Logik, in der Grammatik, in den Naturwissenschaften, in den Wirtschaftswissenschaften, in der Soziologie, in der Psychologie, in der Medizin, in der Informatik und fächerübergreifend im sogenannten Strukturalismus. Im Recht setzt sich dagegen nur zögerlich die Erkenntnis durch, dass dieser Begriff auch hier eine Rolle spielt.

Eine Struktur besteht aus Elementen, die durch Beziehungen (Relationen) miteinander verbunden sind. Strukturen ermöglichen die Visualisierung von komplexen Zusammenhang und erschließen damit (auch) die Dimension des Sehens neben denen des Lesens und Hörens.

Im Zentrum jeder Struktur stehen die Elemente. Diese müssen sprachlich erfasst werden und repräsentieren etwas, worüber seit der Antike gestritten wird.

In seinem Dialog „*Kratylos*" berichtet Platon (428–348 v. Chr.) über ein Streitgespräch zwischen dem Sophisten Kratylos und einem gewissen Hermogenes. Der Sophist behauptete nach Sophistenart, Hermogenes trage seinen Namen zu Unrecht. „*Dein Name ist nicht Hermogenes, wenn dich auch alle Leute so nennen.*" Hermogenes, der ein bisschen tumb war, war natürlich empört, zumal Kratylos seinerseits behauptete, er selbst, Kratylos, trage seinen Namen zu Recht. Wie es der Zufall in Athen so wollte, kam Sokrates vorbei, und es entspann sich ein langes Streitgespräch über dieses Thema, mit dem der sogenannte Universalienstreit begann. Seitdem stritt und streitet man über die Frage, ob Begriffe real sind („Begriffsrealismus") oder bloße Namen, die man den Dingen gibt („Nominalismus"). Dabei hatte sich Kratylos lediglich einen Scherz erlaubt. Der Name Hermogenes war nämlich von Hermes abgeleitet, dem Gott, der u.a. für die Kaufleute zuständig war. Sein Gesprächspartner Hermogenes war aber als Geschäftsmann eine Katastrophe, dem alles schief ging, und der ständig am Rande der Privatinsolvenz lebte. Ihn Hermogenes zu nennen war so, als würde man heute einen Straßenbettler Rockefeller nennen.

Platon trat entschieden für den Begriffsrealismus ein. Er bezeichnete das, was später „Idee" genannt wurde, mit vielen Ausdrücken, *(„idéa", „morphē", „eîdos", „parádeigma", „génos", „phýsis", „ousía"),* ohne das Gemeinte wirklich treffen zu können, und er verwendete dafür Ausdrücke wie *„to x auto"* (= das x selbst) oder *„kath' auto"* (= an sich).

Viele spätere Denker haben sich ebenfalls mit diesem Problem herumgeschlagen. Leibniz entwickelte für die nicht zu benennende Einheit den Begriff *„Monade"* (von griechisch *„Monas"* = Einheit, das Einfache). Immanuel Kant (1724–1804) prägte den Begriff *„Noumenon"* (griechisch = das Gedachte), um das *„Ding an sich"* zu bezeichnen, das dem Denken vorausgeht und nicht beschrieben werden kann.

Im Gegensatz dazu vertraten die Nominalisten die Auffassung, die Einzeldinge würden mit Begriffen lediglich verallgemeinert und festgehalten.

Wie erbittert dieser Streit im Mittelalter geführt wurde, können Sie in Tübingen an der im 15. Jahrhundert erbauten Alten Burse sehen. Dieses Gebäude, das heute noch die Philosophische Fakultät beherbergt, hat zwei Eingänge, zu denen zwei gegenläufige Steintreppen führen. Früher war es auch durch eine Mauer in zwei Hälften geteilt. Die linke Treppe stand den Nominalisten offen, die rechte den Begriffsrealisten. Wären die Treppen aufeinander zu gelaufen und hätte das Gebäude nur einen gemeinsamen Eingang gehabt, dann wären Mord und Totschlag die Folge gewesen. Die Vertreter beider Denkrichtungen pflegten sich nämlich bei jedem Treffen heftig zu beschimpfen. Auch liefen damals alle bewaffnet herum. Und wer die Schwaben kennt, kann sich vorstellen, welche Zustände damals herrschten. Eine weise Bauverwaltung sorgte dafür, dass sich die Verluste der Philosophischen Fakultät in Grenzen hielten.

Angesichts des Universalienstreites mag man sich an die Geschichte von den beiden jungen Fischen erinnern, denen beim Schwimmen ein alter Fisch begegnet. *„Hallo, Jungs"*, ruft der alte Fisch. *„Wie ist das Wasser heute?"* Die beiden Jungen schwimmen schweigend weiter. Nach einer Weile fragt der eine den anderen: *„Was, zum Teufel, ist Wasser?"*

Die deutsche Rechtswissenschaft ist heutzutage eine der letzten Bastionen des Begriffsrealismus in der Welt. Im Zentrum der juristischen Methodenlehre steht der „Rechtsbegriff", also das einzelne Wort, das man als Tatbestandsmerkmal im Gesetz findet *(„Sache", „Wegnahme", „Heimtücke",* …). Dass die moderne Linguistik sowohl auf der Suche nach den kleinsten Strukturelementen der Sprache mit den „Morphemen" und „Phonemen" als auch auf der Suche nach größeren Strukturelementen jenseits der Wörter mit der Textlinguistik Fortschritte erzielt hat, wird kaum beachtet. Dabei bietet sich vor allem der Textbegriff als IT-relevanter Ansatz an. Der Begriff „Text" steht im Lateinischen für ein Gewebe aus Sätzen, mindestens einem Wort, maximal unbegrenzt vielen Wörtern, die eine Einheit bilden, indem sie ein Konzept beschreiben.

Wie genau die Konzeptbildung im Gehirn stattfindet, ist noch weitgehend unerforscht. Es handelt sich dabei um einen weitgehend unbewusst ablaufenden Vorgang. Ein einfacher Selbstversuch mag dies verdeutlichen. Lesen Sie eine beliebige juristische (oder eine sonstige fachliche) Abhandlung, lassen Sie einige Zeit (mehr als eine halbe Stunde) vergehen und prüfen Sie dann, was wie in Ihrem Gedächtnis haften geblieben ist. Solche Experimente haben die Philosophen nicht angestellt.

Strukturelemente spielen beim Strukturdenken eine Hauptrolle, und die Beschäftigung mit dem Wesen der Struktur fordert dazu auf, sich dies bewusst zu machen. Bei dem Bemühen, diesen vorsprachlichen Elementen, den „Konzepten" Namen zu geben, sollten Sie nur beachten, dass diese nicht identisch mit einzelnen Begriffen sind. Sie können ihnen nur typologisch gerecht werden. Es handelt sich eben um „Konzepte", Informationseinheiten, die jeder auf seine Weise bildet und im Kopf verwaltet. Dazu die Geschichte eines Matrosen, der gefragt wurde, ob er blonde, brünette oder schwarzhaarige Mädchen bevorzugt. Der Matrose antwortete „Ja!" Wo der Fragende drei Konzepte gebildet hatten besaß er nur eines.

Diese Überlegungen sind durchaus praxisrelevant. Die juristischen Datenbanken wie juris und beck-online basieren auf der Begriffssuche *(„keyword search technology")*. Der Benutzer muss Begriffe und Begriffskombinationen eingeben, die in den Dokumenten vorkommen. Im Unterschied hierzu stehen die Bemühungen, im Rahmen der *„Artificial Intelligence (AI)"*-Forschung konzeptbasierte Methoden einzusetzen, um Ähnlichkeiten zwischen Dokumenten automatisiert erkennen zu können *(„conceptual search technology")*. Theoretische Ansätze hierzu werden bereits vor mehreren Jahrzehnten veröffentlicht.[4] Inzwischen hat die Technik einen Stand erreicht, der entsprechende Projekte realisierbar gemacht hat. Zu nennen sind etwa Google MapReduce und Apache Hadoop.

Die Strukturpunkte des Managers sind dazu gedacht, „Konzepte" in diesem Sinne aufzunehmen. Ich komme hierauf zurück.

---

[4] Siehe beispielsweise Haft/Müller-Krumbhaar, SEDOC – ein Verfahrensvorschlag zur Erschließung juristischer Literatur mit Computern, in Juristische Arbeitsblätter (JA) 1970, Letzte Seiten 32.

## c) Die verschiedenen Möglichkeiten des Strukturierens

### aa) Übersicht

So, wie man aus Legobausteinen unzählige verschiedene Gebilde konstruieren kann, so kann man auch auf verschiedene Weisen Strukturen bilden. Ich nenne einige historische Beispiele und gehe dann auf die beiden wichtigsten Strukturen ein, nämlich die hierarchische Struktur und die Tabellenstruktur.

### bb) Historische Strukturbeispiele

Das älteste Beispiel bietet die lineare Struktur. Dabei sind die Strukturelemente linear in einer Reihe miteinander verbunden, und es gibt irgendein Ordnungsgefüge, etwa eine Chronologie oder einen Kausalverlauf, welches sie verbindet.

Wenn einer unserer Vorfahren in der Steinzeit von der Jagd zurückkam, berichtete er darüber in einer linearen Struktur, indem er die verschiedenen Stationen des Geschehens schilderte (Suche nach Wild, Entdeckung eines Hirsches, Anschleichen, Erlegen, Treffen einer feindlichen Gruppe auf dem Rückweg, usw.) Auf dieser archaischen Ebene sind wir bis heute weitgehend stehengeblieben, wenn wir eine Geschichte erzählen, etwa die Geschichte unseres letzten Urlaubs (Verstauen der Koffer im Auto, beim Tanken bemerken wir, dass wir die Geldbörse vergessen haben, auf der Autobahn werden wir wegen Geschwindigkeitsüberschreitung geblitzt, usw.) Dies alles sind Konzepte im oben dargestellten Sinne, die wir – und unsere Zuhörer (sofern wir solche finden) – entsprechend strukturieren. Nur in Form von Konzepten können wie sie in unser Gedächtnis einprägen. Formulierungen können wir uns nicht merken. Auch angesichts komplexer Gegenstände neigen wir dazu, diese im Geschichtenerzählmodus zu behandeln, womit wir ihnen natürlich nicht gerecht werden. Nehmen Sie nur als Beispiel die oben erwähnte

Finanzkrise des Jahres 2008. In zahlreichen Büchern und Aufsätzen wurde sie behandelt, aber niemandem ist es gelungen, sie auch nur im Entferntesten angemessen darzustellen.

In den Wissenschaften wurde dieses Manko schon frühzeitig erkannt. Deshalb wurden dort neben dieser elementaren Struktur schon frühzeitig weitere Strukturen entwickelt, um die Komplexität der uns umgebenden Welt besser erfassen zu können. Wirklich gelungen ist das aber nicht. Einen abschließenden Kanon der Strukturen gab und gibt es bis heute nicht.

So wurde schon in der Antike eine (lineare) Kreisstruktur entwickelt. Dies drückt der heute noch übliche Begriff Enzyklopädie aus. Er stellt eine aus dem Altgriechischen *("Enkyklios paideia"* = Kreis der Bildung) abgeleitete Wortschöpfung dar, die im 5. Jahrhundert v. Chr. die Bedeutung „universale Bildung" hatte. *„Enkyklios"* stand dabei für den Kreislauf des Jahres im Sinne von „immer wiederkehrend; alltäglich, üblich", so dass man darunter zunächst die Alltagsbildung als Vorbereitung auf die philosophische Bildung verstand. Der berühmte Rhetoriklehrer Quintilian (35–96 n. Chr.) deutete den Begriff *„enkyklios paideia"* dann im Sinne eines in seiner Art abgerundeten „Kreises" der Bildung um. Hieraus entwickelte sich der Brauch, eine systematisch strukturierte Wissenssammlung als Enzyklopädie zu bezeichnen.

Noch heute wird dieser Begriff für universale Lexika verwendet, etwa die Encyclopædia Britannica. Im Mittelalter bildeten die sieben freien Künste *("artes liberales")* den Kreis der Bildung, in dessen Mittelpunkt die Philosophie stand. Diesen Kreis musste durchschreiten, wer an den damals entstehenden Universitäten eines der eigentlichen wissenschaftlichen Fächer „Theologie", „Jurisprudenz" und „Medizin" studieren wollte.

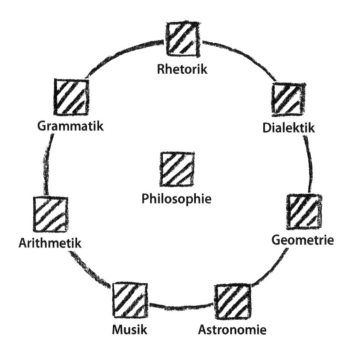

Ein Kreis hat keinen Anfang und kein Ende. Deshalb erwies sich dieses Modell letztlich als nicht zukunftsfähig.

cc) Die hierarchische Baumstruktur

Eine komplexere Struktur entsteht, wenn man eine hierarchische Baumstruktur bildet. Schon in der griechischen Antike entdeckte man, dass die Begriffe unserer Sprache einen Inhalt und einen Umfang haben. Beide verhalten sich umgekehrt proportional zueinander. Je mehr Gegenstände von einem Begriff erfasst werden, desto geringer ist sein Inhalt, und umgekehrt. Sie können sich dies durch einen Vergleich der Begriffe Platon, Mensch, Sinneswesen, Lebewesen usw. verdeutlichen. Der allgemeinste Begriff „All" bezeichnet buchstäblich alles und hat daher überhaupt keinen Inhalt mehr. Auf dieser Grundlage schuf man damals Begriffsbäume, mit deren Hilfe man Erkenntnisse über das Wesen der Dinge gewinnen wollte. Der berühmteste Begriffsbaum stammt von Porphyrius (*234 n. Chr. in Tyros) und heißt nach ihm *„Arbor Porphyriana"*.

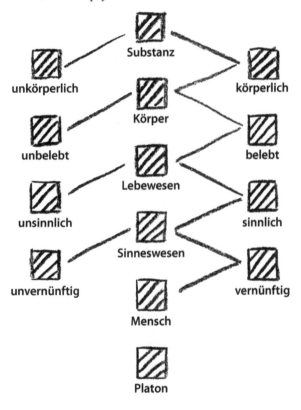

Vom allgemeinsten Begriff „Substanz" ausgehend gelangt man dabei durch schrittweise Konkretisierung zu einer ständigen Vergrößerung des Inhalts nebst korrespondierender Verkleinerung des Umfangs der Begriffe, bis man beim individuellen Gegenstand angelangt ist. Dabei unterschieden die alten Philosophen zwischen Gattung und Art. Im Beispiel sind *„Substanz"*, *„Körper"*, *„Lebewesen"* und *„Sinneswesen"* Gattungsbegriffe, die durch Hinzutreten der artbildenden Unterschiede *„körperlich"*, *„belebt"*, *„sinnlich"* und *„vernünftig"* zum Artbegriff *„Mensch"* führen. In diesem untersten Artbegriff sah man das Wesen der Dinge. (Heute würde man eher auf das Individuum *„Platon"* abstellen.)

So entstand die Metapher vom Baum des Wissens. Die Definitionslehre sollte den Weg hierzu eröffnen. Eine Definition im klassischen Sinne (von lat. *„de"* = ab und *„finis"* = Grenze, also Abgrenzung) besteht aus dem zu Definierenden *(„Definiendum")* und dem Definierenden *(„Definiens")*. Die Anleitung hierzu lautet *„omnis definitio fit per genus proximum et differentiam specificam"* („Jede Definition geschieht über die nächste Gattung und den artbildenden Unterschied"). Als heute noch verwendetes Schulbeispiel mag die Definition des Schimmels dienen als *„Pferd"* (Gattung), welches *„weiß"* ist (artbildender Unterschied). (Natürlich gab es schon frühzeitig Zweifler, die vorschlugen, den Schimmel als etwas Weißes (Gattung), zu definieren, welches als Pferd daherkommt (artbildender Unterschied).

Heute gilt diese Definitionslehre außerhalb der Rechtswissenschaft als überholt. Moderne Untersuchungen haben aber bestätigt, dass unser Wissen sprachlich über Hierarchien organisiert und im Gehirn entsprechend gespeichert wird. Betrachten Sie nur die Begriffshierarchie in der folgenden Abbildung, der jeweils ein Eigenschaftsprädikat zugeordnet ist.

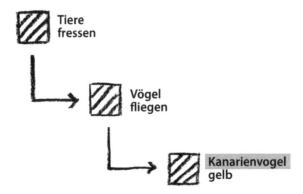

Messungen haben ergeben, dass die Frage „Ist der Kanarienvogel gelb?" schneller beantwortet wird als die Frage „Fliegt der Kanarienvogel" und beide schneller als die Frage „Frisst der Kanarienvogel?" Dies liegt daran, dass das Prädikat „gelb" unmittelbar beim Begriff „Kanarienvogel" abgespeichert wird, womit direkt darauf zugegriffen werden kann, während die Prädikate „fliegen" und „fressen" über die beiden höheren Stufen der Begriffshierarchie abgerufen werden, was Zeit kostet. Informationen wandern offensichtlich über sensorische Areale im Cortex hinauf („bottom-up") und hinunter („top-down"), ein Prozess, der noch längst nicht wirklich erforscht ist. Dabei liegen den gespeicherten Begriffen, wie schon gesagt, Konzepte zugrunde, die nicht verbal ausformuliert sein müssen.

### dd) Die Tabellenstruktur

Eine Tabelle (von lat. „tabula" = Tafel, Brett) besteht aus grafisch ausgerichteten Zeilen und Spalten. Die erste Zeile heißt Kopfzeile, die erste Spalte heißt Vorspalte. Die Felder der Tabelle werden Zellen genannt.

Tabellen spielen in vielen Bereichen eine große Rolle. Zu nennen sind etwa die Tabellenkalkulationsprogramme und die relationalen Datenbanken. Im Gerichtsverfahren, insbesondere im Zivilprozess und im Verwaltungsprozess, setzt die Anwendung der Relationstechnik die Bildung von Tabellen voraus. In ihnen werden die unterschiedlichen Sachverhaltsdarstellungen in Klageschrift, Klageerwiderung, Replik, Duplik usw. einander gegenübergestellt und miteinander verglichen. In eigenen Spalten kann dann das Ergebnis von Beweisaufnahmen dargestellt und schließlich das Urteil geschrieben werden.

Derartige Tabellen sind aber auch für die Erstellung von Schriftsätzen, Gutachten und wissenschaftlichen Abhandlungen hilfreich. Im Strafverfahren kann man sie nutzen, um verschiedene Zeugenaussagen zu einem Thema einander gegenüberzustellen. Gemeinsam ist ihnen, dass unterschiedliche Texte nebeneinandergestellt und verglichen werden können, wozu es eines „tertium comparationis", eines Dritten, eben eines Konzeptes, als Vergleichsgrundlage bedarf.

### ee) Weitere Strukturen

Eine weitere Strukturart ist die Abbildstruktur, mit der man etwa Beziehungen zwischen Personen darstellen kann.

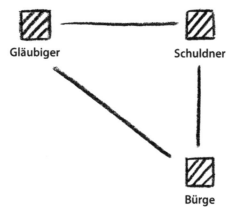

Im Recht wurde schon immer gerne gemalt. Gegenwärtig gibt es sogar eine Bewegung, das Recht zu visualisieren, es durch Abbildungen „recht anschaulich" zu machen.

### 3. Die Auswertung unstrukturierter Daten

#### a) Das Problem

Seit geraumer Zeit befasst man sich in der Forschung zu der schon erwähnten „Artificial Intelligence (AI)" (Künstliche Intelligenz – KI) mit dem Problem der Auswertung unstrukturierter Daten. In das Blickfeld einer breiten Öffentlichkeit geriet diese Forschung durch die Enthüllung der NSA-Spionage im Jahre 2013, die eine weltweite Diskussion ausgelöst hat. Kaum jemand bezweifelt, dass diese Praktiken verdammenswert sind. Die Uno-Vollversammlung hat am 18.12.2013 auf Initiative von Deutschland und Brasilien eine – freilich nicht bindende – Resolution gegen Spähaktionen verabschiedet. Darin heißt es: *„Die gleichen Rechte, die Menschen offline haben, müssen auch online geschützt werden – vor allem das Recht auf Privatheit".* Die *„ungesetzliche und willkürliche Überwachung von Kommunikationsdaten"* verletze die Privatsphäre und führe zur Einschränkungen der Meinungsfreiheit. Die USA und andere westliche Staaten haben eine Abschwächung des Dokuments bewirkt. Weder sie noch die NSA werden in dem Papier namentlich genannt. Menschenrechtsorganisationen wie Amnesty International und Human Rights Watch haben dies kritisiert. Dennoch ist die Resolution wichtig für den Schutz der Menschenrechte im Computerzeitalter. Das Thema bleibt auch auf der Tagesordnung der UNO. Die Menschenrechtskommissarin Navi Pillay wurde beauftragt, noch im Jahr 2014 einen Bericht über geheimdienstliche Überwachungsprogramme und den Schutz der Privatsphäre vorzulegen, über den die Vollversammlung ab September 2014 beraten will.

In Deutschland haben 207 Wissenschaftler gegen die Online-Spähattacken der Geheimdienste protestiert und ein Ende der Grundrechtsverstöße gefordert. Zuvor hatten 560 prominente Schriftsteller weltweit eine Resolution gegen die Massenüberwachung der Zivilbevölkerung veröffentlicht. Zu den Unterzeichnern gehörten Nobelpreisträger wie Günter Grass, Elfriede Jelinek, Orhan Pamuk und J.M. Coetzee sowie Umberto Eco, Margaret Atwood, Joao Ribeiro, Henning Mankell, Richard Ford und David Grossmann.

Die deutsche Bundesregierung zeigte sich hoffnungsvoll, eine vertragliche Lösung mit den USA zu finden. Aber die Ernüchterung folgte rasch. Am 14.1.2014 meldete die Süddeutsche Zeitung, das geplante No-Spy-Abkommen mit den USA stehe vor dem Scheitern. In einem Kommentar schrieb Heribert Prantl in der Süddeutschen Zeitung: *„Nichts ist trauriger als der Tod einer Illusion. Es war offenbar eine Illusion zu glauben, dass die USA ihre Spähaktionen in Deutschland, gegen Deutschland und gegen Deutsche aufgeben oder zumindest stark einschränken werden. Dem Totalzugriff des US-Geheimdienstes NSA auf die Kommunikationsdaten entspricht die Totalweigerung der US-Politik, sich wenigstens zur Mäßigung zu verpflichten."*

Diese Thematik ist auch für die Bewältigung umfangreicher rechtlicher Verfahren (sog. „Gürteltiere" bedeutsam. In großen Betrugs- oder Korruptionsfällen fallen Datenmengen im Umfang von Terabyte an (1 Terabyte (TB) = 1024 Gigabyte (GB) = 1.048.576 Megabyte (MB)). Sie bestehen aus Papierakten, digitalen Akten, Emails, Audio- und Videodateien u.a.m. Dass sie manuell nicht mehr bewältigt werden können, liegt auf der Hand. Der unsägliche „Deal" im Strafverfahren ist nicht zuletzt aus dieser Überforderung entstanden. Lässt sich dieses Problem IT-technisch lösen? Und, ebenso wichtig, gibt es einen Schutz dagegen? Die Antwort auf diese Frage erfordert zunächst einen historischen Rückblick. Er muss freilich kurz bleiben und sich auf wenige Erscheinungen beschränken. Denn „Spionage" und „Spionageabwehr" gibt es schon seit sehr langer Zeit. Genauer: seit etwa 3.000 Jahren.

## b) Spionage – ein altes Gewerbe

Die Spionage ist zwar nicht das älteste Gewerbe der Welt, aber doch ein sehr altes Gewerbe. Bereits in der Antike mühten sich die Machthaber, Informationen über ihre Feinde und, vielleicht noch wichtiger, über ihre Untertanen zu gewinnen. Meder, Perser, Griechen, Römer – sie alle pflegten mit Hingabe dieses Gewerbe. Der griechische Geschichtsschreiber Herodot (um 485 – ca. 424 v. Chr.) berichtete, dass Xerxes auf seinem Zug gegen die Griechen in Sardeis drei enttarnte griechische Spione begnadigt habe, damit sie den Griechen von der Größe seines Heeres und seiner Flotte berichten konnten. Er hoffte, die Griechen würden dann ihren Widerstand aufgeben und sich unterwerfen – eine irrige Hoffnung, wie so häufig in der Geschichte der Spionage. So berichtete ZEIT Online am 13.1.2014, laut einer Studie der New America Foundation, einer US-amerikanischen Denkfabrik, habe die Datensammlung der NSA bislang nur wenig dazu beigetragen, Terroranschläge zu verhindern. Die traditionelle Strafverfolgung sei wesentlich effektiver. Nur in einem einzigen Fall habe das NSA-Programm Hinweise für Terrorermittlungen gegeben. Dabei sei es um einen Taxifahrer in San Diego gegangen. Dieser sei daraufhin verurteilt worden, weil er einer Terrorgruppe in Somalia Geld geschickt habe. Drei Komplizen seien ebenfalls verurteilt worden. Um einen drohenden Anschlag gegen die USA sei es nicht gegangen. Die NSA befindet sich insoweit also durchaus in der Gesellschaft des Perserkönigs Xerxes, der auch sonst nicht gerade mit Intelligenz geschlagen war; so ließ er nach einem fehlgeschlagenen Versuch, eine Schiffsbrücke über die Dardanellen zu errichten, das Meer auspeitschen.
Für Cäsar war die Spionage (von lat. *„spicare"* = auspähen) ein wichtiger Bestandteil der Kriegsführung. Bereits früher, seit dem

Ende des Zweiten Punischen Kriegs (218–201 v. Chr.) gehörten jeder römischen Legion zehn „speculatores" an. Das waren zu Spionagezwecken ausgebildete Soldaten, die hinter den feindlichen Linien operierten und die gegnerischen Truppen observierten. Auch die Abwehr der Spionage war für Cäsar schon ein Thema. Der römische Schriftsteller Sueton (ca. 70 – ca. 122 n. Chr.) schrieb, Cäsar habe ein nach ihm benanntes Verschlüsselungsverfahren verwendet, welches mit einer Verschiebung des Alphabets um drei Buchstaben gearbeitet habe.
Im Mittelalter kam die Wirtschaftsspionage hinzu. Es ging darum, herauszufinden, wie andere Länder bestimmte Produkte erzeugten. Solche Geheimnisse wurden sorgfältig geschützt. Ein Beispiel bietet Chinas Geheimnis der Seidenherstellung. Die Kaiserin Xi Ling Shi, Ehefrau von Huang Di, soll vor etwa 4.600 Jahren die Kunst der Seidenspinnerei erfunden haben. Sie zupfte Raupen von den Blättern der Maulbeerbäume. Eine davon fiel in ihren Tee. Beim Herausfischen spulte sie einen hauchdünnen Seidenfaden ab So entstanden die begehrte Stoffe. Für mehrere tausend Jahre hüteten die Chinesen dieses Geheimnis. Über die berühmte Seidenstraße gelangte die Seide nach Ägypten und Rom. Durch Wirtschaftsspionage wurde das Geheimnis dann im frühen Mittelalter in Europa aufgedeckt.
An der Abwehrfront machten zu Beginn der Neuzeit die Verschlüsselungsmethoden Fortschritte. Um 1500 entstand das Voynich-Manuskript, ein 224 Seiten starkes Buch, dessen Verschlüsselung bis heute nicht entziffert werden konnte. Ein anderes Beispiel bietet die Beale-Chiffre, eine Schrift aus dem Jahre 1885, die angeblich beschreibt, wo ein gewisser Thomas J. Beale in den Jahren 1820/22 einen Goldschatz versteckt habe. Er konnte nur teilweise entschlüsselt werden. Die entscheidende Botschaft – der Ort des Verstecks – wurde bis heute nicht gefunden.
Als 1618 der Westfälische Frieden ausgehandelt wurde und Kaiser Ferdinand nach vernichtenden Niederlagen seine Bereitschaft zum Friedensschluss nach Münster mitteilte, war der Chiffre-

schlüssel verlorengegangen, so dass das Dokument nicht entziffert werden konnte. Der Krieg wurde noch einige Wochen fortgesetzt, bis der Schlüssel eintraf und der Vertrag endlich unterschrieben werden konnte.

Im Frankreich der Revolutionszeit zeigte Joseph Fouché (1759–1820), dass Wissen eine Macht war, gegen die selbst ein Napoleon nichts ausrichten konnte. Fouché gehörte dem Konvent an und war Drahtzieher der Opposition gegen Robespierre, die dessen Sturz und Hinrichtung bewirkte. 1779 ernannte ihn das Direktorium zum Polizeiminister. Dies ermöglichte es ihm, ein ausgedehntes Spionagesystem über alle Klassen der Gesellschaft einschließlich der Familie des Ersten Konsuls zu organisieren. Napoleon versuchte vergeblich, ihn loszuwerden. Der Mann wusste zu viel. Der Diktator war Geisel des allwissenden, alles registrierenden, alles ahnenden Polizeichefs. Nach Napoleons Sturz schloss Fouché sich den Bourbonen an. Napoleon ernannte ihn nach den 100 Tagen wieder zum Polizeiminister. Nach dem erneuten Sturz des Kaisers wurde Fouché wiederum Polizeiminister der Monarchisten. Als reicher Mann starb er in Triest. Eine vergleichbare Karriere gelang Talleyrand, der jedoch im Gegensatz zu Fouché sagen konnte, er habe stets Frankreich gedient, während Fouché immer nur der Mehrheit gedient habe. Als einmal bei einer kaiserlichen Redoute Fouché und der hinkende Talleyrand gemeinsam den Raum betraten, bemerkte Chateaubriand: *„Das Laster, gestützt auf den Verrat"*.

Im 19. und 20. Jahrhundert begann dann die Epoche der maschinengestützten Verschlüsselung. Eine eigene Disziplin namens Kryptographie entstand. Im Zweiten Weltkrieg wurde auf deutscher Seite die Enigma (von griech. „ainigma" = „Rätsel") eingesetzt. Diese Schlüsselmaschine galt als „unknackbar", wurde jedoch in England von dem polnischen Mathematiker Marian Rejewski und dem Informatiker Alan Turing geknackt. Die so gewonnenen Informationen trugen wesentlich zum Sieg der Alliierten über Nazi-Deutschland bei.

In den siebziger Jahren begann dann die Epoche der Verschlüsselung mit dem Computer. Jedem Fortschritt auf der Verschlüsselungsseite folgte ein entsprechender Schritt bei den Hackern. Im Januar 2014 veröffentlichte die Washington Post die Nachricht, die NSA strebe den Bau eines Quantencomputers an, der imstande sein soll, alle vorhandenen Verschlüsselungs- und Signaturverfahren zu brechen. Bislang ist das nur ein theoretisches Modell, doch ist nach aller Erfahrung mit seiner Realisierung in naher Zukunft zu rechnen.

Als Fazit bleibt festzuhalten: Der Wettlauf zwischen Verschlüsselern und Hackern gleicht dem Wettlauf zwischen Hase und Igel. Eine technische Lösung des Problems ist nicht zu erwarten. Sonderfälle wie das Voynich-Manuskript und der Beale-Chiffre widerlegen diese Feststellung nicht, zumal beim Voynich Manuskript durchaus die Möglichkeit besteht, dass es überhaupt keinen sinnvollen Text enthält.

c) Die Suche nach einer rechtlichen Lösung des Problems

Die Rechtsfragen des Computerzeitalters werden seit der Mitte des 20. Jahrhunderts diskutiert. Schon zu einer Zeit, als nurt Rechner mit geringer Leistungsfähigkeit im Einsatz waren und Internet und digitale Kommunikation noch in ferner Zukunft lagen, wurde über „*Privacy*" diskutiert, und wurde das Schreckensbild des „*gläsernen Menschen*" gemalt. In Deutschland wurde bereits in den siebziger Jahren das Wort „Datenschutz" zu einem Begriff jener Gattung, die in den USA mit „Motherhood, Applepie and the Flag" gekennzeichnet wird. Dabei war und ist schon im Ansatz unklar, worum es eigentlich geht. Geht es um den Schutz des Menschen vor missbräuchlicher Datenverarbeitung? Geht es um das vom Bundesverfassungsgericht entwickelte Recht auf informationelle Selbstbestimmung? Geht es um den Schutz des allgemeinen Persönlichkeitsrechts? Geht es um den Schutz der Privatsphäre? Geht es um die Meinungsfreiheit? Geht es um die Abwehr des Überwachungsstaats? Geht es um die Freiheit der Kommunikation? Geht es um die Entscheidungsfreiheit des Einzelnen?

Wie auch immer – der deutsche Gesetzgeber reagierte rasch und gründlich. Das Bundesdatenschutzgesetz wurde bereits im Jahre 1977 verkündet. Parallel dazu erließen die Länder ihre Datenschutzgesetze. Diese Gesetze sind extrem kompliziert und verwenden eine unübersichtliche Verweisungstechnik, die ihr Verständnis schwer, wenn nicht unmöglich machen. Die erste Dissertation, die ich im Jahre 1982 nach Übernahme meines Tübinger Lehrstuhls für Strafrecht und Rechtsinformatik ausgab, wurde von Armin Herb verfasst und trug den Titel *„Mangelnde Normenklarheit im Datenschutz-Strafrecht"*. Der Titel war Programm. So deckte die Arbeit u.a. einen Kreisverkehr in der verwendeten Verweisungstechnik nach folgendem Prinzip auf: § 4 verweist auf § 7, dieser auf § 9 und § 9 wieder auf § 4. Es gab damals ein allgemeines Unbehagen, das einen gesetzgeberischen Aktionismus auslöste, der zu Datenschutzbeauftragten in Bund, Ländern und Unternehmen führte, ohne dass geklärt war, worum es eigentlich ging.

Das Zusammentreffen des Gesetzgebers mit einer modernen und in der Entwicklung befindlichen Technik ist auch sonst nicht immer glücklich verlaufen. So erwartete in Deutschland vor einem halben Jahrhundert ein komplett ausgearbeitetes Atomgesetz voller Spannung das Kritischwerden des ersten Meilers. Was dann wirklich geschehen würde – Stichwort „Fukushima" –, ahnte niemand. Und im Computerstrafrecht wurde in den achtziger Jahren mit einem neuen Tatbestand § 263a StGB der Computerbetrug verpönt und als Beeinflussung des *„Ergebnisses eines Datenverarbeitungsvorgangs durch unrichtige Gestaltung des Programms, durch Verwendung unrichtiger oder unvollständiger Daten, durch unbefugte Verwendung von Daten oder sonst durch unbefugte Einwirkung auf den Ablauf"* beschrieben. Das ist alles höchst unklar und die Schlussvariante der *„unbefugten Einwirkung auf den Ablauf"* eines Datenverarbeitungsvorganges bietet den bemerkenswerten

Fall, dass der Strafgesetzgeber nicht die leiseste Ahnung hatte, was das sein sollte – Fußtritte gegen das Gehäuse? Herausziehen des Steckers? Einleitung von Säure? Was immer auch gemeint war, es wird jedenfalls mit Freiheitsstrafe bis zu fünf Jahren oder mit Geldstrafe bestraft.

Ähnlich verhält es sich heute. Alle guten Menschen sind sich in der Verdammung der NSA-Praktiken einig, aber was da eigentlich geschieht, wie es geschieht, und welche konkreten Gefahren und Nachteile drohen, denen womöglich auch positive Entwicklungen gegenüberstehen, wird kaum geprüft. Rechtliche Regelungen, die wirklich greifen, sind da nicht zu erwarten. Es kommt hinzu, dass die Datenspionage international betrieben wird, was nationalen Gesetzgebern und Strafverfolgern Grenzen setzt. Bei Straftaten mit Auslandsbezug gibt es für den nationalen Gesetzgeber zwei prinzipielle Möglichkeiten: Er kann an die Staatsangehörigkeit des Täters anknüpfen (Personalprinzip) oder an den Begehungsort (Territorialitätsprinzip). Im deutschen Strafrecht gilt das letztere. Maßgeblich ist, ob die Straftat in Deutschland „*begangen*" wurde. Dies ist der Fall, wenn der Täter hier „*gehandelt*" hat oder wenn hier der zum Tatbestand gehörende „*Erfolg*" eingetreten ist. Die in Deutschland relevanten §§ 202a StGB (Ausspähen von Daten) und 202b StGB( Abfangen von Daten) sind als Erfolgsdelikte ausgestaltet, bei denen das „*Sich- oder einem anderen-Verschaffen*" von Daten der Erfolg ist. Im Falle NSA sitzen sowohl der Spähende als auch der Empfänger aber in den USA, so dass eine Anwendbarkeit des deutschen Strafrechts ausscheidet. Derartige Friktionen sind unvermeidlich, wenn der Gesetzgeber aus der Hüfte schießt ohne die Realität zu kennen, die er regeln möchte.

Es bleiben noch die internationalen Verträge, aber es wäre naiv, hiervon eine Bändigung der weltweiten Datenspionage zu erwarten.

Auch vom Recht ist daher keine Lösung des Problems zu erwarten.

### d) Das Problem: Unstrukturierte Daten

Wenn man mit etwas leben muss, was man nicht ändern kann, ist es sinnvoll, dieses „Etwas" genauer zu betrachten. Natürlich sind die Computerprogramme von NSA & Co streng geheim, aber die Aufgaben, die sie lösen müssen, sind nicht geheim, und die prinzipiell vorhandenen Lösungswege sind es auch nicht. Betrachten wir diese einmal näher.

Auf der einen Seite steht die digitale Kommunikation. Das sind geschriebene oder gesprochene Texte sowie Grafiken (Fotos, Pläne, Zeichnungen usw.) Sie werden elektronisch über E-Mails, Internet, Handys usw. übermittelt und können dabei abgefangen werden. Gespeicherte Daten können beschlagnahmt werden und stehen dann zur Auswertung bereit. Auf der anderen Seite stehen Fragestellungen, die in entsprechender Weise formuliert werden müssen. Soll beispielsweise ein terroristischer Anschlag erkannt werden, muss dieser in einer Frage beschrieben werden. Die vorhandenen Daten müssen dann anhand dieser Frage durchsucht werden. Es muss geprüft werden, ob zwischen der Frage und den erfassten Daten Relevanz besteht. Allgemeiner gesprochen: Man hat auf der einen Seite Inhaltsdaten, auf der anderen Seite Fragedaten, und man muss prüfen, ob die Inhaltsdaten Antworten auf die Fragen enthalten. Dies muss wegen der Menge der Inhaltsdaten computergestützt geschehen. Die Zeiten, da Geheimdienstleute Briefe öffneten und lasen, sind vorüber.

Wäre es möglich, den Vorgang des Verstehens formal zu repräsentieren, wäre es vorstellbar, diese Prüfung maschinell vorzunehmen. Davon kann aber keine Rede sein. Das Verstehen ist ein Vorgang, mit dem sich die schon erwähnte Hermeneutik seit der Antike beschäftigt. Im 19. Jahrhundert war sie die zentrale Disziplin der Geisteswissenschaften. Nach Wilhelm Dilthey (1833–1911) bedeutet Verstehen, aus äußerlich gegebenen, sinnlich wahrnehmbaren Zeichen ein *„Inneres"*, Psychisches zu erkennen. Alle Versuche, im Computer diesen Vorgang abzubilden, sind bislang gescheitert. Wenn heute in diesem Zusammenhang von „Künstlicher Intelligenz" die Rede ist, liegt bereits begrifflich ein Missverständnis vor. Es handelt sich um eine Übersetzung von „artificial intelligence", wobei „intelligence" im Sinne von „Information", „Nachricht" zu verstehen ist. So ist die US-amerikanische Central Intelligence Agency (CIA) nicht etwa eine Intelligenz-Agentur, sondern ein Nachrichtendienst. Bei der sog. „Künstlichen Intelligenz" geht es nur darum, ein menschenähnliches Verhalten zu simulieren. Ein Beispiel bietet das in den 1960er Jahren von Joseph Weizenbaum (1923–2008) am MIT entwickelte Programm ELIZA, welches den Dialog eines Psychiaters mit einem Patienten simulierte. Die Wirkung des Programms war damals überwältigend, aber wenn man die Regel bedenkt, dass Psychiater niemals Fragen beantworten und auf jede Antwort wieder mit einer Frage reagieren, legt sich die Überwältigung wieder.

Ich selbst habe in den 1980er Jahren an einem Forschungsprojekt LEX mitgearbeitet, bei dem es darum ging, juristisch relevante Sachverhalte im Computer so zu bearbeiten, dass Fragen richtig beantwortet wurden, die in natürlicher Sprache, und zwar gesprochen, gestellt wurden. Diese Forschung war lehrreich, um die dabei zu lösenden Probleme zu erkennen. Wir bildeten drei Wissensbasen. Die erste war eine juristische Wissensbasis; sie war am leichtesten nachzubauen, weil es im kontinentaleuropäischen Recht eine seit Jahrhunderten gut durchstrukturierte sog. Dogmatik gibt, auf der wir aufsetzen konnten. Die zweite war eine linguistische Wissensbasis. Hier waren einige Fortschritte möglich, wie man heute an den Arbeiten zur maschinellen Sprachübersetzung erkennen kann; wirklich überzeugend ist diese aber noch nicht gelungen. Als unlösbar erwies sich das Problem der dritten Wissensbasis. Sie sollte das Common-Sense-Wissen enthalten, über welches wir alle verfügen, ohne uns dies bewusst zu machen. Wenn ich z.B. sage: *„Ich bin gestern von München nach Frankfurt gefahren"*, dann weiß jedermann, dass ich gestern zuerst in München und später in Frankfurt war, obwohl ich dies nicht gesagt habe. Ich habe lediglich eine Fahrt beschrieben. Inzwischen gibt es hierzu Datenbanken, z.B. Cycorp, in der sich zahlreiche Regeln befinden wie die, dass Wasser nass ist. Aber von einer Lösung dieses Problems sind wir noch weit entfernt.

So what? Aktuell gibt es zahlreiche Systeme, um unstrukturierte Daten zu durchforsten. Ein Beispiel bietet das IBM-System Watson. Es hat seinen Namen nicht etwa von Dr. Watson, dem leicht beschränkten Fragepartner von Sherlock Holmes, sondern von Thomas J. Watson Sr. (1874–1956), dem Gründungsvater der IBM. Watson steht in der Tradition der IBM Rechners Deep Blue, eines Großrechners, dem es 1997 erstmals gelang, in einem Mensch-gegen-Maschine-Wettbewerb zu gewinnen. Deep Blue konnte 200 Millionen mögliche Schachzüge pro Sekunde zu berechnen und besiegte in einem Schachwettbewerb den damaligen Weltmeister Garry Kasparov. Heute verfügt Watson über deutlich mehr Rechenkapazität als Deep Blue und beruht auch auf einem neuen Ansatz: Watson soll die menschliche Sprache (konkret „Englisch) „verstehen" und deren Wörter und Kontext so analysieren, dass der Rechner Antworten auf Fragen in natürlicher Sprache geben kann. Das Ziel besteht darin, lernende Computersysteme für verschiedene Einsatzbereiche zu schaffen. In einem spektakulären Einsatz, vergleichbar dem Schachspiel von Deep Blue, hat Watson 2011 in einer Fernseh-Quiz-Show namens „Jeopardy" (engl. = Gefahr) gegen zwei menschliche Champions ein Preisgeld von 1 Mio US-Dollar gewonnen (und gemeinnützigen Zwecken zugeführt). Bei Jeopardy geht es darum, zu einer gegebenen Antwort die passende Frage zu finden. Die Stimme von Watson ähnelte dabei frappierend der des Supercomputers HAL in Stanley Kubricks Film „2001". Diese seltsame Show findet in den USA großen Anklang. Bei uns war sie im Fernsehen nicht erfolgreich.

Der Computer soll also imstande sein, selbstständig Informationen aus Daten zu gewinnen und Schlüsse zu ziehen. Damit soll er sich den kognitiven Fähigkeiten des Menschen annähern. Am

9. Januar 2014 teilte IBM mit, man werde $ 1 Milliarde in einen neuen Geschäftsbereich namens Watson Group investieren. Binnen einer Dekade soll ein $ 10 Milliarden Geschäft entstehen. Dieses Vorhaben zeigt vor allem, wie weit man noch von einer Lösung des Problems entfernt ist, kognitive menschliche Fähigkeiten formal zu repräsentieren. Eigentlich müsste man umgekehrt zu Jeopardy von Watson Antworten auf Fragen erwarten. Um an das obige Beispiel anzuknüpfen: Wenn ich Watson mitteilen würde, dass ich am Montag in München und am darauffolgenden Dienstag in Frankfurt war, müsste Watson erkennen können, dass ich dazwischen von München nach Frankfurt gereist bin. Für einen Menschen wäre diese Erkenntnis trivial. Ob Watson das erkennen könnte, erscheint sehr zweifelhaft. Aber vielleicht sind wir eine Milliarde Dollar später schlauer.

Die Washington Post zitierte in dem erwähnten Artikel über das Telefondaten-Sammeln der NSA die Forschungsstudie mit den Worten: *„Im Großen und Ganzen liegt das Problem der Anti-Terror-Beamten nicht darin, dass sie größere Mengen Information aus den massenhaften Überwachungsprogrammen bräuchten, sondern darin, dass sie die Informationen, die sie bereits besitzen und die mit herkömmlichen Techniken gewonnen wurden, nicht ausreichend verstehen oder teilen".*

### e) Vorläufiges Fazit

Die weltweite Empörung über NSA hält also einer nüchternen Betrachtung nicht stand. Wer in seinen Telefonaten nicht etwa schlechte Scherze macht und auffällige Reizwörter benutzt, kann sich so sicher fühlen wie ein Fisch in einem Schwarm, den ein Raubfisch angreift.

Die vielen Aufschreie kontrastieren zudem eigenartig mit der Tatsache, dass nicht nur unzählige Privatpersonen, sondern auch viele Politiker nichts Besseres zu tun haben, als private und berufliche Informationen in sozialen Netzen preiszugeben und dabei eine Unmenge an Spuren im Internet zu hinterlassen. Solche Daten liegen schon längst nicht mehr auf einem Server, den es zu schützen gilt. Das „Netzwerk" ist das System. Dass wir irgendwann „gläsern" werden, ja, es vielfach heute schon sind, ist nicht mehr zu vermeiden. Amazon zeigt es uns bei jeder Bestellung. Hier kann aber allenfalls persönlicher Schaden entstehen. Dramatischer wäre es, wenn das Internet von irgendwelchen Schurkenstaaten „übernommen" würde. Es ist kaum vorstellbar, was geschieht, wenn die Kommunikationswege des Internets manipuliert oder sogar blockiert würden. Ganze Staaten könnten gezielt handlungsunfähig gemacht werden. An dieser Stelle erscheint gezielte Spionage – oder anders gesagt: professionelle Überwachung – als das kleinere Übel.

Für die Auswertung unstrukturierter Daten in Rechtsverfahren folgt aus dem Gesagten, dass es weniger darum gehen kann, relevante Informationen zu erschließen, als irrelevante Inhalte auszuschließen. Wenn es gelingt, die Datenmengen auf diese Weise zu reduzieren, und wenn es weiter gelingt, den Rest vorzustrukturieren, mag eine manuelle Auswertung gelingen. Insoweit wird der Einsatz des Menschen noch für geraume Zeit erforderlich sein. Der Rechtsprechungs-Computer Max Weberscher Prägung, in den man oben die Akten samt den Gebühren hineinwirft, worauf er unten das Urteil ausgibt, ist jedenfalls nicht in Sicht.

# V. Das Strukturdenken im Recht

## 1. Übersicht

Ich zeige zunächst auf, dass Juristen zwar unentwegt strukturieren, was sie aber bislang kaum beachtet haben. Sodann beschreibe ich die hierarchische Struktur, die sich im kontinentaleuropäischen Recht durchgesetzt hat, und im Anschluss daran die Tabellenstruktur, die zur methodischen Grundlage des angelsächsischen Common Law wurde. Ich nenne sodann die sich aus beidem ergebenden Konsequenzen für das Design computergestützter juristischer Fallmanager und die elektronische Justiz.

## 2. Die übersehene Methode

Das Strukturieren ist ein Vorgang, der bislang von Juristen im Unterschied zu den Angehörigen anderer Disziplinen nur wenig oder überhaupt nicht beachtet wird. Während es in Philosophie (Foucault, Derrida), Linguistik (Saussure), Ethnologie (Levi-Strauss), Psychologie (Lacan), Literaturwissenschaft (Barthes) vielfältige Formen des Strukturalismus gibt, befassen sich Rechtstheorie und juristische Methodenlehre im Wesentlichen nur mit dem Verhältnis von Gesetz und Richterspruch und dem Problem des richtigen Verständnisses einzelner Rechtsbegriffe.

Bis in das 19. Jahrhundert verstand man die „Jurisprudenz" weniger als Wissenschaft denn als Rechts-„klugheit" *(„Prudentia")*. Dies änderte sich, als der berühmteste Jurist der damaligen Zeit, Friedrich Carl von Savigny (1779–1861) die juristische Hermeneutik (von griech. *„hermēneuein"* = Verstehen, Interpretieren) begründete. Für ihn war das Recht ein kulturelles Phänomen, das historisch entstanden war, und das mit den Mitteln und Methoden der damaligen Geisteswissenschaften bearbeitet werden sollte. Das 19. Jahrhundert war eine Blütezeit der Hermeneutik, einer Disziplin, die immer dann aufblüht, wenn kanonische Texte wie die Texte der Bibel mit zunehmendem zeitlichem Abstand immer schwerer zu verstehen sind. So unterschied man in der christlichen Hermeneutik des Mittelalters den buchstäblichen Sinn *("Sensus litteralis")* und den historischen Sinn *("Sensus historicus")*. Der Theologe Friedrich Schleiermacher (1768–1834) unterschied zwischen der grammatischen und der psychologischen Textauslegung, welch letztere die Motive des Autors erhellen sollte. Ganz in dieser Tradition begründete Savigny seine bis heute gelehrte juristische Auslegungsmethode, der zufolge man zur Sinnbestimmung von Gesetzestexten, den „kanonischen" Texten der Juristen, das grammatische, das logische, das systematische und das historische Element untersuchen müsse; in unserer Zeit kamen noch das teleologische (von griech. *„telos"* = Ziel, Zweck) und das verfassungskonforme Element hinzu. Seitdem spricht man von Rechts-„Wissenschaft". Savignys Schüler Georg Friedrich Puchta (1798–1846) und Bernhard Windscheid (1817–1892) verstanden das Recht als ein geschlossenes, widerspruchsfreies hierarchisch aufgebautes „System". Neben Gesetz und Richterspruch wiesen sie der Rechtswissenschaft als dritter Rechtsquelle die Aufgabe zu, durch begriffliches „Konstruieren" aus den vorhandenen Rechtssätzen neue Sätze zu entdecken, die darin verborgen seien. Dem lag zwar ein Missverständnis zugrunde, denn Savigny war ein Anhänger des Gewohnheitsrechtes gewesen. Er hatte das geschriebene Gesetz im Grunde abgelehnt. Seine Auslegungslehre sollte eigentlich nur zeigen, wie wenig Substanz in den Gesetzen zu finden sei. Aber das Missverständnis blieb.

Seitdem kreist die juristische Methodendiskussion so gut wie ausschließlich um die Klärung der Bedeutung von einzelnen Wörtern durch methodengeleitetes „Verstehen". Die juristische Hermeneutik ist dabei, seltsam genug, eine reine Worthermeneutik, nicht etwa eine Texthermeneutik. Allein der schlichte strafrechtliche Begriff der „Sache" dürfte zu den am meisten „interpretierten", „gedeuteten" und „verstandenen" Wörtern der Gesetzessprache gehören. Ist Elektrizität eine Sache? Ist eine Langlaufloipe eine Sache? Ist die komplette Sammlung aller Entscheidungen des Bundesgerichtshofes „eine" Sache? Von einer Texthermeneutik, wie sie seinerzeit schon Schleiermacher betrieben hjatte, kann im Recht bis heute keine Rede sein. Methodisch sind wir über das 19. Jahrhundert nicht hinausgekommen.

Was die Logik angeht, sind wir gar bei Aristoteles (384–322 v. Chr.) stehengeblieben. Die von ihm begründete Syllogistik wird den jungen Juristen in den Methodenlehrbüchern als Justizsyllogistik vermittelt, bei der aus einem Obersatz (Gesetz) und einem Untersatz (Sachverhalt ein Schlußsatz (Urteil) deduziert wird. Das sieht dann etwa so aus:

Alle Diebe werden bestraft
<u>Alle Angeklagten sind Diebe</u>
Alle Angeklagten werden bestraft

Warum das so „richtig" ist, und warum andere syllogistische Figuren „falsch" sind, hat uns Aristoteles nicht verraten. Er hat es für evident gehalten, und das war auch richtig, aber die Evidenz ist keine Kategorie der Logik. „Falsch" ist dagegen z. B. folgender Syllogismus, und zwar evident falsch (obwohl Ausnahmen denkbar sind):

Alle Wildschweine sind Lebewesen
<u>Alle Professoren sind Lebewesen</u>
Alle Professoren sind Wildschweine

Dass die moderne formale Logik über diese Anfänge in der Antike weit hinausgekommen ist, wird dabei souverän ignoriert. Nur vereinzelt und ohne nennenswerte Resonanz wurde die formale Logik unter juristischem Aspekt behandelt. Es war Ulrich Klug (1913–1993), der dies erstmals in seinem Buch über die juristische Logik geleistet hat. In der 1966 erschienenen dritten Auflage fügte er überdies ein Kapitel mit dem Titel „*Rechenautomaten in Recht und Verwaltung*" ein, womit er zum Gründungsvater der (methodenorientierten) Rechtsinformatik in Deutschland wurde. Ein Echo blieb freilich bis heute aus.

Die juristische Methodenlehre wird aus einem einfachen Grund nicht in Frage gestellt. Sie ist eine rein akademische Veranstaltung, die mit der Rechtspraxis so gut wie nichts zu tun hat. Kein Richtert und kein Rechtsanwalt wendet diese „Lehre" wirklich an. Josef Esser, ein seinerzeit führender Rechtsdogmatiker und Autor eines großen Werkes zum Schuldrecht veröffentlichte im Jahre 1970 seine Schrift „*Vorverständnis und Methodenwahl in der Rechtsfindung*". Ausgangspunkt war, wie er im Vorwort schrieb, die in einem Seminar (!) gewonnene „*Erkenntnis*", dass die akademische Methodenlehre dem Rechtsanwender schlicht nicht hilft. Vernichtender kann man es nicht ausdrücken. Man stelle sich vergleichsweise eine medizinische Behandlungsmethode vor, die allgemein anerkannt ist und die den jungen Ärzten im Studium vermittelt wird, die aber den kleinen Schönheitsfehler hat, dass sie dem Patienten nicht hilft. Essers Verdikt hat aber damals nichts bewirkt. Esser schlug als Alternative zur begrifflich arbeitenden Rechtswissenschaft das topische Denken (von griech. „*tópos*" = Platz, Stelle) vor, eine Alternative zum positivistischen Begriffsdenken, dem der Rechtsprofessor Theodor Viehweg (1907–1988) mit seiner „Mainzer Schule" der juristischen Rhetorik in den Nachkriegsjahren Aufmerksamkeit verschafft hatte. Das widersprach aber dem deutschen Ordnungssinn und verhallte ebenfalls ungehört.

Die deutsche Rechtswissenschaft hat sich damit den Zugang zu modernen Entwicklungen versperrt, wie sie etwa in Wissenschaftstheorie, Logik, Sprachphilosophie, Informatik, Psychologie stattgefunden haben. Die vielen Bindestrich-Rechtstheorien unserer Zeit (Rechtslogik, Rechtssoziologie, Rechtslinguistik, Rechtspsychologie, Rechtsanthropologie u.a.m.) haben hieran nichts geändert. Sie beschreiben Orchideenfächer ohne praktische Relevanz. Der juristische Mainstream hat im Studium das Auslegen und Verstehen von einzelnen Wörtern gelernt (genauer: er meint, es gelernt zu haben) und hält im Berufsleben (äußerlich) daran fest. Dass in Wahrheit etwas ganz anderes geschieht, wird ignoriert. Die Rechtsfindung wird als ein Erkenntnisprozess bezeichnet („... *hat das Gericht für Recht erkannt*..."), bei dem überdies der praktisch wichtigste und schwierigste Teil – die Arbeit am Sachverhalt – so gut wie völlig ausgeblendet bleibt. Im Rechtsstudium kommt er nicht vor; dort werden den Studenten fertige Sachverhalte präsentiert. Und im Referendariat wird zwar die Relationstechnik eingeübt, was aber lediglich anhand des Vergleiches von Textausschnitten aus Anwaltsschriftsätzen geschieht. Dass es „*den* Sachverhalt" nicht gibt, dass er nur in unterschiedlichen Formulierungen mehr oder weniger näherungsweise und stets subjektiv gefärbt „produziert" wird, und dass der Richter diesen Produktionen im Urteil eine weitere hinzufügt, ist kein Thema in der zeitgenössischen Rechtstheorie. Die Hermeneutik deckt alles zu, so, wie der Mystizismus des „ganzheitliche Denkens" die Schulmedizin (glücklicherweise nur in esoterischen Kreisen) zudeckt.

Solange man das „Auslegen" und „Verstehen" von einzelnen Wörtern in Gesetzen für das Kerngeschäft der Juristen hält, wird man keinen Anschluss an die Moderne finden. Der IT-Einsatz im Recht erscheint dann unmöglich. Hier liegt eine wesentliche Ursache dafür, dass die Rechtsinformatik in Deutschland als methodenorientierte Disziplin verkümmert ist und mit dem „Informationsrecht" verwechselt wird. Anders sieht die Sache aus, wenn man sich von der Geisterbeschwörung des frühen 19. Jahrhunderts löst und unbefangen zusieht, was Juristen in methodischer Hinsicht wirklich tun, und welches Problem sie dabei unabhängig von allen Rechtsfragen lösen müssen. Juristen müssen Komplexität bewältigen, und die einzige Methode, die ihnen dabei hilft, ist das Strukturdenken.

## 3. Die beiden großen Strukturmodelle im Recht

### a) Die hierarchische Struktur im kontinentaleuropäischen Recht

Im kontinentaleuropäischen Recht spielt die hierarchische Baumstruktur eine Hauptrolle. Sie geht auf den bereits erwähnten römischen Juristen Gaius zurück. Gaius griff auf die Erkenntnisse der griechischen Wissenschaftstheorie zurück. Durch Festlegung leitender Begriffe und die Unterscheidung von Arten und Unterarten *(„genera", „species")* ermöglichte er die begriffliche Beherrschung der ungeheuren Materialmenge, die im römischen Recht bis zu seiner Zeit angefallen war. Sie bestand aus etwa zweitausend Büchern mit drei Millionen Zeilen.

Seine Systematik begann mit einer Zweiteilung des Römischen Rechts in „ius civile" und „ius gentium" (heute unterscheiden wir an derselben Systemstelle „Privatrecht" und „Öffentliches Recht"[5]). Nach einer Erklärung der verschiedenen Formen, in denen das Recht existiert *(„leges", „plebiscita", „senatus consulta", „constitutiones principum"* usw.) führte er aus, dass die drei bestimmenden Momente jeden Rechtsverhältnisses Person, Gegenstand und Schutz seien *(„omne ius, quo utimur, vel ad personas pertinet, vel ad res, vel ad actiones")*. Diese stellte er als Grundlage des Rechts dar und differenzierte sie weiter. So unterschied er im Personenrecht die Freien und die Übergangsform von den Sklaven der Freigelassenen. Im Recht der Gegenstände unterschied er beispielsweise öffentliche *(„res publicae")* und private *(„res privatae")* Gegenstände sowie körperliche *(„res corporales")* und unkörperliche *(„res incorporales")* Sachen – und so fort. Gaius bildete unent-

---

[5] Das Strafrecht ist ein Teilgebiet des Öffentlichen Rechts. Seine Sonderstellung als vermeintlich drittes Rechtsgebiet verdankt es der Tatsache, dass das Verbrechen so alt ist wie die Menschheit, während das übrige Öffentliche Recht erst in der Moderne entstand. Rechtsschutz gegen den Staat – auf diese Idee musste man erst einmal kommen.

wegt Baumstrukturen. Die Genialität, mit der er das juristische Komplexitätsproblem löste, können Sie heute noch erkennen, wenn Sie das Inhaltsverzeichnis des BGB anschauen. Es geht direkt auf Gaius zurück. Die Sachmängelhaftung beim Kaufrecht versteht man, wenn man weiß, dass damals Sklaven die wertvollsten Sachen waren. Wenn ein römischer Senator für teures Geld einen Griechischprofessor, der angeblich aus der platonischen Akademie kam, als Hauslehrer für seinen Nachwuchs gekauft hatte, und wenn dieser sich als Kanalarbeiter entpuppte, der nur einige Brocken Aramäisch beherrschte, dann hatte die „Sache" einen „Mangel". Der Senator konnte den Vertrag „wandeln" oder, wenn der Kanalarbeiter noch anderswo, etwa auf einer Galeere, nutzbar war, den Kaufpreis „mindern". Unsere Zeit erscheint demgegenüber (nicht bezüglich des Kanalarbeiters, wohl aber bezüglich der juristischen Methode) weithin eher als ein Rückschritt. Dem Steuerrecht oder dem Sozialrecht möchte man beispielsweise einen Gaius wünschen.

Gaius war keiner der klassischen römischen Juristen. Er gehörte nicht zu den „iuris auctores", die das „ius respondi" besaßen, und er wurde von seinen berühmten Kollegen auch nicht zitiert. Wahrscheinlich unterhielt er eine Rechtsschule, war also vielleicht so etwas wie der erste Repetitor, und gehörte damit einem juristischen Berufsstand an, der auch heute noch kein wissenschaftliches Ansehen genießt. Damit stimmt überein, dass in seinen Schriften „responsa" und „quaestiones" nicht vorkommen. Stattdessen verfasste er ein „liber de casibus", also eine Fallsammlung mit zum Teil erdachten Fällen. Die Erfindung von Fällen, die in der Gegenwart im Strafrecht zu einer vielbestaunten Lehrbuchkriminalität geführt hat *("Zwei Wilderer erlegen im selben Sekundenbruchteil einen Förster, der eine durch Kopfschuss, der andere durch Herzschuss")* verdanken wir also ebenfalls Gaius. Ferner verdanken wir ihm „Commentarien" zu Gesetzen, etwa dem Zwölftafelgesetz und Monographien. Mit anderen Worten – Gaius war seiner Zeit um mindestens zweitausend Jahre voraus.

Erst lange nach seinem Tod wurde er als einer der fünf „Zitierjuristen" anerkannt, deren Rechtsmeinungen nach dem von Kaiser Theodosius II. (401–450) im Jahre 426 erlassenen Zitiergesetz die Gerichte zu folgen hatten.[6] Die von Gaius verfassten Institutionen wurden unter Kaiser Justinian I. (482–565) Bestandteil des Corpus Iuris Civilis, welches das klassische Römische Recht zusammenfasste. Den Plan zu einer solchen Kodifikation hatte übrigens bereits Julius Cäsar fünfhundert Jahre zuvor gefasst. Brutus kam ihm dazwischen. Die juristischen Dinge brauchen eben ihre Zeit. Mit dem Niedergang des Römischen Reiches geriet das Corpus Iuris in Vergessenheit. Gegen Ende des 11. Jahrhunderts wurde es in Oberitalien in der ältesten Rechtsschule des Abendlandes, der Universität Bologna (gegr. 1119) wiederentdeckt und als „Gemeines (= allgemeines) Recht" in Europa und damit auch bei uns verbreitet.

Im 19. Jahrhundert kam es dann erneut zu einer wissenschaftlichen Bearbeitung des Römischen Rechts durch die Pandektenwissenschaft (von griech./lat. *„pandectae"* = *Allumfassendes* – *auch* Digesten genannt (von lat. *„digesta"* = *Geordnetes),* deren Haupt Bernhard Windscheid war. Erst mit dem Inkrafttreten des Bürgerlichen Gesetzbuches am 1.1.1900 verlor das Corpus Iuris seine Eigenschaft als unmittelbar geltendes Recht in Deutschland. Sein Geist lebt bis heute weiter. Windscheid hatte der ersten Kommission zum Entwurf des BGB angehört und dessen systematische Strukturen so geprägt, dass man auch die überarbeitete Endfassung des BGB noch mit einigem Recht als in Paragraphen gebrachtes Windscheidsches Pandektenlehrbuch bezeichnet hat.

Im Zuge dieser Entwicklung kam es zu der bereits erwähnten Begriffsjurisprudenz, welche im Werk von Georg Friedrich

---

[6] Die anderen vier waren Papinian (etwa 150–212), Ulpian (etwa 170–228), Julius Paulus (Ende 2. Jh./ Anfang 3. Jh.) und Herennius Modestinus (Mitte des 3. Jahrhunderts).

Puchta (1798-1846) ihren Höhepunkt erreichte. Puchta sah in der Rechtswissenschaft die dritte Rechtsquelle neben Gesetz und Richterspruch. Ihre Aufgabe sei es, *„die Rechtssätze in ihrem systematischen Zusammenhang als einander bedingende und voneinander abstammende, zu erkennen, um die Genealogie der einzelnen bis zu ihrem Prinzip hinauf zu verfolgen und ebenso von den Prinzipien bis zu ihren äußersten Sprossen herabsteigen zu können."* Bei diesem Geschäft würden verborgene Rechtssätze als *„Juristenrecht"* zum Bewusstsein gebracht, die *„in der Begriffspyramide des geltenden Rechts schon immer enthalten gewesen"* seien. Es liege vergleichbar wie in der Mathematik, wo der Wissenschaftler die Implikationen einer bestimmten mathematischen Aussage entdecke. Puchta sprach deshalb von einer *„Genealogie der Begriffe".* Der durch die Rechtswissenschaft aus einem übergeordneten Rechtsbegriff abgeleitete Rechtssatz weise nicht mehr an Inhalt auf als der übergeordnete Begriff. Dieser habe jenen schon immer enthalten; jener werde lediglich ausformuliert. *„So tritt die Wissenschaft als dritte Rechtsquelle zu den ersten beiden; das Recht, welches durch sie entsteht, ist Recht der Wissenschaft, oder, da es durch die Tätigkeit der Juristen ans Licht gebracht wird, Juristenrecht."*

Von dieser Begriffsjurisprudenz wandten sich dann im Anschluss an Rudolf von Jherings (1818-1892) vielbesprochener „Bekehrung" aufgrund eines Damaskuserlebnisses[7] die Juristen nahezu geschlossen ab. Es entstand die Zweckjurisprudenz, aus der später Philipp Heck (1858-1943) die Interessenjurisprudenz

---

[7] Im Winter 1858/59 übertrug das Oberamtsgericht Rostock mit besonderer Beziehung auf Jhering einen Fall an die Gießener Juristenfakultät, an der Jhering damals lehrte. Ein Verkäufer hatte ein Schiff zweimal verkauft, danach war es untergegangen. Die Frage war, ob er den Kaufpreis zweimal einfordern konnte. Jhering hatte dies in einer früheren Arbeit nach den Quellen bejaht. Nun hielt er dies für unhaltbar – und warf die Begriffsjurisprudenz über Bord.

ableiten sollte. Aber was das sein soll, weiß bis heute niemand.[8] Die Begriffsjurisprudenz wird fröhlich weiter praktiziert, als die einzige Methode, mit der man die Komplexität des Rechts mit den Mitteln der verbalen Sprache strukturieren kann.

Auch das zentrale Thema der aktuellen Rechtstheorie – das Verhältnis von Gesetz und Richterspruch – erklärt sich aus der bereits erwähnten hierarchischen Struktur der menschlichen Informationsverarbeitung. Karl Engischs bekanntes Wort vom *„Hin- und Herwandern des Blicks"* beschreibt nichts anderes als die Verbindung eines Top-down-Ansatzes mit einem Bottom-up-Ansatz.

### b) Das Gegenmodell – die Tabellenstruktur im Common Law

Das Gegenmodell zu den hierarchischen Strukturen der kontinentalen, in der Tradition des Römischen Rechts stehenden Rechtsdogmatik bietet das angelsächsische Common Law. Es ist seiner Substanz nach immer noch Fallrecht, auch wenn dort das Gesetz schon seit langem eine zunehmend wichtiger werdende Rolle spielt. Der Fallvergleich spielt darin eine zentrale Rolle, und dem entspricht die Tabellenstruktur.

Während auf dem Kontinent die bereits erwähnte philosophische Tradition des Begriffsrealismus dazu geführt hat, dass man die Rechtsanwendung heute noch als einen Erkenntnisprozess beschreibt, bei dem die richterliche Entscheidung durch Auslegung von Begriffen und Subsumtion des Falles unter die richtig verstandenen Begriffe gewonnen wird, gilt im Common Law die berühmte Formel von Oliver Wendell Holmes, Jr.: *„The life of the law has not been logic, but experience."*

---

[8] Die Erforschung von Interessen spielt derzeit eine Hauptrolle in der Mediation, einer Methode der Alternative Dispute Resolution (ADR). Dabei hat sich gezeigt, dass das rechtstheoretische Schrifttum trotz mehr als hundert Jahren „Interessenjurisprudenz" nichts zu diesem Phänomen beitragen kann.

Grundlage dieser Auffassung ist der philosophische Nominalismus. Über den Gegensatz zwischen Begriffsrealismus und Nominalismus wird, wie schon gesagt, seit der Antike im Universalienstreit diskutiert. Sind Begriffe real? Oder sind sie bloße „nomina", Bezeichnungen, die den Dingen nachträglich hinzugefügt werden? Im Mittelalter ging es dabei um das Verhältnis des Menschen zu Gott. Ist es die Aufgabe des Menschen, Gottes Gesetz zu erkennen (Intellektualismus) oder Gott zu lieben (Voluntarismus)? Die englischen Franziskaner Wilhelm von Ockham (1285–1347), Duns Scotus (1265/66–1308) und andere, die in der Tradition des heiligen Franziskus lebten, vertraten die letztere Antwort, während auf dem Kontinent in den Lehren von Aristoteles (384–322 v. Chr.) und Thomas von Aquin (1225–1274) der Intellektualismus vorherrschend blieb. So erklärt es sich, wenn noch in der Gegenwart ein führender Rechtsphilosoph, Arthur Kaufmann, für einen gemäßigten Begriffsrealismus plädiert hat, während sich im angelsächsischen Rechtsraum der Nominalismus durchgesetzt hat. Und deshalb sucht man die Formel von der „Rechtserkenntnis" vergebens in US-amerikanischen Gerichtsurteilen. Dort „erkennt" man nichts. Dort „produziert" man vielmehr Recht.

Holmes (1841–1935) war in den USA ein Hauptvertreter des sog. „Rechtsrealismus", der – ähnlich wie in Deutschland die Freirechtsbewegung – dem Gesetz nur die Bedeutung eines Niederschlages der richterlichen Entscheidungen oder gar nur der Vermutung, wie die Richter künftig entscheiden würden, zubilligte. Die Aufgabe der Rechtswissenschaft erschöpfte sich für ihn darin, die tatsächlichen Entscheidungen der Gerichte erfolgreich vorherzusagen: *„The prophecies of what the courts will do in fact, and nothing more pretentious, are what I mean by the law."* Im Jahre 1881 veröffentlichte er sein wohl berühmtestes Werk „The Common Law". Darin beschrieb er das anglo-amerikanische Recht.

Das Common Law ist Richterrecht. Es wird durch Gerichtsentscheidungen *(„Precedents")* gestaltet. In ihnen werden die Regeln gefunden, nach denen Streitfälle entschieden werden. Der

Richter sucht angesichts eines neuen Falles nach der ratio decidendi eines Precedents. Findet er kein Precedent, urteilt er nach der Regel, die er als gerecht und zweckmäßig aufstellt. Dabei entscheidet er frei, auf welche Autoritäten er sich berufen will. Auffallend für den kontinentaleuropäischen Juristen ist dabei *„die ungezwungene, freie und persönliche Art, mit denen die praktischen, politischen und ethischen Gesichtspunkte diskutiert werden, welche bei der Fallentscheidung eine Rolle spielen"* (Helmut Coing).

Wie schwierig dies sein kann, zeigt Benjamin Cardozos Regel zu dem Fall Palsgraf vs. Long Island Railroad Company, an dem sich Generationen amerikanischer Jurastudenten versucht haben. Sie lautet:

> *„Ein Eisenbahnunternehmen hat einem wartenden Fahrgast gegenüber nicht die Rechtspflicht, seinen Schaffnern zu verbieten, in einen anfahrenden Zug einen anderen Fahrgast zu schieben, der ein harmlos aussehendes Päckchen mit Feuerwerkskörpern trägt, das, wenn es aus dem Arm des aufsteigenden Fahrgastes herausgestoßen wird, auf die Geleise fällt, explodiert, den Bahnsteig erschüttert, eine Waage umwirft und dadurch den wartenden Fahrgast verletzt."*

Es geht im Common Law also darum, verschiedene Texte miteinander zu vergleichen, die jeweils Fallbeschreibungen enthalten. Die Vergleichsbasis (das *„tertium comparations"*) wird dabei über Regeln hergestellt. Wenn beispielsweise in einem Fall ein Anwalt beiden Streitparteien gedient hat, und ein Präzedenzfall gefunden wird, in welchem ein Angestellter verbotenerweise nach Feierabend auch für die Konkurrenz gearbeitet hat, dann würde der Common-Law-Jurist die Regel *„Niemand kann zwei Herren gleichzeitig dienen"* auf den Fall anwenden und danach seine Entscheidung treffen.

# VI. Die Konsequenzen für das Design computergestützter juristischer Fallmanager im Recht

## 1. Übersicht

Die grundlegenden methodischen Unterschiede zwischen dem kontinentalen Recht und dem angelsächsischen Recht erklären auch die unterschiedlichen Ansätze für die Entwicklung computergestützter Fallmanager in den beiden Rechtskulturen.

## 2. Das kontinentaleuropäische Recht

Im kontinentaleuropäischen Recht dominiert das Baumstruktur-Modell. Es verwendet Begriffsbäume, wie sie von der antiken griechischen Wissenschaftstheorie entdeckt wurden, und wie sie bis heute allen Gliederungssystemen zugrunde liegen, seien es Inhaltsverzeichnisse, seien es Kataloge, oder seien es Dateiverwaltungsprogramme. Seit Gaius, wie schon erwähnt, dieses Modell für das Römische Recht fruchtbar gemacht hat, liegt es in allen Ländern, die in der Tradition dieses Rechts stehen, der begrifflichen Arbeit zugrunde. Die Baumstruktur des Managers entspricht daher der Arbeitsweise, die auf dem Kontinent seit dem ersten Tag des Jurastudiums intuitiv eingeübt wird. Auch die „Auslegung" von Rechtsbegriffen findet hierarchisch statt. Sie beginnt mit einer Definition, wobei der zu untersuchende Begriff in mehrere Definitionsmerkmale aufgelöst wird, die ihrerseits wieder in Untermerkmale zerfallen, und so fort. Man kann mit gutem Grund sagen, dass unsere Juristenausbildung und -praxis ein Training ist, bei dem die Fertigkeit geübt wird, in beweglichen Systemen über Teilausschnitte von größeren und beweglichen Baumstrukturen zu navigieren. Mal muss man hier in die Tiefe gehen, mal dort, mal überhaupt nicht, abhängig vom jeweiligen Fall. Wer diese

Fertigkeit nicht erwirbt, scheitert als Jurist und wandert in die Gastronomie oder den Gebrauchtwagenhandel ab. Die juristischen Inhalte spielen demgegenüber nur eine untergeordnete Rolle. Im Unterschied zum Training in anderen Bereichen, etwa im Sport oder beim Erlernen eines Instruments in der Musik, geschieht dieses Training im Recht auf einer intuitiven Basis. Es gibt bislang im Recht keine Trainer und keine „Coaches". Natürlich bin ich bemüht, dies mit Hilfe des Managers zu ändern.

### 3. Das angelsächsische Recht

Im angelsächsischen Recht steht die Baumstruktur dagegen nicht im Vordergrund. An die Stelle des Denkens in Hierarchien tritt dort das Denken in Tabellen und Regeln. In den USA entwickelte computergestützte Fallmanager wie etwa die Systeme „CaseMap" und „Concordance" bestehen deshalb aus Datenbanken, die über Tabellen erschlossen werden. In die Tabellen werden Abstracts geschrieben, also Kurzfassungen von Dokumenten und Dateien, die dann nach verschiedenen Kriterien ausgewertet werden können. Diese Systeme sind besonders bei der „Pre-Trial-Discovery" hilfreich, einem vorprozessualen Verfahren, welches den Parteien die Möglichkeit gibt, von der Gegenseite und von unbeteiligten Dritten umfassende Informationen zu allen Tatsachen einzufordern, die für den behaupteten Klageanspruch oder die Verteidigung relevant sein können. Nicht selten sind dabei Materialschlachten zu schlagen sind, für die es im kontinentaleuropäischen Recht keine Entsprechung gibt.

### 4. Die Verbindung beider Ansätze

Der Königsweg liegt fraglos in einer Verbindung der beiden Ansätze „Hierarchie" und „Tabelle". Mit der Baumstruktur und dem Relationsmodul des Managers wird dieser Weg eröffnet.

Die Relationstechnik, wie sie in kontradiktorischen Verfahren, vor allem im Zivilprozess, angewendet wird, und wie sie auch in anderen Bereichen hilfreich ist, erfordert Tabellenstrukturen, welche Vergleiche zwischen verschiedenen Texten, etwa einer Klage und einer Klageerwiderung, ermöglichen. Jeder Vergleich setzt, wie schon gesagt, ein tertium comparationis voraus, das in dem entsprechenden Strukturpunkt der Baumstruktur hergestellt wird.

**5. Vieldimensional Strukturieren**

Hierarchische Baumstrukturen sind nicht die einzigen Strukturen, die im Recht anwendbar sind. Sie sind jedoch die einzigen, die aktuell zu praktisch nutzbaren Anwendungen führen können. Darüber sollte nicht übersehen werden, dass schon in naher Zukunft weitere Strukturierungsmöglichkeiten entwickelt werden können. In der Informatik hat man eine Vielzahl von Methoden entwickelt, um Zusammenhänge, Muster und Trends in Datenbanken zu erkennen und auf der Grundlage von bekannten Verhaltensschemata Vorhersagen und Problemlösungen zu ermitteln. Man spricht in diesem Zusammenhang von Knowledge Discovery in Databases (KDD), von Data Mining, von fallbasiertem Schließen, von Cloud Computing u.a m. Im Rahmen der erwähnten „Artificial-Intelligence-Forschung" werden neuronale Netze, Expertensysteme, algorithmische Verfahren u.a.m. eingesetzt.

Alle diese Entwicklungen erschließen sich den meisten Juristen nur schwer oder überhaupt nicht, weshalb viele dazu neigen, ihnen die spezifisch menschlichen Fertigkeiten des Auslegens, Verstehens und Bewertens von Wörtern entgegenzusetzen und den Einbruch der „inhumanen" Technik in den Kernbereich der juristischen Tätigkeit von vornherein abzuwehren. Dies ist aber keine sinnvolle Vorgehensweise. Es ist längst nachgewiesen, dass beispielsweise Expertensysteme sehr wohl und schon in naher

Zukunft dazu beitragen können, im Kernbereich der Rechtsanwendung hilfreiche Funktionen zu übernehmen.[9]

## 6. Die Konzentration auf den Sachverhalt

Eine weitere Konsequenz des Strukturdenkens ist die Konzentration auf den Sachverhalt. Die klassische juristische Methodenlehre konzentrierte sich auf das *Recht,* also auf Normen und dogmatische Sätze, so, wie das ja auch in der juristischen Dogmatik geschieht. Sie blendete die *Sachverhalte* weitgehend aus. Das entsprach ganz der Tradition. Die Herstellung eines Sachverhaltes gehört zu den Tätigkeiten, die bislang nicht gelehrt werden.[10] In der juristischen Ausbildung ist es der Dozent, der diese Aufgabe beim Entwerfen eines Übungsfalles übernimmt, und in der Praxis unterstellt man, dass jeder, der lesen und schreiben kann, auch zur Herstellung eines Sachverhaltes befähigt ist. Dass dies ein Irrtum ist, zeigt die Tatsache, dass nur wenige Menschen imstande sind, einen lesbaren Roman oder auch nur eine halbwegs akzeptable Kurzgeschichte zu schreiben. Noch weniger sind sie imstande, eine vernünftige Gebrauchsanleitung für ein technisches Gerät zu schreiben. Ich habe noch niemals eine halbwegs akzeptable Anleitung z. B. für Standard Software gefunden, weshalb ich am Handbuch für den Manager, das meine Mitarbeiter geschrieben haben, mitgearbeitet habe in der Hoffnung, auch auf diesem Gebiet ein Pionier zu sein. Sie können beurteilen, ob uns dies gelungen ist.

Man könnte juristische Lehrbücher schreiben, ohne darin einen einzigen Sachverhalt zu beschreiben, und tatsächlich gab es

---

[9] Siehe Gerathewohl, Peter, Erschließung unbestimmter Rechtsbegriffe mit Hilfe des Computers – Ein Versuch am Beispiel der „angemessenen Wartezeit" bei § 142 StGB, Diss. Tübingen 1987.

[10] In meinem 2009 erschienenen Buch „Juristische Schreibschule" habe ich dieses Thema behandelt.

früher auch solche Bücher. Aber das Recht lebt nur in Fällen. Deshalb müssen brauchbare IT-Tools in gleicher Weise für Normen wie für Fälle geeignet sein. In der Praxis ist die Erfassung des Sachverhalts weit wichtiger und weit schwieriger als die oftmals triviale juristische „Subsumtion". In einem streitigen Zivilverfahren mit vielen Schriftsätzen und Anlagen oder in einem strafrechtlichen Umfangsverfahren mit Wagenladungen voller Beweismittelakten herauszufinden, was geschehen ist, ist viel aufwendiger als etwa die Paragraphen 280 BGB *("Schadensersatz wegen Pflichtverletzung")* oder 263 StGB *("Betrug")* anzuwenden.

## 7. Die Konsequenzen für die Elektronische Justiz

### a) Übersicht

Der Begriff Elektronische Justiz wird hier in einem umfassenden Sinne verwendet. Er umfasst alle Erscheinungsformen des elektronischen bzw. elektronisch gestützten Kommunizierens und Judizierens durch Gerichte, Staatsanwälte, Rechtsanwälte, Polizeibeamte, Patentanwälte, Sachverständige, und sonstige Beteiligte an der Bewältigung von rechtlich relevanten Konflikten (Mandanten, Rechtsabteilungen, Behörden, Steuerberater, Wirtschaftsprüfer, Mediatoren, Datenbankbetreiber, Verleger, …) Im Zentrum standen hier in den letzten Jahren der elektronische Rechtsverkehr und die elektronische Akte, doch ist die Entwicklung bereits über diese beiden Bereiche hinausgegangen. Es zeichnen sich Erscheinungen ab, die bereits den Grundriss einer neu gezeichneten Informationslandkarte im Recht erkennen lassen.[11]

---

[11] Siehe Schwoerer, Die elektronische Justiz – Ein Beitrag zum elektronischen Rechtsverkehr und zur elektronischen Akte unter Berücksichtigung des Justizkommunikationsgesetzes, Berlin 2005. Es handelt sich dabei um die letzte Dissertation, die ich als Hochschullehrer an der Universität Tübingen betreut habe.

## b) Der Rationalisierungsbedarf in der Justiz

Die Justiz sieht sich heute weithin einer Entwicklung gegenüber, die sie mit den herkömmlichen Instrumentarien nur noch unvollkommen bewältigen kann.

Hier ist zunächst die „Informationskrise des Rechts"[12] zu nennen. Bezeichnete man damit ursprünglich die immer größer werdende Menge an Normen und Gerichtsentscheidungen, so ist heute daraus auch und vor allem eine „Informationskrise der Sachverhalte" geworden, die in Großverfahren (den schon erwähnten sog. „Gürteltieren"[13]), aber auch in mittleren und sogar auch schon in kleineren Verfahren alle Beteiligten oftmals überfordern. Im Wirtschaftsstrafrecht müssen beispielsweise die beschlagnahmten Akten in Fällen von Unternehmenskorruption, Anlagebetrug oder Insolvenzstraftaten mit Lastwagen abtransportiert werden. Die gesetzlich garantierte Akteneinsicht durch Anwälte kann die Justiz in Strafverfahren nahezu lahmlegen. Zivilrechtliche Umfangsverfahren erreichen leicht ein Volumen von mehreren hundert oder tausend Ordnern; man denke nur an die Sammelverfahren im Zusammenhang mit der Finanzkrise seit 2008. Im Öffentlichen Recht sieht es bei den Massenklagen gegen Großprojekte, etwa neue Startbahnen für Flughäfen, Straßenbauten oder Mülldeponien, vergleichbar aus. Bei Hunderten oder Tausenden Klagen samt jeweils umfangreichen Anlagen, etwa Gutachten, und bei entsprechenden Mengen an Zeugen, Sachverständigen und anderen Beweismitteln, ist es bei Anwendung konventioneller Methoden nicht mehr möglich, auch nur den Über-

---

[12] So der Titel einer bereits 1970 erschienenen programmatischen Schrift von Spiros Simitis, Karlsruhe.

[13] Dieser Ausdruck leitet sich von den „Gürteln" ab, mit denen Aktenbündel verschnürt werden. Die Gürteltiere (Dasypodidae) sind die einzige überlebende Säugetierfamilie der Gepanzerten Nebengelenktiere (Cingulata). Sie leben im südlichen Amerika. Ihre nächsten Verwandten sind die Faultiere.

blick zu bewahren, geschweige denn die Verfahren inhaltlich zu bewältigen und in angemessener Zeit mit einem gerechten Urteil abzuschließen.

Hinzu kommt, dass die Unternehmen zunehmend papierlos arbeiten. Dort, aber zunehmend auch bei Freiberuflern und sogar im Privatbereich haben neuartige Kommunikations- und Speichermethoden das klassische Papier bereits weitgehend abgelöst. Soweit Papier noch vorkommt, wird es oftmals, etwa bei Versicherungen, sofort nach dem Eingang gescannt, worauf dann nur noch die digitalen Texte bearbeitet werden. Mehr und mehr liegen Dateien überdies von vorneherein bereits in digitaler Form vor, etwa als Textdateien (Word, PDF usw.), als Datenbankdateien (z.B. Access), als Excel- und PowerPoint-Dateien, als Webseiten und vor allem in Form von E-Mails, die im Verkehr zwischen Anwälten und Justizbehörden, aber auch im internen Betrieb zunehmend ausgetauscht werden. E-Mails samt Anlagen können an eine Vielzahl von Empfängern verschickt werden, die ihrerseits den Texten Antworten beifügen, die wiederum an eine Vielzahl von Empfängern gehen. E-Mails vermehren sich auf diese Wiese exponentiell. Die Verwaltung von E-Mails ist keine Lust, sondern eine Last. Da viele Menschen sich in E-Mails hemmungslos äußern, sind sie in Strafsachen wichtige Beweismittel. Schon mancher Wirtschaftsführer und mancher Politiker ist schon über solche E-Mails gestürzt.

In juristischen Verfahren können auf diese Weise enorme Datenmengen anfallen. In Korruptionsverfahren bei Großunternehmen sind bereits heutzutage Datenmengen im Umfang von Terabyte[14] zu bewältigen.

Diese Entwicklung führt zunehmend zur Einschaltung der Forensic Departments von internationalen Wirtschaftsprüfungsgesellschaften sowie von US-amerikanischen Anwaltskanzleien. Diese durchforsten das Beweismaterial und setzen dabei US-

---

[14] 1 Terabyte = ca. 1.000 Gigabyte.

amerikanische Programme wie die erwähnten Programme Case-Map und Concordance ein, die aber den Bedürfnissen des deutschen Rechts nur bedingt entsprechen. Die dabei tätigen angeblichen „Sachverständigen" stellen ihre Ergebnisse in Form von „gerichtsverwertbaren Gutachten" zur Verfügung, was aber genau besehen rechtlich unzulässig ist. Dokumente und Dateien müssen vielmehr nach den Regeln des Urkundenbeweises und des Augenscheinbeweises in die Strafverfahren eingeführt werden. Der Sachverständigenbeweis durch Gutachten ist nur zulässig, soweit dem Gericht eine erforderliche Sachkunde fehlt. Die Tatsache, dass Informationsmengen nicht bewältigt werden können, rechtfertigt dieses Beweisverfahren aber nicht. In dieser Situation lassen sich die Staatsanwaltschaften und Strafgerichte oftmals auf die schon mehrfach erwähnten Absprachen ein, die zu Recht vielfach als „Deal" mit der Gerechtigkeit kritisiert werden. Dessen gesetzliche Anerkennung hat nichts an seiner Fragwürdigkeit geändert.

Zugleich zwingt die Finanzkrise die Öffentliche Hand zu Rationalisierungsanstrengungen. Durch IT-Werkzeuge wie den Manager werden erstmals bedeutsame Rationalisierungsmöglichkeiten in der Justiz geschaffen. Auf dem EDV-Gerichtstag in Saarbrücken im September 2012 wurde ein Erfahrungsbericht der Staatsanwaltschaft Heilbronn mitgeteilt, demzufolge eine *„erhebliche Arbeitsersparnis bei größeren Verfahren und Verfahrenskomplexen (bis zu 50%)"* durch den Einsatz des Managers (damals in der Version 5) erzielt wurde.

Auch die Anwaltskanzleien profitieren in entsprechender Weise, zumal die Einführung der elektronischen Akte in der Justiz wie bei den Mandanten auch in den Kanzleien eine weitgehende Loslösung vom Papier zur Folge haben wird.

c) Die Behebung von Justizdefiziten

Der Einsatz der „seelenlosen", „unmenschlichen" Technik im Recht wird, wie schon mehrfach erwähnt, immer noch von vielen Juristen kritisch gesehen. Darüber dürfen aber die Chancen nicht übersehen werden. In der aktuellen Justizpraxis gibt es Defizite, die nur durch den IT-Einsatz behoben werden können.

So wurde in der bisherigen Entwicklung der Urkundenbeweis weitgehend durch den Zeugen- und Sachverständigenbeweis verdrängt, obwohl dieser deutlich schlechter ist als jener. Der Grund dafür liegt schlicht darin, dass Urkunden trotz ihrer großen Beweiskraft überhaupt nicht, oder jedenfalls nicht mit der erforderlichen Schnelligkeit, gefunden werden können. Wenn beispielsweise ein Zeuge vor Gericht aussagt, muss es möglich sein, ihm relevante Dokumente in Sekundenschnelle vorzuhalten. Das ist mit konventionellen Methoden aber nicht zu schaffen. Informationsdefizite mit der Gefahr fehlerhafter Entscheidungen sind daher systemimmanent vorhanden. Beim Einsatz des Managers lassen sich diese Defizite überwinden. Wenn eine Urkunde echt ist und aus der Zeit stammt, in der sie erstellt wurde, ist sie ein vielfach besseres Beweismittel als ein Zeuge, der sein Gedächtnis anstrengt und dabei seine Aussage möglicherweise filtert oder einfach nur lügt.

Defizite bestehen auch bezüglich der praktischen Arbeit, etwa der Einarbeitung in einen Rechtsfall und dessen laufender Bearbeitung, wobei immer wieder zeitliche Pausen auftreten, die dazu führen, dass man den Fall nicht mehr „im Kopf" hat und sich immer wieder mühsam einlesen und einarbeiten muss. Im Falle eines Wechsels des Sachbearbeiters vergrößern sich diese Schwierigkeiten. Die im Manager mögliche Strukturierung von Fällen verbunden mit der schrittweisen Urteilserstellung, insbesondere bei Anwendung des Relationsmoduls im Baukastensystem, ist geeignet, auch dieses Defizit zu beheben.

Ein weiteres Defizit stellt das Fehlen individueller Wissensmanagement-Systeme dar, das in der Vergangenheit zu Doppel- und Mehrarbeit geführt hat. Da man die eigenen früheren Bearbeitungen von Rechtsfragen nicht mehr findet, muss man die Arbeit wiederholen, was unwirtschaftlich und frustrierend ist. Mit dem Manager können derartige Systeme dagegen ohne besonderen Aufwand geschaffen werden. Als Schlüssel hierfür dienen die Gesetze. Kein anderer Berufsstand verfügt über einen vergleichbar einfach und sicher zu handhabenden Schlüssel zu Informationen (dazu unten).

# VII. Die Beherrschung der Komplexität von Urkunden und Dateien

## 1. Die Problematik

So gut wie jeder Text, insbesondere jeder Anwaltsschriftsatz und jede gerichtliche Entscheidung, enthält eine Vielzahl von ganz verschiedenen Aspekten, denen eine Vielzahl von Anwendungssituationen korrespondiert, in denen man auf diesen Text zugreifen möchte.

Nehmen Sie als Beispiel ein Besprechungsprotokoll, das in einem Strafverfahren eine Rolle spielt. Es enthält eine Vielzahl ganz verschiedener Informationen. Da ist die Liste mit den Namen der Besprechungsteilnehmer. Diese traten in unterschiedlichen Rollen auf, als Unternehmensangehörige, Steuerberater, Unternehmensberater, Behördenvertreter... Weitere Personen haben das Protokoll zur Ansicht erhalten und Randbemerkungen darauf notiert. Wieder andere Personen sind in dem Protokoll erwähnt. Später werden daraus Parteien, Beschuldigte, Anwälte... Die Tagesordnung enthält zahlreiche verschiedene Punkte. Diese wurden kontrovers diskutiert. Die einzelnen Argumente sind festgehalten. Es wurden Entscheidungen getroffen. Später erweist sich deren juristische Relevanz. Auch das Datum ist wichtig, ebenso der Name des Protokollführers. Kurz, alle oben aufgeführten Merkmale von Komplexität sind in einem Papier, das vielleicht nur aus drei Seiten besteht, eindrucksvoll vorhanden.

Wie wollen Sie diese Komplexität beherrschen? Eigentlich müssten Sie für jeden „Aspekt" eine eigene Kopie fertigen und diese gesondert in entsprechend bezeichneten Ordnern ablegen. Genau dies geschieht ansatzweise in der Praxis, erweist sich aber stets als unbefriedigend. Anwälte pflegen beispielsweise vor einem mündlichen Termin relevante Dokumente zu kopieren und in Büroordnern mitzunehmen. Die relevanten Stellen werden durch farbige Klebezettel markiert. Da jede Seite relevant ist, wird jede Seite entsprechend markiert, oftmals sogar mehrfach, womit die scheinbare Lösung endgültig zum Problem wird. Die Tatsache, dass der Mensch nur zwei Hände hat, und dass der in jeder Hand geschleppte Pilotenkoffer maximal zwei Büroordner mit jeweils etwa fünfhundert Seiten fasst, setzt diesem Verhalten eine natürliche Grenze. Es wurde sogar schon beobachtet, dass Kartons mit Dutzenden Ordnern von Hilfskräften in den Gerichtssaal geschleppt wurden. Aber niemand schafft es, auch nur wenige Büroordner zu durchsuchen und gleichzeitig das Geschehen in einer mündlichen Gerichtsverhandlung zu verfolgen. Man findet dort nichts und bekommt hier nicht mit, was geschieht – eine echte „Lose-Lose-Situation".

## 2. Der Lösungsweg über die Struktur

Mit dem Manager können Sie dieses Problem auf einfache Weise lösen. Das Dokument wird nur ein einziges Mal gespeichert und eine Baumstruktur wird so angelegt, dass sie alle Aspekte des Dokuments erfasst. Von jedem Strukturpunkt aus können Sie per Mausklick auf die jeweils richtige Seite des Protokolls zugreifen. Aktenkoffer, Kopien und Klebezettel werden entbehrlich. Stattdessen können Sie Ihren Laptop oder Ihren Tabletcomputer in die Verhandlung mitnehmen und jede gewünschte Information in Sekundenschnelle mit wenigen Mausklicks auf den Bildschirm befördern. Die gewonnene Zeit nutzen Sie, um sich auf die Verhandlung zu konzentrieren.

Dies will ich jetzt anhand eines Beispiels verdeutlichen. Dazu wähle ich ein Besprechungsprotokoll, das in einem Strafverfahren eine Rolle spielt. Es befindet sich in einem Ordner mit 400 Seiten. Die Seiten sind gescannt und Sie blättern den Ordner auf dem Bildschirm durch, was deutlich schneller geht als das Blättern in Papier. Nun stoßen Sie auf Seite 354 auf dieses Dokument und erkennen, dass es für Ihr Strafverfahren relevant ist.

Auf Blatt 1 des Protokolls sehen Sie, dass mehrere Personen, die verschiedenen Organisationen angehören, an der Besprechung teilgenommen haben. Auch finden sich dort Handzeichen, die beweisen, dass bestimmte Personen von dem Dokument Kenntnis genommen haben.

ZENTRALBEREICH RECHT
Schuftmann, Tel. 5074

München, 31.12.90/Ho Aktenvermerk

Happymoney-Gruppe
hier:     Gespräche am 28.12.1990 in den Räumen der Gier-Bank
          AG, München

Teilnehmer:     a) Gier-Bank
                Herren Treulos und Schnappzu
                Herr Schuftmann, RET 2

                b) Heuschrecken Bank AG
                Herr Wucherer

                c) Happymoney-Gruppe
                Herr Happy
                Herr Reich
                Herr Listig, Rechtsanwalt
                Herr Ohnesorge
                Bilanzdreh WP Gesellschaft und Happy Berater

1.
Es fand zunächst ein Gespräch zwischen der Gier-Bank und
der Heuschrecken Bank statt. Es wurde vereinbart, daß ein Innen-
konsortium gebildet wird und daß als Kreditgeber gegenüber Happy-
money nur die Heuschrecken- Bank auftritt. Für diese werden auch
die Sicherheitenbestellungen vorgenommen und diese wird die Si-
cherheiten auch treuhänderisch für die anderen Banken halten.

Herr Wucherer teilte mit, daß ihm ab Anfang 1991 ein Jurist

Auf Blatt 2 des Protokolls finden Sie eine strafrechtlich relevante Passage (im Beispiel markiert):

> 2
>
> zugeleitet wurden. Die Auflagen der Profit- Bank entsprechen auch
> den Intentionen der anderen Institute - Sie sind teilweise bereits erfüllt , teilweise noch zu erfüllen. Es wurde vereinbart,
> was die Gier-Bank (OBB) und was die Heuschrecken Bank AG der Profit Bank noch mitzuteilen haben. Die Auflagen wurden von Happymoney weitgehend akzeptiert.
>
> Es wurde anschließend längere Zeit darüber diskutiert , inwieweit
> der Staatsknete- Förderbank die Gewinnerwartung der Happymoney -
> Beteiligungs KG mitzuteilen sei. Folgendes war zu erfahren:
>
> Anläßlich der zu übernehmenden Staatsknete-Bürgschaft hat Happymoney bei der Gierbank und der Heuschrecken- Bank angefragt, von
> welchen Gewinnerwartungen die Staatsknete- Förderbank bei der
> Übernahmen von Bürgschaften in vergleichbaren Fällen üblicherweise ausginge. Seitens der Banken wurde dabei eine Gewinnspanne von
> 5 bis 15 % genannt. Daraufhin hat offenbar Happymoney ein Schreiben an die Staatsknete- Förderbank gerichtet (liegt uns nicht
> vor), in dem von einer Gewinnerwartung von ca. 5 % die Rede ist.
>
> Bei einem Volumen von rund TDM 260 Mio. ergäbe das einen Betrag
> von DM 13 Mio. Demgegenüber hat die Happymoney-Gruppe in einem
> Schreiben, das der Profit Bank vorliegt (und das sich nach Angaben von Herrn Ungetreu auch in den Unterlagen der Gier-Bank befinden dürfte), mitgeteilt, daß ein Gewinn von rund DM 83 Mio.
> erwartet würde. Entsprechende Zahlen sollen in der mittelfristigen Finanzplanung von Happymoney, die den Banken vorliegt, enthalten sein.
>
> **Den Herren der Happymoney Gruppe wurde unsere Ansicht, die offenbar auch von den anderen Instituten geteilt wird, mitgeteilt, daß gegenüber der Staatsknete- Förderbank dieser erwartete Gewinn mitgeteilt werden müsse, andernfalls die Gefahr bestünde, daß die Bürgschaft im Ernstfalle nicht "halten" würde (Aufklärungspflicht, § 123 BGB, Wegfall der Geschäftsgrundlage). Gleichzeitig wurde darauf hingewiesen, daß dieser auf den ersten Blick doch recht hohe Gewinn sicherlich plausibel geklärt werden könne (hohe Vorlaufkosten, Entwicklungskosten usw.).**
>
> Rechtsanwalt Listig meinte, daß Happymoney diese Gewinnerwartung
> gegenüber der Staatsknete Förderbank wohl nicht offenlegen werde.

Sie wissen zu diesem Zeitpunkt noch nicht, in welcher Anwendungssituation Sie diese Fundstelle einmal benötigen werden (Fertigung eines Schriftsatzes, Zeugenvernehmung, Gerichtsverhandlung, Parteivernehmung, Urteilsniederschrift, ...). Mit dem

Manager können Sie sich für jede nur denkbare Situation rüsten. Sie legen eine Personenstruktur an, in der Sie zunächst die beteiligten Organisationen alphabetisch anordnen (ich zeige nur einen Ausschnitt):

Sodann ordnen Sie den Organisationen die jeweiligen Besprechungsteilnehmer (ggf. in alphabetischer Folge) zu.

Um das Besprechungsprotokoll bei allen Teilnehmern anzubinden, nutzen Sie die „Anbindungsbox" des Managers. In dieser Box sehen Sie ein Duplikat aller Strukturpunkte. Diese können Sie markieren. Durch Setzen von Häkchen in die links neben den Namen stehenden Kästchen binden Sie das (nur einmal gespeicherte) PDF-Dokument an alle markierten Strukturpunkte an.

# Das Normfall Buch

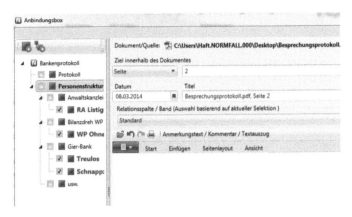

Da Sie im Text des PDF-Dokuments den strafrechtlich relevanten Textausschnitt markiert haben, erscheint dieser in den Fenstern „Texteditor" aller durch Häkchen markierten Personen. Von jeder Person aus können Sie den markierte Textausschnitt auf Seite 2 des PDF-Dokuments „Besprechungsprotokoll" in jeder denkbaren Anwendungssituation in Sekundenschnelle abrufen.

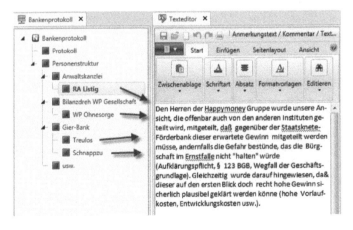

Damit sind Sie für das Verfahren gerüstet. Das Dokument ist ein einziges Mal gespeichert. Es kann aber von jedem Namen aus in Sekundenschnelle gezielt aufgerufen werden. Wenn also beispielsweise der Zeuge „Treulos" vor Gericht aussagt, über die Erfüllung von Informationspflichten sei nie gesprochen worden,, können Sie noch während seiner Aussage das Protokoll per Beamer an die Wand werfen und ihm vorhalten. Diese Möglichkeit können Sie bei der klassischen Aktenverwendung getrost ausschließen.

### 3. Die Anbindung mehrerer Textauszüge an einen Strukturpunkt

Die Möglichkeit, mehrere Textauszüge an einen Strukturpunkt anzubinden, ist das Gegenstück zu der eben beschriebenen Lösung des Problems der Multidimensionalität von Urkunden. Als Beispiel können Sie sich einen Beschuldigten in einem Strafverfahren vorstellen. Sein Name erscheint in zahlreichen Beweismittelakten, etwa in Verträgen, Besprechungsprotokollen, Notizen, Briefen, E-Mails u.a.m. Auch in der Ermittlungsakte finden sich Vorgänge, die sich auf ihn beziehen, etwa Vernehmungsprotokolle oder Schutzschriften seines Verteidigers. All dies kann in einem Strukturpunkt unter seinem Namen zusammengeführt werden, wobei Untergliederungen beliebiger Art und Tiefe möglich sind.

Auf diese Weise wird möglich, woran beim Einsatz von Papier nicht zu denken ist: Sie können lückenlos die Spur des Beschuldigten in einem umfangreichen Konvolut von Schriftstücken verfolgen. Die bisher IT-technisch angebotene Alternative der Deskriptorensuche in Dokumenten und Dateien ermöglicht dies nicht. Denn sie erfasst zwar den Namen des Beschuldigten in allen Dokumenten, liefert Ihnen aber keine Orientierung über diese Dokumente; auch wird sie Ihnen in aller Regel ein Zuviel an Fundstellen liefern.

## 4. Die Erzeugung von Redundanz

Die Mehrfachverknüpfung von Strukturpunkten und Textauszügen erzeugt Redundanz (von lat. *„redundare"* = im Überfluss vorhanden sein) und vergrößert dadurch die Chancen, im Bedarfsfall auf einen gesuchten Inhalt zugreifen zu können. Sie wissen ja vorher oftmals nicht, in welcher Anwendungssituation ein bestimmter Informationsbedarf entsteht.

Als Beispiel sei angenommen, ein Zeuge Z habe sich zu einem bestimmten Sachverhaltskomplex S geäußert. Dann kann der Wunsch nach dem entsprechenden Textauszug im Zusammenhang der Bearbeitung des Vernehmungsprotokolls von S oder überraschend während einer Aussage von Z oder auch der Aussage eines Dritten D entstehen, der sich auf Z beruft. Von allen Strukturpunkten her können Sie dieselbe Stelle öffnen.

Je mehr Anbindungen Sie vornehmen, desto größer ist die erzeugte Redundanz, und desto größer sind Ihre Chancen, im Bedarfsfalle auf die gesuchte Stelle rasch zugreifen zu können.

# VIII. Der Schritt von der Akte zur Information

## 1. Übersicht

Durch den Manager verliert die Akte ihre traditionelle Bedeutung. Es sind nicht mehr der Band, das Blatt und das Schriftstück, die verwaltet und erschlossen werden, sondern die in den ausgewählten Texten markierten Inhalte. Da die „Akte" als Dreh- und Angelpunkt der digitalen Justiz angesehen wird, will ich das etwas ausführlicher behandeln.

## 2. Die digitale Justizakte

Das Wort „Akte" stammt aus dem lateinischen „*acta*" (= Geschehenes, Ereignisse) und bezeichnet in dem hier interessierenden Zusammenhang die Aufzeichnungen, die bei einem Gerichtsverfahren anfallen. Historisch ist die Akte eine Folge der oben behandelten Erfindung der Schrift. Die „digitale Justizakte" ist nach dem aktuell weit verbreiteten Verständnis ein fotografiertes Abbild der Papierakte. Selbst Dokumente, die ursprünglich mit einem Textverarbeitungssystem erzeugt worden waren, werden in PDF-Dokumente umgewandelt. E-Mails müssen ausgedruckt werden, um als PDF-Dokumente gespeichert werden zu können. Entsprechendes gilt für Internetseiten. Audiodateien, die z.B. bei Zeugen- und Beschuldigtenvernehmungen entstanden sind, müssen geschrieben und in PDF-Dateien umgewandelt werden. Videodateien, die etwa von Überwachungskameras aufgenommen wurden und als Beweismittel in Frage kommen, finden keinen Platz in der „digitalen Akte" und sind damit nicht existent – *quod non est in actis...*

Für den Zugriff auf die „digitale Justizakte" standen bislang zwei Wege offen. Zum einen dienten hierfür die sog. Metadaten, also Daten, welche formale Informationen über die Dokumente enthalten wie z.b. Aktenzeichen, Absender, Empfänger, Datum, Betreff usw. Es existieren eigene Programme zur automatisierten Erkennung solcher Metadaten. Zum anderen setzte man die Volltextsuche ein und rechertierte nach Schlagwörtern und Begriffsverknüpfungen (sog. Deskriptoren). Beide Wege führen freilich oftmals nicht zum Ziel. Die Metadaten besagen nur wenig oder nichts über den Inhalt der Dokumente, und die Deskriptorensuche hilft nur dann, wenn man die richtigen Schlagwörter kennt und eingrenzt. Zwar kann man hier sog. „Fuzzy"-Techniken (von engl. „fuzzy" = unscharf) einsetzen, die Schreibfehler korrigieren können, aber wirklich verlässlich und vor allem schnell genug sind diese Methoden nicht. Wenn man einem Zeugen vor Gericht ein Dokument vorhalten will, muss es aber in Sekunden gefunden werden, jedes „Später" ist hier ein „Zu-Spät". Das aber gewährleisten diese Techniken nicht.

Die entscheidenden Probleme des Anwenders blieben bei alledem ungelöst. Er sucht das Brot der Informationen und bekommt die Steine der Akte in Gestalt von Metadaten und OCR. Er muss Komplexität bewältigen und wird mit eindimensionalen Dokumenten bedient. Er steht unter Zeitdruck, aber die Geschwindigkeit der Computertechnik wird nicht zu seinem Vorteil genutzt. Alle diese – und weitere – Probleme resultieren daraus, dass man sich an dem Papiermedium „Akte" orientiert. Gibt es eine Alternative? Es gibt sie.

### 3. Die Information

Die Lösung dieser Probleme liegt darin, sich von der „Akte" zu verabschieden, und sich der „Information" zuzuwenden. Der Jurist benötigt keine Akte, sondern Informationen – und zwar bei jedem Arbeitsschritt. Er übt den einzigen Beruf aus, der es ausschließlich mit Informationen zu tun hat. Andere Leute produzieren Schrauben, behandeln Kranke, organisieren Betriebe. Der Jurist hat es demgegenüber nicht mit Dingen zu tun, die man greifen kann. Er nimmt lediglich Informationen auf, bearbeitet sie anhand von Informationen und produziert neue Informationen. Angesichts dieses elementaren Befundes mag man kaum glauben, dass die Rechtsinformatik als die angewandte Informatikdisziplin, die sich mit dieser Thematik befasst, in Deutschland nach hoffnungsvollen Ansätzen ausgestorben ist. An ihre Stelle trat das „Informationsrecht", welcher Ausdruck, wie so viele juristische Ausdrücke, schief ist. Gemeint ist das IT-Recht.

Der Begriff „Information" (aus lat. *„informare"* = in Gestalt bringen) ist undefinierbar, aber das trifft auf die Begriffe „Recht" und „Akte" auch zu und braucht uns nicht weiter zu beunruhigen, wissen wir doch alle was damit im Recht gemeint ist. Der Zivilrechtler will nach einer bekannten Repetitorformel wissen, wer von wem was woraus verlangen kann. Und der Strafrechtler will herausfinden, wer wann wo was warum wie getan hat; erst danach fragt er nach der Strafbarkeit dieses Verhaltens. Die Formeln verraten mehr als man meint. Es geht in der Wirklichkeit der rechtlichen Auseinandersetzungen in erster Linie um die Aufklärung von Sachverhalten. Kennt man den Sachverhalt, ist die rechtliche Bewertung meistens trivial. Nur selten kommen rechtlich problematische Fälle vor. Aber weder das juristische Studium noch das rechtliche Publikationswesen werden diesem Befund gerecht. Die Herstellung des Sachverhalts wird im Studium überhaupt nicht geübt. Das kommt erst im Referendariat, wenn im Zivilprozess die sog. Relationstechnik eingeübt wird, und wenn im Strafverfahren Beschuldigten- und Zeugenvernehmungen ausgewertet werden. Und über die Masse der normalen Verträge oder der normalen Straftaten publiziert man nichts. Wenn A den T zum Mord an O anstiftet, ist das kein Fall für die NJW. Wenn aber T den falschen F anstelle von O umbringt (Fall Rose-Rosahl) ist das eine Sensation, über die man eine schriftliche Diskussion lostritt. Dabei wissen wir anhand dieses Beispiels, dass solche Problemfälle allenfalls einmal in hundert Jahren vorkommen. Wollte man einem „Alien" das Wesen der Sachbeschädigung anhand der veröffentlichten Fallentscheidungen und Literatur nahebringen, müsste man Dinge wie das Luftablassen aus Autoreifen oder das Dressieren des Papageis einer würdigen alten Dame zum Sprechen unzüchtiger Wörter nennen. Der Alien würde uns für verrückt halten.

### 4. Die IT-Desiderate

Damit ist schon das entscheidende IT-Desiderat genannt. Die moderne Informationstechnik (IT) soll und kann vor allem auch helfen, Sachverhalte zu strukturieren. An dieser Stelle kommt ein philosophisches Problem ins Spiel. Gibt es die objektive Wirklichkeit und kann sie *„für Recht erkannt"* werden (so die traditionelle Auffassung) oder wird sie in den Köpfen der Juristen „konstruiert"? Der philosophische Konstruktivismus nimmt mit guten Gründen das letztere an. Aber wie auch immer – stets muss der Jurist aus einer Vielzahl von Quellen schöpfen und dabei die oben behandelte Komplexität bewältigen. Komplexität setzt vieldimensionales Arbeiten voraus; Rede, Schreibe und Papier sind aber eindimensional. Der IT-Einsatz kann diese Grenze überwinden.

Das nächste Desiderat betrifft die mitunter großen Informationsmengen im Recht. In den Anfangsjahren der (später abgeschafften) Rechtsinformatik diskutierte man über die Flut an Gesetzen und Gerichtsentscheidungen, die niemand mehr bewältigen könne. Damals entstanden die juristischen Datenbanken. Die wahren Probleme liegen aber an anderer Stelle. Sie betreffen die Sachverhalte. Wenn in Umfangsverfahren große Mengen an Unterlagen zu bewältigen sind, wird das rasch zum Problem. Am sichtbarsten wird das im Strafverfahren, wenn Wagenladungen voller Aktenordner und Festplatten beschlagnahmt wurden, die auszuwerten sind. Dabei steckt die „Wahrheit" heutzutage meistens in den E-Mails, in denen sich die Menschen so ungeniert ausdrücken, als sprächen sie miteinander ohne fremde Zuhörer.

Dass dabei der US-Geheimdienst stets (technisch) „mitliest", und dass die Polizei später eine interessante Lektüre findet, bedenken sie nicht – vorausgesetzt natürlich, die Polizei findet die relevanten E-Mails. Bei hunderttausend und mehr Emails, die ein Datenvolumen von Terabyte erreichen, ist das manuell aber ein Ding der Unmöglichkeit. Inzwischen gibt es die bereits erwähnten Softwaren, die es ermöglichen, unstrukturierte Daten in verschiedenen Formaten zu durchforsten und wenigstens irrelevante Emails herauszufiltern sowie Vorstrukturierungen zu leisten, die dann im Manager weiter verarbeitet werden. Man muss sie nur einsetzen. Hätte der deutsche Gesetzgeber dies erkannt gehabt, wäre es nicht nötig gewesen, den unsäglichen „Deal" im Strafprozess zu sanktionieren.

Bei der Verwendung von Papier ist an eine wirkliche Inhaltsbeherrschung der „Akte" in Umfangsverfahren nicht zu denken. Zwar kann man über Gliederungen, Seitenangaben, Stichwortverzeichnisse und zunehmend auch über Randziffern sowie mit Hilfe der beliebten farbigen Klebezettel gezielt nach bestimmten Stellen in Ordnern suchen. Aber alle diese Hilfstechniken sind unvollkommen, weil eine explizite Bezeichnung der jeweiligen Inhalte fehlt, und weil die Beziehungen zwischen verschiedenen Texten zu denselben Inhalten nur mühevoll und zeitaufwendig hergestellt werden können. Solange man auf Papier angewiesen war – also bis vor wenigen Jahren – hatte man freilich keinen Grund, sich über diese Mängel Klarheit zu verschaffen. Man musste mit der Akte leben. Manche Juristen lieben sie sogar. Ein prominenter Anwalt hat noch im Jahre 2010 auf einer Tagung die Akte als das „Baby des Anwalts" bezeichnet. Aber das ist sie nicht. Sie ist nur ein unzulängliches Hilfsmittel, dessen Daseinsberechtigung mit der Existenz besserer Hilfsmittel geschwunden ist. Zwar fällt es vielen Juristen schwer, das einzusehen. Immer wieder kann man lesen, dass das papierlose Büro eine Fata Morgana sei, und dass im Gegenteil dank der Laserdrucker und -kopierer mehr Papier erzeugt werde als je zuvor. Daran ist richtig, dass das

Drucken heutzutage billig und eine Sache von ein paar Mausklicks ist, und dass auch das Kopieren keinen besonderen Aufwand mehr erfordert. Ganz anders war das früher, als man Texte erst abschreiben musste und später – im Zeitalter von Kohlepapier und Nasskopierern – die ersten Durchschläge und Kopien mühselig erstellte. Damals hatte man die Erzeugung von Papier auf das Nötigste beschränkt. Heute erlaubt die Technik eine nahezu schrankenlose Papierproduktion. Aber schlechte Angewohnheiten sind kein Grund, sie für Notwendigkeiten zu erklären. Wer E-Mails ausdruckt und Aktenordner voller Fotokopien in den Gerichtssaal schleppt, schädigt sich selbst und, schlimmer noch, er schädigt andere, nämlich die rechtsuchenden Menschen. Blickt man über den Tellerrand, kann kein Zweifel daran bestehen, dass in der Wirtschaft wie im Privatleben das Papier zunehmend verschwindet. Die bereits erwähnte betrübliche Tatsache, dass im Grundschulunterricht das Erlernen der Schreibschrift zunehmend abgeschafft wird, weil die Kinder ja später nur Tastaturen bedienen würden, belegt diesen Trend.

Die auf dem Markt in einer Vielzahl von Versionen erhältlichen Dokumenten-Management-Systeme (DMS) bieten nicht die Möglichkeit der Inhaltsbeherrschung von Dokumenten. Ihre Gene stammen durchweg aus der Archivierung von Papierdokumenten. Sie ermöglichen einen Zugriff auf Dokumente. Ihr Objekt ist also – der Name sagt es – das Dokument, das etwa über Metadaten (Autor, Datum, Aktenzeichen, Betreff usw.) erschlossen wird. Der Inhalt des Dokuments kann nur über Abstracts und beim Einsatz von OCR auch über die Volltextsuche nach Schlagworten erschlossen werden. Diese Techniken helfen bei der Rechtsanwendung aber nur wenig oder überhaupt nicht. Denn hier geht es nicht darum, Dokumente zu verwalten, sondern darum, die jeweils relevanten Inhalte von Dokumenten im Laufe der Bearbeitung eines Rechtsfalles so zu erschließen und aufzubereiten, dass dessen gerechte Entscheidung unter Berücksichtigung aller in den Dokumenten enthaltenen Informationen möglich wird. Dazu helfen die genannten Suchtechniken nicht mit ausreichender Sicherheit und Geschwindigkeit.

Die Erstellung einer juristischen Datenbank findet schließlich getrennt von dessen Benutzung statt. Der Archivar ist ein Dienstleister, der einer Vielzahl von Benutzern Dokumente zur Verfügung stellt. Ebenso wie der Bibliothekar kennt er deren Wünsche aber nicht. Er stellt die Dokumente vielmehr so zur Verfügung, dass sie für jede mögliche Anwendung nutzbar sind. Dies erfordert zwangsläufig eine breite und unspezifische Art der Dokumentation. Anders verhält es sich beim Einsatz des Managers. Der Benutzer ist sein eigener Archivar. Er weiß sehr genau, was für seine Arbeit relevant ist, und er verfügt damit über einen Schlüssel zu dem extern gespeicherten Wissen. Ihm geht es nicht um das Dokument, sondern um dessen Inhalt. Aber auch dabei kann er Überraschungen erleben. In einem Gerichtsverfahren können unerwartete Dinge geschehen. Ein Umstand, dem man heute keine oder nur geringe Beachtung schenkt, kann im Lichte neuer Erkenntnisse wichtig werden. Denken Sie etwa an eine Zeugenvernehmung vor Gericht. Plötzlich und überraschend erklärt der Zeuge, er habe an einer für das Verfahren wichtigen Besprechung nicht teilgenommen. Nun erinnert sich der Richter oder der Anwalt aber daran, dass der Zeuge im Protokoll dieser Besprechung als Teilnehmer aufgeführt ist. Um die Behauptung des Zeugen überprüfen und ihm das Dokument gegebenenfalls vorhalten zu können, muss man dieses Protokoll in Sekundenschnelle finden können.

Mit Papier geht das aber meistens nicht. Die Regalwand voller Ordner hinter dem Richtertisch mag eindrucksvoll aussehen. Aber eine Beherrschung der Papierflut ist ein unmögliches Unterfangen. Im Strafverfahren kann der Zustand von umfangreichen Aktenbeständen nach der Akteneinsicht durch eine Vielzahl von Verteidigern überdies desolat sein. Vielfach wird deswegen auf den Urkundenbeweis ganz verzichtet. An seine Stelle tritt der Zeugen- oder Sachverständigenbeweis, der wesentlich schlechter ist als der Urkundenbeweis. Wenn im Strafprozess umfangreiche Fälle regelmäßig durch fragwürdige Absprachen beendet werden, so liegt eine wesentliche Ursache dafür in dem Unvermögen, das Papier zu beherrschen.

Der Zeitfaktor ist dabei, wie schon gesagt, ein wesentlicher Faktor. Der Abruf von benötigten Informationen muss sehr schnell, oftmals in Sekunden möglich sein. Beim Einsatz von Papier kann dies aber kaum jemals gelingen. Zwar kann man sich in gewisser Weise hier vorbereiten, aber stets muss man, wie schon gesagt, auf Überraschungen gefasst sein, die nicht vorhersehbar sind. All dies begründet die Gefahr fehlerhafter Entscheidungen.

Beim Einsatz des Managers sind derartige Vorhalte dagegen möglich, und zwar in Sekundenschnelle. Der Einsatz eines Beamers ermöglicht dabei allen Beteiligten die Einsicht in relevante Dokumente. Wenn ein bestimmtes Dokument sekundenschnell gefunden und im Gerichtssaal für alle Beteiligten lesbar an die Wand geworfen wird, kann dies prozessentscheidend sein. Der Manager macht dies möglich. Über Plug-Ins ist es möglich, Inhalte von Dokumenten zu markieren und an die jeweils relevanten Strukturpunkte der Baumstruktur anzuschließen. Damit rückt die Information in den Vordergrund, also das, worum es allein geht. Die Akte, sprich „die Datei" bietet nur noch die Hülle, in der die allein interessierende Information zu finden ist.

Aber auch ohne den extremen Zeitdruck etwa einer Zeugenvernehmung spielt der Zeitfaktor eine Rolle. Juristen verkaufen (auch) ihre stets begrenzte Zeit und arbeiten dabei gegen die Uhr. Die Suche nach einer bestimmten Information, etwa nach einer relevanten Stelle in einem Dokument, kann zeitraubend und anstrengend sein. Sie stiehlt einem die Zeit für sinnvolle juristische Tätigkeiten, und der Erfolg ist nicht garantiert. Wohl jeder Jurist hat es schon erlebt, dass er genau weiß, dass ein bestimmter Inhalt in einem Büroordner oder in einem umfangreichen Dokument existiert. Er weiß sogar noch, ob dieser auf der fraglichen Seite oben oder unten steht. Er sieht ihn vor seinem geistigen

Auge, aber er findet ihn nicht. Das ist nicht nur ärgerlich. Es kostet nicht nur Zeit und Geld. Es kann vor allem auch die Ursache von Fehlentscheidungen sein. Und Fehlentscheidungen im Recht sind gleichbedeutend mit Ungerechtigkeit. Mit dem Manager können Sie diesen Zustand ändern.

# C. Einführung in den Manager

## I. Übersicht

In diesem Abschnitt behandle ich die Oberfläche. den Werkzeugcharakter und die Architektur des Managers, erläutere die Grundbegriffe und behandle sodann die Grundlagen der zentralen Technik des Anbindens von Dateien an Strukturpunkte.

## II. Die Oberfläche des Managers

### 1. Übersicht

Das Layout der Benutzeroberfläche entspricht dem Standard, den Sie aus aktuellen Microsoft Office Anwendungen kennen.

### 2. Die Oberfläche

Die folgende Abbildung zeigt Ihnen die Oberfläche auf dem Bildschirm, wenn Sie den Manager erstmals geöffnet haben:

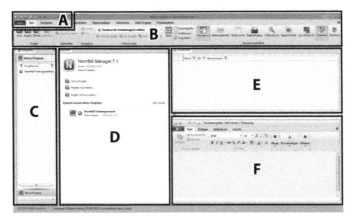

Sie sehen:
- oben die „*Titelzeile*" mit Icons für häufig verwendete Befehle (A)
- darunter das „*Ribbon-Menüsystem*" (B) und darunter die vier weiteren Fenster, nämlich die Fenster
- „*Navigation*" (C, auch Navigationsfenster); es ermöglicht die Navigation in den Projekten der Normfall *Projektspeicher*

- *„Startseite"* (D, auch Startfenster bzw. bei geöffneten Projekten Strukturfenster); es enthält grundlegende Befehle zu Beginn einer Sitzung und dient als *Strukturfenster* für geöffnete Projekte
- *„Verweisliste"* (E, Verweisfenster); es enthält die Liste der Verweise zu dem jeweils selektierten Strukturpunkt im aktuellen Projekt im Strukturfenster; und
- *„Texteditor"* ( F, Anmerkungsfenster); es enthält den Texteditor für Anmerkungstexte, Kommentare und Textauszüge.

### 3. Die Titelzeile

Links oben sehen Sie die folgenden Icons, die auch jeweils durch Tooltips erklärt werden (= Informationen die eingeblendet werden, wenn Sie den Mauszeiger über dem jeweiligen Icon platzieren). Durch Anklicken der linken Maustaste können Sie die Icons jeweils öffnen.

Über das Normfall Icon (das kleine „N" ganz links oben) können Sie auf ein Menü zur Einstellung von Fenstergröße, Fensterposition usw. zugreifen.

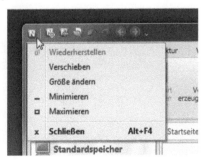

Über das zweite Icon von links (1) können Sie ein neues Normfall Projekt anlegen.

Über das dritte Icon (2) können Sie ein neues Projekt per Import-Assistent anlegen.

Über das vierte Icon (3) können Sie ein Normfall Projekt öffnen, das als Projekt im Dateisystem vorliegt.

Über die Icons (4) und (5) können Sie die letzten Änderungen die sie an Ihrem Normfall Projekt vorgenommen haben rückgängig machen bzw. wieder herstellen.

Über die Icons (6) und (7) können Sie durch die Historie der letzten Navigationsschritte navigieren.

Rechts oben sehen Sie drei Icons. Mit dem ersten können Sie die Ansicht des Managers in die Taskleiste minimieren. Mit dem zweiten können Sie die Ansicht verkleinern, so dass Sie den Manager z.B. auf einen anderen Bildschirm schieben können. Durch erneutes Anklicken stellen Sie wieder die volle Bildschirmgröße her. Mit dem dritten Icon können Sie den Manager schließen. Alle vorgenommenen Änderungen werden automatisch gespeichert. Ein Sichern ist nicht nötig. Das Fragezeichen darunter öffnet die Hilfe des Managers.

## 4. Das Ribbon – die Multifunktionsleiste

Am oberen Fensterrand befindet sich unter der Titelzeile das *Ribbon* (engl. = „Band") bzw. das *Menüband*.

Im Kopfbereich des Ribbons sehen Sie die „*Menüreiter*". Diese entsprechen den Registerkarten eines Karteikastens.

Beim Anklicken dieser Reiter werden jeweils Registerkarten mit Befehlsschaltflächen eingeblendet. Sie sind jeweils am unteren Rand in Befehlsgruppen eingeteilt. Im Beispiel sehen Sie beim Menüreiter „*Start*" die Befehlsgruppen „*Projekt*", „*Bearbeiten*", „*Navigation*", u. a. m. Die Befehlsgruppen können mit Unter-Registerkarten verglichen werden. Die Befehlsschaltflächen entsprechen den Karteikarten in einem Karteikasten. Durch Anklicken mit der linken Maustaste führen Sie einen Befehl aus.

Die meisten dieser Schaltflächen sind deaktiviert solange Sie kein Normfall Projekt geöffnet haben. Sobald Sie ein Normfall Projekt neu angelegt oder geöffnet haben, sind die meisten der zuvor deaktivierten Schaltflächen des Ribbon aktiv. Voreingestellt ist der Menüreiter „*Start*", der die wichtigsten Befehlsgruppen enthält. Sie können die anderen Menüreiter durch Anklicken der jeweiligen Begriffe öffnen.

Viele Befehle besitzen sog. Shortcuts, also Funktionstasten bzw. Tasten-Kombinationen, mit denen die jeweiligen Befehle alternativ zum Anklicken der Befehlsschaltflächen ausgeführt werden kann. Diese Tasten-Kombinationen werden in den Tooltips der Befehlsschaltflächen in runden Klammern angezeigt, welche erscheinen, wenn Sie ca. 1 Sekunde mit dem Cursor auf der Befehlsschaltfläche verweilen.

### 5. Die flexible grafische Benutzeroberfläche

Der Manager bietet Ihnen eine flexible grafische Benutzeroberfläche (engl. Graphical User Interface, kurz GUI). Sie können diese Benutzeroberfläche nach Ihren individuellen Erfordernissen gestalten. Die einzelnen Fenster können Sie in ihrer Größe frei verändern und verschieben. Das ist besonders dann hilfreich, wenn Sie mit mehreren Bildschirmen arbeiten (näher dazu unten).

### 6. Die Schaltflächen und die Befehle

a) Übersicht

Regelmäßig gibt es mehrere Möglichkeiten, um ein- und denselben Befehl in den Manager einzugeben:
- Befehle in der Titelleiste
- Befehle im Ribbon – der Multifunktionsleiste
- Befehle in Kontextmenüs
- Befehle über die Tastatur

Zu den Befehlen in der Titelleiste und im Ribbon-Menü siehe oben.

### b) Die Befehle in den Kontextmenüs

Ein Kontextmenü ist bei einer grafischen Benutzeroberflächen ein Steuerelement, das dem Benutzer bei einem bestimmten Kontext mehrere verschiedene Aktionen ermöglicht. Es wird als Aufklappmenü („Pop-up") durch Anklicken der rechten Maustaste geöffnet. Die Fähigkeit einer Software, solche Menüs anzubieten, wird als Kontextsensitivität bezeichnet.

Alle Kontextmenüs werden über die rechte Maustaste aufgerufen. Die ausgeführten Befehle beziehen sich dann stets auf das bzw. die zu diesem Zeitpunkt ausgewählten Elemente (Projekte, Strukturpunkte, Verweise, usw.).

### c) Die Befehle über die Tastatur

#### aa) Übersicht

Wie die meisten modernen Anwendungen ist der Manager für die Arbeit mit der Maus optimiert. Häufig wiederkehrende Tätigkeiten können Sie zusätzlich beschleunigen, indem Sie trainieren, wie Sie diese über die Tastatur durchführen können.

#### bb) Die Funktionstasten

Die Tasten `F1` bis `F12` ermöglichen jeweils den Aufruf einer Funktion.
- `F1` Hilfefunktion
- `F2` Umbenennen
- `F7` Strukturpunkt nach oben verschieben
- `F8` Strukturpunkt nach unten verschieben
- `F9` Neuen Strukturpunkt auf selber Ebene erstellen
- `F11` Neuen Kommentar als Verweis zum aktuellen Strukturpunkt einfügen

cc) Die Einzeltasten

- Eingabetaste ⏎ : Die große Taste rechts auf der Tastatur (früher Zeilenvorschubtaste) mit dem nach unten und links weisenden Pfeil dient allgemeint zur Bestätigung von Eingaben und aktiviert in Dialogfenstern den hervorgehobenen Button.
- Tab ⇆ : Die Tabulatortaste links oben mit den beiden entgegengesetzten Pfeilsymbolen dient in Dialogfenstern zum Verschieben des Tastaturfokus.
- Leertaste: Die große Taste unten auf der Tastatur zum Einfügen von Leerzeichen dient auch zum Umschalten von Elementen, wenn sie den Tastaturfokus haben.
- Navigationstasten: Dies sind Tasten, die zum Verschieben der Text-Einfügemarke (Textcursor), einer Listenauswahl oder des Tastaturfokus dienen. Das sind vor allem die Pfeiltasten ←, →, ↑ und ↓, aber auch die Tasten Bild↑ und Bild↓ zum Überspringen mehrerer Elemente und die Tasten Pos1 und Ende, um an den Anfang oder das Ende zu springen
- Entf : Strukturpunkt und seine Unterpunkte löschen

dd) Die Befehle über Tastaturkombinationen („Shortcuts")

Tastenkombinationen (auch *Shortcuts, Tastaturkombinationen, Tastaturbefehle, Tastenkürzel, Tastensequenzen, Hotkeys*) sind Befehle, die durch das gleichzeitige oder aufeinanderfolgende Drücken mehrerer Tasten in einer bestimmten Reihenfolge eingegeben werden. Hierzu gehören auch die Funktionstasten (F1, F2 usw.). Beispiel: Mit der Tastenkombination Alt + F4 können Sie das Anwendungsfenster schließen. Alt ist dabei die Modifizierer-Taste, F4 die Befehlstaste. Um die Tastenkombination auszuführen, halten Sie alle angegebenen Modifizierertaste(n) gedrückt, während Sie die Befehlstaste einmalig drücken.

Eine Modifizierer-Taste ist eine Taste, die (von Ausnahmen abgesehen) keine eigene Funktion hat, sondern zusammen mit einer anderen Taste gedrückt wird, um eine Tastenkombination auszuführen.

Die wichtigsten Modifizierer-Tasten sind:
- [Strg] (= Steuerung). Sie befindet sich sowohl in der äußeren linken als auch der äußeren rechten Ecke unten auf der Tastatur
- [Alt] (von engl. „alternate" = wechseln). Sie befindet sich links und rechts der Leertaste (große Taste unten). Besonderheit: Die [Alt]-Taste aktiviert das Hauptmenü, wenn bis zum Loslassen keine Befehlstaste gedrückt wurde
- [⇧] „Umschalt". Sie ist durch einen Pfeil nach oben gekennzeichnet. Mit ihr geben Sie einen Großbuchstaben ein

Diese Beschreibungen gelten für das normale Layout einer Bürotastatur. Bei Notebooks sind andere Tastaturvarianten möglich.

Im Ribbon-Menü des Managers besitzen viele Befehle Shortcuts. Diese werden in den Tooltips der Befehlsschaltflächen in runden Klammern angezeigt, welche erscheinen, wenn Sie ca. 1 Sekunde mit dem Cursor auf der Befehlsschaltfläche verweilen.

In den Kontextmenüs werden die zugehörigen Tastatur-„Shortcuts" der einzelnen Befehle jeweils am rechten Rand angezeigt.

Übersicht über die Tastenkombinationen:
- [⇧] + [F11]: Dokumente auswählen und als neue Verweiszeilen einfügen
- [Strg] + [B]: Strukturpunkte aus der Zwischenablage auf gleicher Ebene als Verknüpfungen einfügen
- [Strg] + [⇧] + [B]: Strukturpunkte aus der Zwischenablage eine Ebene tiefer als Verknüpfungen einfügen
- [Strg] + [M]: Strukturpunkte aus der Zwischenablage auf gleicher Ebene als Synchronkopien einfügen
- [Strg] + [⇧] + [M]: Strukturpunkte aus der Zwischenablage eine Ebene tiefer als Synchronkopien einfügen

- `Strg` + `Q`: Hyperlinks aus der Zwischenablage auf gleicher Ebene einfügen
- `Strg` + `⇧` + `Q`: Hyperlinks aus der Zwischenablage eine Ebene tiefer einfügen
- `Strg` + `X`: Strukturpunkt ausschneiden
- `Strg` + `C`: Strukturpunkt kopieren
- `Strg` + `⇧` + `C`: Strukturpunkt als Hyperlink kopieren
- `Strg` + `E`: Strukturpunkt und seine Unterpunkte exportieren
- `Strg` + `I`: Dokument / Projekt / Dateistruktur auswählen und als Unterstruktur zum Strukturpunkt importieren
- `Strg` + `V`: Strukturpunkte aus der Zwischenablage auf gleicher Ebene einfügen
- `Strg` + `F12`: Anbindung ändern

ee) Die Bedienung des Ribbon-Menüs über die Tastatur

Alternativ können Sie das Ribbon-Menü auch vollständig über dier Tastatur bedienen. Dazu drücken Sie zunächst die `ALT`-Taste. Es erscheinen dann weitere Tasten-Hinweise im Ribbon-Menü über die Sie die einzelnen Befehle aufrufen können. Das Vorgehen ist hier analog zu anderen bekannten Anwendungen mit Ribbon-Menüs, wie z.B. Microsoft Office 2007, 2010 und 2013.

# III. Der Werkzeugcharakter und die Architektur des Managers

## 1. Übersicht

In diesem Abschnitt verdeutliche ich den Werkzeugcharakter des Managers und beschreibe dessen Architektur.

## 2. Der Werkzeugcharakter

Der Manager ist ein inhaltsloses Werkzeug. So, wie Ihnen z.B. ein Textverarbeitungsprogramm zunächst eine leere Seite mit vielen Möglichkeiten rings herum bietet, so schreibt Ihnen der Manager inhaltlich nichts vor. Sie können frei entscheiden, wie Sie ihn nutzen wollen.

Der Manager wurde zwar für die Unterstützung juristischer Tätigkeiten entwickelt, enthält aber keinerlei juristische Vorgaben. Er wird deshalb auch in anderen Bereichen, in denen Komplexität bewältigt werden muss, mit Erfolg eingesetzt. Die Fokussierung auf juristische Tätigkeiten erklärt sich daraus, dass Juristen die längste Erfahrung beim Umgang mit Komplexität haben. Dies begann schon vor zweitausend Jahren, als das Römische Recht zu einer ungeheuren Materialmasse angeschwollen war, die bewältigt werden musste. Die damals entwickelte Methode, den Stoff über Baumstrukturen zu strukturieren, ist bis heute gültig geblieben. Im angelsächsischen Common Law setzte man demgegenüber seit dem Mittelalter auf Tabellenstrukturen, mit deren Hilfe man verschiedene Darstellungen miteinander vergleichen kann.

Der Manager setzt beide Methoden um. Er vereinigt damit das Beste zweier Welten.

## 3. Die Architektur

Die Architektur des Managers besteht in der Verknüpfung von Strukturpunkten einer hierarchischen Baumstruktur mit digital gespeicherten Informationen verschiedenster Art (z.B. PDF Dateien, Microsoft Office Dateien, E-Mails usw.).

Sie können sich dies am praktisch wichtigen Fall eines umfangreichen PDF-Dokumentes, etwa eines als Block gescannten Aktenordners mit 500 Seiten verdeutlichen, in welchem sich an verschiedenen Stellen, etwa auf S. 188, 256, 420 usw., jeweils zu bestimmten Themen relevante Informationen befinden. Die Strukturpunkte des Managers enthalten Namen zur Bezeichnung dieser Informationseinheiten, also z.B. *„Besprechungsprotokoll"*, *„Vernehmungsprotokoll Müller"*, *„Kaufvertrag X-Y"*, usw. Die Verknüpfung im Manager verbindet die Strukturpunkte mit den jeweils zugehörigen Informationen in dem PDF-Dokument. Sie beschränkt sich also nicht darauf, auf den Anfang des Ordners zu verweisen, sondern sie „springt" in die PDF-Datei hinein. Wenn sich also auf Seite 450 einer PDF Datei ein „Kaufvertrag" befindet, können Sie diese Seite mit dem Strukturpunkt „Kaufvertrag" verknüpfen und direkt öffnen. Die Baumstruktur bietet Ihnen dabei die Möglichkeit, Gruppierungen und Untergruppierungen vorzunehmen. Auf diese Weise können Sie komplexe Gegenstände, etwa Rechtsfälle, „strukturieren".

Die Namen in den Strukturpunkten zur Bezeichnung der Informationseinheiten legen Sie – entsprechend dem Werkzeugcharakter des Managers – selbst fest.

Der Manager ist kein Dokumenten Management System (DMS). Als solches bezeichnet man ein System zur datenbankgestützten Verwaltung elektronischer Dokumente. Derartige Systeme werden auch im Recht eingesetzt, wobei häufig Papierakten gescannt und in einem einheitlichen Format (z.B. Portable Data Format – PDF) in ein DMS eingegeben werden. Die Dokumente werden dabei über Metadaten (z.B. Quelle, Aktenzeichen, Datum usw.) erschlossen.

Im Unterschied hierzu ermöglicht Ihnen der Manager den Zugriff auf Informationen, die sich <u>innerhalb</u> von Dokumenten befinden. Dabei ist er nicht auf das PDF-Format beschränkt, sondern kann alle digital gespeicherten Dateien (z.B. Word, E-Mails, Excel, usw.) erfassen. Auch ist er nicht auf die Dokumentenverwaltung beschränkt, sondern unterstützt auch und vor allem deren Bearbeitung und die Erstellung entsprechender Schriftstücke (Urteile, Beschlüsse, Anklageschriften, Schriftsätze, Gutachten, Veröffentlichungen usw.). Er ist also ein universell einsetzbares Werkzeug, das sowohl die Erfassung als auch die Verarbeitung und die Produktion von Informationen ermöglicht.

# IV. Die Grundbegriffe

## 1. Übersicht

In diesem Abschnitt erläutere ich die zentralen Grundbegriffe „Normfall Projekt", „Normfall Struktur" und „Strukturpunkt".

## 2. Das Normfall-Projekt

Ein Normfall-Projekt ist eine abgeschlossene Einheit, die Sie als solche bearbeiten wollen. Das kann ein Rechtsfall (ein „Aktenzeichen") sein, eine Veröffentlichung, ein Entwicklungsprojekt, eine Tagung – was immer auch. Sie besteht aus einer Normfall Struktur und einer Vielzahl von angebundenen Dateien verschiedener Art. Die Dateien werden dabei jeweils nur ein einziges Mal gespeichert. Der Zugriff erfolgt über „Links".

Manche Anwender bilden nur ein einziges großes Normfall Projekt für ihre verschiedenen Aufgaben. Sie verweisen darauf, dass es projektübergreifende Informationen gebe, die sie jederzeit im Zugriff haben möchten. Davon raten wir ab. Ein solch umfangreiches Projekt wird auch im Manager leicht unübersichtlich. Wir empfehlen Ihnen vielmehr, für jede gesondert erfassbare Einheit ein eigenes Normfall Projekt zu bilden und mit einem möglichst sprechenden Namen zu benennen, also etwa Zivilprozess *„Meier ./. Müller Az.: 207 O 2012"*; Buchveröffentlichung *„Der Mensch als solcher"*; Entwicklungsprojekt *„NEA – Normfall Elektronische Akte"*; Tagung *„Robuste IT-Systeme in München 10. Oktober 2015"* u. dgl. mehr. Wenn Sie stattdessen alle Ihre Dateien zu Ihren sämtlichen Aktivitäten in einem einzigen Projekt ablegen würden – was technisch möglich wäre – würde ein sehr umfangreiches Normfall-Projekt entstehen, in welchem Sie, wie gesagt, leicht den Überblick verlieren würden.

Wenn bei Ihrer Arbeit projektübergreifende Informationen anfallen, z.B. recherchierte Urteile, Veröffentlichungen, Gutachten, Adressen u. dgl. mehr, empfehlen wir Ihnen, eigene Normfall Projekte als Wissensmanager anzulegen.

## 3. Die Normfall-Struktur

Eine Normfall-Struktur ist eine hierarchisch gegliederte Anordnung von Strukturpunkten, entsprechend einer Gliederung oder einem Inhaltsverzeichnis. Man nennt sie auch Baumstruktur (engl. „*Outliner*").

Nach rechts weisende Dreiecke zeigen Ihnen an, dass jeweils Unterstrukturpunkte existieren. Soweit letztere fehlen, werden keine Dreiecke angezeigt.

Die Strukturpunkte und Unter-Strukturpunkte ergeben in ihrer hierarchischen Verbindung die Struktur Ihres Projektes, z.B. eines Rechtsfalles. Dabei sind Sie – dem Werkzeugcharakter des Managers entsprechend – bei der Arbeit mit Strukturpunkten völlig frei, sowohl, was die Zahl und Benennung der Strukturpunkte, als auch, was die Zahl der Ebenen der Struktur, als auch, was die Länge der Strukturbezeichnungen angeht. Nur aus praktischen Gründen ergeben sich hier Grenzen. Ein Beispiel verdeutlicht dies:

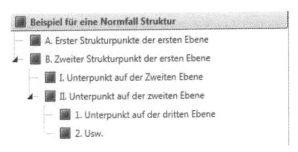

## 4. Der Strukturpunkt

### a) Übersicht

Für die Benennung von Strukturpunkten gibt es, wie gesagt, keine Vorgaben bzw. Einschränkungen. Dabei können Sie die im Folgenden behandelten unterstützenden Funktionen nutzen.

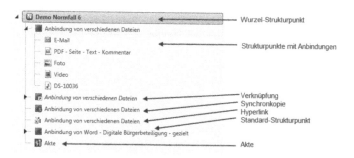

### b) Wurzel-Strukturpunkt

Wenn Sie ein neues Normfall Projekt anlegen, beginnen Sie mit einem *„Wurzel-Strukturpunkt"* (Wurzelknoten). Über die Befehle im Menüreiter Struktur können Sie ausgehend von diesem Wurzel-Strukturpunkt sukzessive Ihre Struktur aufbauen. Der Name des Wurzel-Strukturpunktes ist zugleich der Name des jeweiligen Projektes. Er kann über die Funktionstaste F2 geändert werden. Der erste neue Strukturpunkt ist stets ein Unter-Strukturpunkt zu dem Wurzel-Strukturpunkt.

### c) Strukturpunkte mit Anbindungen verschiedener Dateitypen

An jeden Strukturpunkt mit Ausnahme des Wurzel-Strukturpunktes können Sie verschiedene Dateien als „Verweise" im Fenster *„Verweisliste"* anbinden (z.B. E-Mails, PDF-Dateien, Word-

Dateien usw.). Hierin liegt ein wesentlicher Unterschied zu DMS-Systemen, in denen Sie lediglich PDF-Dokumente verwalten können. Der Manager verlangt von Ihnen nicht, dass z.B. E-Mails ausgedruckt und als PDF-Dateien gespeichert werden. Auch erlaubt er es, Dateien wie z.b. Audio- und Video-Dateien anzubinden, die ihrer Natur nach in einer Papierakte bzw. einem DMS-System nicht gespeichert werden können. Da auch solche Dateien zielgenau angesteuert werden können, entfällt beispielsweise die Notwendigkeit, mit einem Diktiersystem erstellte Protokolle abzuschreiben.

### d) Verknüpfungen

Strukturpunkte können als „Verknüpfungen" Verweise auf andere Strukturpunkte darstellen. Diese Strukturpunkte sind an einem kleinen weißen Pfeil im Symbol zu erkennen. Diese Möglichkeit erleichtert die Navigation innerhalb eines Normfall Projektes. Sie können beispielsweise die Korrespondenz mit mehreren Mitarbeitern eines Unternehmens alphabetisch unter den Namen der Personen ablegen und die Strukturpunkte mit den Personennamen als Verknüpfungen bei dem Strukturpunkt mit dem Namen des Unternehmens anbinden.

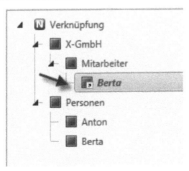

### e) Synchronkopien

Strukturpunkte können Synchronkopien sein und einer Synchrongruppe angehören, in der jede Veränderung an einem Strukturpunkt auf alle anderen Synchronkopien übertragen wird. Sie erkennen dies an einem kleinen grünen „S" im Icon.

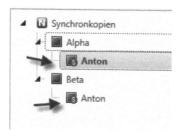

### f) Hyperlinks

Strukturpunkte können Hyperlinks sein. Sie können diese z.B. per E-Mail an einen Teampartner verschicken, der am selben Normfall Projekt arbeitet. Durch Klick auf den Hyperlink öffnet sich der Manager dort an exakt der Stelle des Hyperlinks. Sie erkennen dies an einem Icon, das mit einem kleinen „H" ausgezeichnet ist.

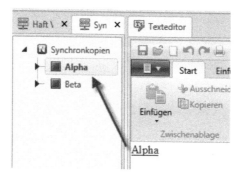

# V. Die Speichermöglichkeiten

## 1. Übersicht

Sie entscheiden bei der Anlage eines neuen Projektes über die Art der Speicherung. Der Manager bietet Ihnen drei Möglichkeiten der Speicherung von Projekten:

- die Speicherung in Projektspeichern
- die Speicherung im Dateisystem
- die Offline-Speicherung

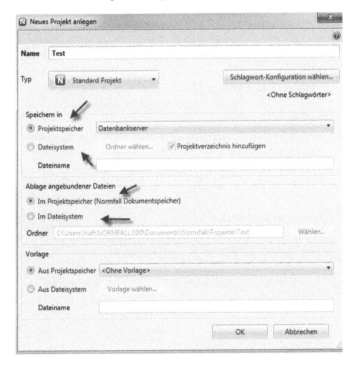

## 2. Die Speicherung im Projektspeicher

### a) Voraussetzung: Der SQL-Datenbank-Server

Voraussetzung hierfür ist ein Microsoft SQL Datenbank-Server (von *„Structured Query Language"*), der sich typischerweise auf einem Datenbankserver-Computer in einem Netzwerk befindet. Dort werden die Daten Ihrer Projekte (die Baumstruktur, Ihre Anmerkungen usw.) und zweckmäßigerweise auch die angebundenen Dateien (PDF-Dokumente, E-Mails usw.) gespeichert.

### b) Die Vorteile und die Einschränkungen

Die Vorteile dieser Projektspeicher sind:

- Ihre Normfall Projekte (inkl. aller Daten und Dokumente) liegen an einer zentralen Stelle. Sofern Ihre IT-Organisation eine regelmäßige Datensicherung vorsieht, brauchen Sie sich über etwaige Datenverluste keine Gedanken zu machen.
- Sie können von mehreren Rechnern, die sich in demselben Netzwerk befinden, auf Ihre Normfall Projekte zugreifen.
- Sie können mit anderen Personen gleichzeitig an einem Normfall Projekt arbeiten.

Die Einschränkungen sind:

- Es ist ein Microsoft SQL Server erforderlich. Wenden Sie sich ggf. an Ihren IT-Beauftragten oder Ihren Systemadministrator, um zu klären, ob in Ihrem Netzwerk oder auf Ihrem Computer ein derartiger Datenbankserver zur Verfügung steht oder eingerichtet werden kann.

c) Die Speicherung

   aa) Die automatische Speicherung

Die Speicherung erfolgt im Manager, ohne dass Sie sich hierum kümmern müssen. Die Projekte werden im Fenster „Navigation" alphabetisch angezeigt. Durch Doppelklick können Sie von dort geöffnet werden. Durch Anklicken des Zeichens „*X*" in der Titelzeile können Sie die Projekte wieder schließen. Eine besondere Sicherung im Manager ist nicht erforderlich. Alle Änderungen werden automatisch gespeichert.

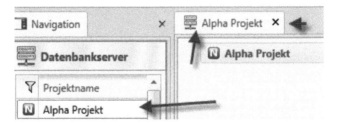

### bb) Die externe Sicherung

Aus Sicherheitsgründen empfehle ich Ihnen, Ihre Projekte regelmäßig extern zu sichern. Dazu verwenden Sie die Funktion *„Export"* im Kontext-Menü des jeweiligen Projektes.

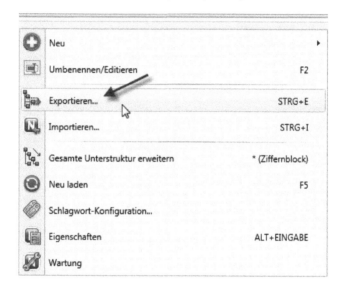

Der Assistent für den Datenexport führt Sie dann zu dem von Ihnen gewählten Speicherort.

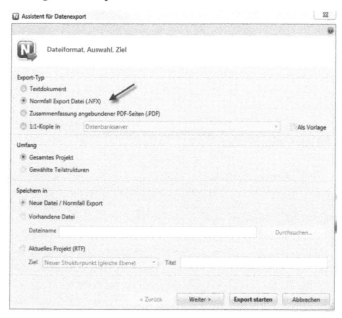

Das Projekt wird als „*NFX"-Projekte*" bezeichnet und erscheint dort mit einem entsprechenden Icon. Sie können es auf einen Datenträger kopieren oder per E-Mail verschicken. Bei einer erneuten Sicherung wird das Projekt nach einer Abfrage aktualisiert.

## 3. Die Speicherung im Dateisystem

a) Die Speicherung

Die Speicherung Ihrer Projekte samt den angebundenen Dokumenten findet bei dieser Speicherart lokal auf Ihrem Rechner statt. Sie legen dazu eine Datei auf der Festplatte Ihres Computers an. Diese Projekte heißen .NFDAT-Projekte und verfügen über ein besonderes Icon.

Da NFDAT-Projekte außerhalb des Managers gespeichert werden, erscheinen Sie nicht im Fenster *„Navigation"*. Sie werden jedoch im Fenster *„Startseite"* in die Liste der zuletzt verwendeten Projekte aufgenommen. Dort sehen Sie auch den Dateipfad, über den das Projekt in Ihrem Dateisystem gespeichert wurde sowie das Erstellungsdatum. Wenn diese Liste gelöscht ist bzw. das Projekt dort nicht steht, öffnen Sie das Projekt in Ihrem Dateisystem. Es empfiehlt sich, dort einen Ordner anzulegen, in dem Sie alle NFDAT-Projekte (alphabetisch) speichern.

Die Variante NFDAT ist die Standard-Variante für den Einsatz des Normfall Managers auf einem einzelnen Rechner, der nicht Teil eines Netzwerks ist, und bei dem keine gleichzeitige Arbeit mehrerer Personen am selben Normfall Projekten notwendig ist.

## b) Die Vorteile und die Einschränkungen

Die Vorteile dieser Speicherungsart sind:

- Sie haben Ihre Normfall Projekte immer vor Ort auf Ihrem Rechner. Wenn Sie beispielsweise ein Notebook oder ein Tablet nutzen, können Sie Ihre Projekte auf diesem Rechner überall hin mitnehmen.
- Sie benötigen außer Ihrem Rechner keinerlei sonstige IT-Ausrüstung, also keinen SQL-Server.

Die Einschränkungen sind:

- Ihre Projekte sind ausschließlich auf der Festplatte Ihres Computers gespeichert. Sie sollten daher regelmäßig eine Datensicherung auf einem externen Datenträger durchführen, um den Verlust Ihrer Projekte im Fall eines etwaigen Defektes Ihrer Festplatte oder bei Verlust oder Diebstahl Ihres Notebooks zu vermeiden.
- Nur Sie allein können an Ihren Projekten arbeiten. Ein paralleles Arbeiten von mehreren Rechnern aus an Ihren Projekten (z.B. mit Kollegen) ist nicht möglich.

Auch bei dieser Art der Speicherung sollten Sie also regelmäßig eine externe Datensicherung vornehmen.

### 4. Die Offline-Speicherung

Auf Offlinespeichern können Sie lokale Kopien von Projekten erstellen. Diese können Sie später mit dem originalen Projekt wieder synchronisieren.

Sie können also beispielsweise Kopien von Projekten (inkl. aller Daten und Dokumente), die in Ihrer Organisation auf einem zentralen Datenbankserver liegen, auf Ihrem Notebook ablegen und zu externen Terminen mitnehmen. Nach Ihrer Rückkehr können Sie Ihre Offline Kopie mit dem zentralen Normfall Projekt synchronisieren. Änderungen, die zwischenzeitlich an der Offline-Kopie oder an der zentralen Projektdatei vorgenommen wurden, werden auf diese Weise abgeglichen.

# VI. Die Anbindungen

## 1. Übersicht

Zu jedem Strukturpunkt können Sie im Fenster *„Verweisliste"* beliebig viele Kommentare (z.B. Telefonnotizen) schreiben. Ferner können Sie dort beliebig viele Dateien beliebigen Typs anbinden. Im Beispiel zeige ich dies anhand einiger PDF-Dateien.

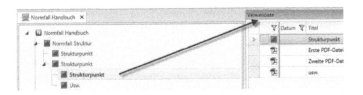

## 2. Die Speicherung von Kopien der angebundener Dateien

Beim ersten Anbinden wird zunächst eine Kopie der Originaldatei einmalig gespeichert. Diese Kopie wird angebunden. Die Originaldatei bleibt. davon unberührt. Diese Methode weist gegenüber einer direkten Verbindung zur Originaldatei drei signifikante Vorteile auf:

- Alle an ein Projekt angebundenen Dateien werden zusammen mit den Projektdaten abgelegt und verwaltet und stehen somit stets zur Verfügung, wenn mit den Projekten gearbeitet wird – völlig unabhängig vom „Schicksal" der Originaldateien.
- Bei dem Transport bzw. der Archivierung von Projekten ist sichergestellt, dass immer alle projektrelevanten Daten – also auch alle angebundenen Dateien – transportiert bzw. archiviert werden – wiederum völlig unabhängig vom „Schicksal" der Originaldateien.

- Die Originaldateien können sich auf schreibgeschützten und/oder externen Speichermedien befinden (CD-ROM, DVD, USB-Stick, externe Festplatte usw.). Zum Zeitpunkt der ersten Anbindung wird eine Kopie der jeweiligen Datei im Dateispeicher des Normfall Projektes angefertigt.

### 3. Die Kombinationsmöglichkeiten beim Anbinden

a) Übersicht

Jedem Strukturpunkt können beliebig viele Textauszüge (Inhalte) in beliebig vielen Dokumenten bzw. Dateien zugeordnet werden. Jedem Textauszug können in umgekehrter Richtung beliebig viele Strukturpunkte zugeordnet werden. Diese beiden Möglichkeiten können natürlich auch miteinander kombiniert werden. Ferner können einem Strukturpunkt beliebig viele Bänder (Spalten) mit Textauszügen bzw. Dateiinhalten zugeordnet werden. Bei der Verwendung von Papier haben Sie alle diese Möglichkeiten nicht.

Die folgende Abbildung verdeutlicht dieses Prinzip

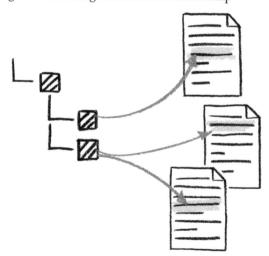

### b) Ein Strukturpunkt – mehrere Textauszüge

An jeden Strukturpunkt können Textauszüge (Dateiinhalte) mehrerer Dokumente bzw. Dateien angebunden werden. Dadurch ist es möglich, eine Vielzahl von inhaltlich zusammengehörigen Informationen unter einem gemeinsamen Aspekt zu erfassen. Die folgende Abbildung verdeutlicht dies.

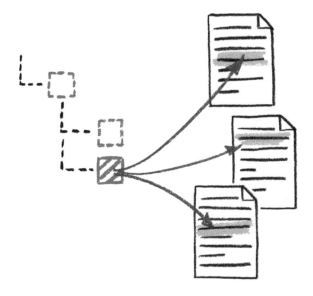

Diese Möglichkeit sei an folgendem Beispiel erläutert. Angenommen, ein bestimmter Sachverhaltskomplex wurde in mehreren Dokumenten von verschiedenen Teilnehmern beschrieben. In der Baumstruktur können Sie diesen Sachverhalt durch einen entsprechenden Strukturpunkt bezeichnen. Daran können Sie die verschiedenen Textauszüge über die jeweils zugehörigen Verweiszeilen in der Verweisansicht anbinden.

## c) Mehrere Strukturpunkte – ein Textauszug

Diese Konstellation stellt das Gegenstück zu der eben beschriebenen Möglichkeit dar. Jeder Textauszug eines Dokumentes bzw. einer Datei kann an beliebig viele Strukturpunkte angebunden werden. Damit kann erstmals der Multidimensionalität von Urkunden Rechnung getragen werden. Die folgende Abbildung verdeutlicht dies.

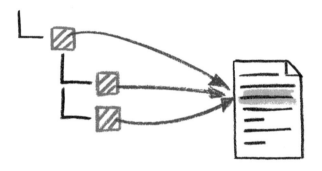

Diese Möglichkeit sei ebenfalls an einem Beispiel erläutert: In einem Besprechungsprotokoll ist eine Personengruppe aufgeführt. Der Textauszug kann sowohl der Gruppe als auch allen Personen jeweils in entsprechenden Strukturpunkten zugeordnet werden.

## d) Ein Strukturpunkt – mehrere Bänder

Schließlich bietet das Relationsmodul die Möglichkeit, einen Strukturpunkt mit mehreren „Bändern" (Kolumnen, Spalten) zu verbinden. Die folgende Abbildung macht dies anschaulich.

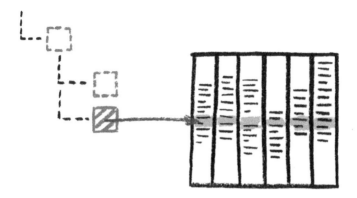

Auf diese Weise können zum einen verschiedene Inhalte von Dateien zum jeweils selben Thema verglichen werden, wobei der jeweilige Strukturpunkt das Tertium comparationis liefert, also die Vergleichsbasis.

Auch diese Möglichkeit sei an einem Beispiel verdeutlicht. In einer Klageschrift und einer Klageerwiderung finden sich Ausführungen zum selben Sachverhaltskomplex. Hierüber wurde Beweis erhoben, und es wurden mehrere Beweisprotokolle erstellt. Alle diese Textauszüge können tabellarisch nebeneinander gezeigt werden. In einem weiteren „Urteilsband" kann der Richter die Beweise würdigen und den Sachverhalt darstellen, wie er sich zu seiner Überzeugung ergeben hat.

## VII. Die fünfstufige Informationsarchitektur des Managers

### 1. Übersicht

Der Manager soll Ihnen die Arbeit erleichtern und Zeit ersparen. Diesem Ziel dient auch eine fünfstufige Informationsarchitektur, die darauf angelegt ist, Sie über angebundene Dokumente bzw. Dateien zunehmend besser zu informieren, wobei Sie oftmals schon nach wenigen Schritten ausreichend informiert sind und das Originaldokument gar nicht erst öffnen müssen.

### 2. Die erste Stufe

Auf der ersten Stufe erhalten Sie die („sprechende") Bezeichnung des jeweiligen Strukturpunktes.

**3. Die zweite Stufe**

Auf der zweiten Stufe können Sie in dem Fenster „*Texteditor*" zu dem aktuellen Strukturpunkt weitere dort geschriebene oder einkopierte Informationen (Textauszüge, Anmerkungen, Grafiken) erhalten.

**4. Die dritte Stufe**

Auf der dritten Stufe erhalten Sie in der Verweisliste die (ebenfalls „sprechenden") Bezeichnungen der an den aktuellen Strukturpunkt angebundenen „Dateien" (PDF-Dateien, Word-Dateien, E-Mails usw. – im Beispiel eine PDF-Datei).

### 5. Die vierte Stufe

Auf der vierten Stufe erhalten Sie in den Fenstern „*Texteditor*" der angebundenen Dateien jeweils dort geschriebene oder einkopierte Informationen.

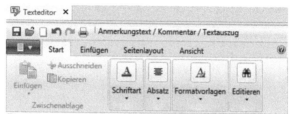

## 6. Die fünfte Stufe

Auf der fünften Stufe können Sie dann durch einen Mausklick auf die Verweiszeile das Dokument in der Schnellansicht oder im Original öffnen. Dies wird aber oftmals nicht mehr erforderlich sein.

```
ZENTRALBEREICH RECHT
Schuftmann, Tel. 5074

München, 31.12.90/Ho Aktenvermerk

Happymoney-Gruppe
hier:      Gespräche am 28.12.1990 in den Räumen der Gier-Bank
           AG, München

Teilnehmer:   a) Gier-Bank
              Herren Treulos und Schnappzu
              Herr Schuftmann, RET 2

              b) Heuschrecken Bank AG
              Herr Wucherer

              c) Happymoney-Gruppe
              Herr Happy
              Herr Reich
              Herr Listig, Rechtsanwalt
              Herr Ohnesorge
              Bilanzdreh WP Gesellschaft und Happy Berater

1.
Es fand zunächst ein Gespräch zwischen der Gier-Bank und
```

# D. Die Anwendungsmöglichkeiten des Managers

## I. Übersicht

Ich beschreibe im Folgenden, welche Anwendungsmöglichkeiten der Manager Ihnen bietet. Ergänzend verweise ich auf das umfangreiche Handbuch, das Sie über das Fragezeichen rechts oben auf dem Manager finden.

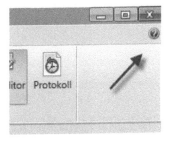

Ferner verweise ich auf die Videoclips auf Youtube, die Sie von der website www.normfall.de direkt aufrufen können.

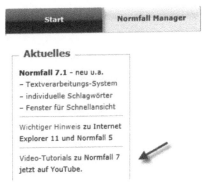

Sie können mit dem Manager

- Normfall Projekte anlegen
- die flexible grafische Oberfläche nutzen
- eine Struktur bilden und bearbeiten
- verschiedenen Dateitypen an Strukturpunkte anbinden
- den Datei-Eingang nutzen
- die Schnellansicht nutzen
- mit dem integrierten PDF-Editor arbeiten
- die Relationstechnik unterstützen
- mit Schlagwörtern arbeiten und gefilterte Abfragen bei Verweisen durchführen
- Gefilterte Abfragen bei Strukturpunkten durchführen
- systematische Suchen mit Volltextsuchen verbinden,
- den Manager als vollständiges Textverarbeitungs-System nutzen
- im Team arbeiten
- ein individuelles Wissensmanagement errichten und
- eine Normfall Elektronische Akte (NEA) mit neuen Möglichkeiten der Abfrage bilden.

## II. Die Anlage eines Projektes

### 1. Der Projekt-Typ „Standard Projekt"

Dazu verwenden Sie den Befehl *„Neu"* im Ribbon-Menü-Reiter *„Start"*.

Es öffnet sich ein Fenster, in welchem als „Typ" das normale *„Standard Projekt"* voreingestellt ist.

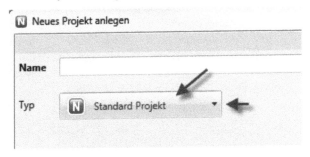

Mit diesem Projekt-Typ arbeiten Sie normalerweise.

Durch Anklicken des kleinen nach unten weisenden Pfeiles rechts in der Befehlszeile öffnet sich ein Pull-Down-Menü, in welchem Sie andere Projekt-Typen wählen können.

Hierauf gehe ich unten im jeweiligen Zusammenhang ein. Für ein normales Projekt belassen Sie es bei dem Typ *„Standard"*.

## 2. Der Name, das Schließen und das Öffnen des Projektes

Nach Eingabe des Befehls *„Neu"* geben Sie dem Projekt einen Namen, z.B. *„Zivilprozess Anton./.Berta"*. Es erscheint der von Ihnen gewählte Name in der Titelzeile des Fensters *„Startseite"*, das sich damit zum Strukturfenster wandelt. Das Icon links in der Titelzeile informiert Sie über die gewählte Speicherart (im Beispiel *„Datenbankserver")*. Durch Anklicken des Kreuzes rechts daneben können Sie die Struktur wieder schließen.

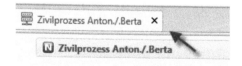

Alle Änderungen, auch alle folgenden Änderungen, werden automatisch gespeichert. Sie brauchen sich also um das Speichern nicht zu kümmern (zum Sichern siehe unten.)

Wenn Sie das Projekt schließen, erscheint es mit seinem Namen im Navigationsfenster links und kann von dort durch Doppelklick wieder geladen werden.

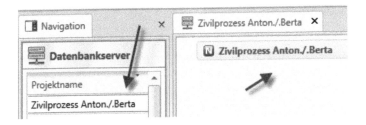

### 3. Das Fenster „Navigation"

Wenn Sie aktuell kein Projekt geöffnet haben, erscheinen die zuletzt geöffneten Projekte im Fenster *„Startseite"*. Über den Befehl *„Liste leeren"* können Sie diese Anzeige löschen. Die Projekte erscheinen dann nur noch im Fenster „Navigation".

### 4. Der Wurzel-Strukturpunkt

Der Name des Projekts erscheint auch im sog. *„Wurzel-Strukturpunkt"* der künftigen Struktur. Dieser ist an dem Normfall-Icon links zu erkennen. Es handelt sich dabei um den Strukturpunkt, von dem aus alle anderen Strukturpunkte gebildet werden; daher der Name *„Wurzel-Strukturpunkt"*.

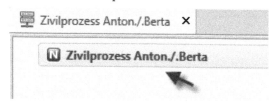

Sie können diesen Strukturpunkt umbenennen, indem Sie ihn mit dem Cursor markieren und die Funktionstaste F2 drücken. Dadurch wird der Name abgedockt.

Nunmehr können Sie ihn überschreiben (z.B. *„Testprojekt"*).

In entsprechender Weise können Sie auch die weiteren Strukturpunkte und Unter-Strukturpunkte umbenennen.

## 5. Die externe Sicherung

Alle Änderungen werden, wie schon gesagt, gespeichert. Sie sollten aber externe Sicherungen vornehmen, um im Falle einer Beschädigung Ihres Rechners oder im Verlustfall abgesichert zu sein. Nach den Lizenzbedingungen von Normfall sind Sie verpflichtet, für eine regelmäßige Sicherung Ihrer Daten zu sorgen. Dazu exportieren Sie Ihre Projekte über den Befehl *„Exportieren"* im Kontextmenü (rechte Maustaste!) des Wurzel-Strukturpunktes Ihres Projektes auf einen geeigneten externen Datenträger.

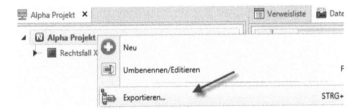

## 6. Das Löschen eines Projektes

Über den Befehl *„Löschen"* im Kontextmenü eines Projektes können Sie dieses Projekt löschen.

Aus Sicherheitsgründen ist dies nur möglich, wenn Sie alle Projekte geschlossen haben. Da das Projekt dann endgültig gelöscht wird, erfolgt eine Sicherheitsabfrage:

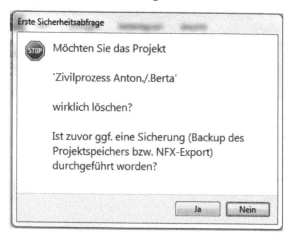

# III. Die Nutzung der flexiblen grafischen Benutzeroberfläche

## 1. Übersicht

Der Manager bietet Ihnen wie eine flexible grafische Benutzeroberfläche (engl. *„Graphical User Interface"*, kurz *„GUI"*). Haben Sie keine Hemmungen, die Oberfläche zu verändern. Sie können jederzeit die ursprüngliche Konfiguration über den Befehl *„Reset"* unter dem Ribbon-Menü-Reiter *„Start"* wieder herstellen.

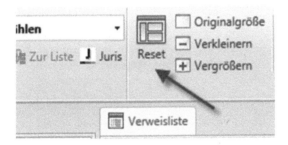

## 2. Die Fensterarten

### a) Übersicht

Im Manager gibt es drei Fensterarten:
- Interne Fenster
- Sekundäre Fenster
- Eigenständige Fenster

### b) Interne Fenster

Das sind die vier Fenster, die Sie beim Öffnen des Managers (ggf. nach *„Reset")* sehen

- „Navigation"
- „Start/Struktur"
- „Verweisliste"
- „Texteditor"

c) Sekundäre Fenster

Das sind Fenster, die Sie im Ribbon-Menü unter *„Start / Benutzeroberfläche"* ein- und ausblenden können *(„Relationstabelle", „Dokumente", „Datei-Eingang" „Volltextsuche")*

d) Eigenständige Fenster

Das sind Fenster, mit denen Sie auf Systemen mit nur einem Bildschirm und relativ geringer vertikaler Auflösung (z.B. Full HD) eine bessere Bedienbarkeit bzw. Haptik erzielt können.

### 3. Das Abdocken und Bewegen von internen und sekundären Fenstern

Sie können jedes interne und sekundäre Fenster im Manager bewegen und in seiner Größe verändern, indem Sie dessen Titelzeile mit der linken Maustaste anklicken und mit der gedrückten Maustaste bewegen. Das Fenster wird dadurch „abgedockt". Das bedeutet, dass es aus dem Fensterverbund gelöst wird und unabhängig von den restlichen Fenstern frei bewegt werden kann. Sie können es in diesem Zustand an eine beliebige Stelle des Bildschirms bewegen oder auch, falls Sie mit mehreren Bildschirmen arbeiten, auf einen anderen Bildschirm ziehen. Auf diese Weise können Sie z.B. das Anmerkungsfenster *„Texteditor"* auf einen anderen Bildschirm verschieben, um dort beispielsweise ohne Ablenkung längere Texte zu verfassen.

Durch Anklicken und Ziehen der Begrenzungslinien bzw. der Ecken eines Fensters mit gedrückter Maustaste können Sie ferner dessen Größe frei verändern. Durch Doppelklick auf die Titelzeile können Sie es auf die volle Bildschirmgröße vergrößern und durch erneuten Doppelklick wieder auf sein ursprüngliches Format verkleinern. Wenn Sie dann das Fenster wieder bewegen wollen, klicken Sie mit dem Cursor erneut auf die Titelzeile, halten die linke Maustaste gedrückt und bewegen das Fenster in diesem Zustand mit der Maus.

Um abgedockte Fenster wieder in den Fensterverbund einzufügen, benutzen Sie den Kompass. Dieses Steuerelement wird in der Mitte des Bildschirms angezeigt, sobald Sie die Titelleiste eines abgedockten Fensters (im Beispiel: *„Texteditor"*) anklicken und mit gedrückter Maustaste bewegen. Der Kompass zeigt ihnen über vier Pfeile die Bereiche an, an die Sie das abgedockte Fenster andocken können.

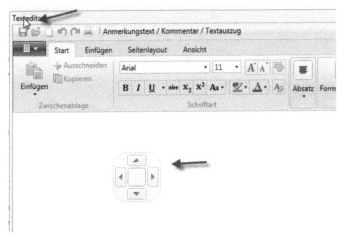

Bewegen Sie den Cursor auf einen der Pfeile, so wird Ihnen durch eine blaue Färbung der Bereich angezeigt, in den sich das Fenster in den Fensterverbund integrieren lässt. Lassen Sie die Maustaste los, sobald dieser Bereich markiert wurde, so fügt sich das Fenster an dieser Stelle in den Fensterverbund ein

Den Bereich des Fensters „*Verweisliste*" können Sie zur Anzeige unterschiedlicher anderer Inhalte in sog. „sekundären Fenstern" nutzen. So können Sie zusätzlich zum Verweisfensters in diesem Bereich z.B. auch das „*Suchfenster*" einblenden, das „*Dokumente-Fenster*", das Fenster „*Datei-Eingang*" und auch das Fenster „*Relationstabelle*" (sog. Fenstergruppen). Die jeweiligen Fenster blenden Sie über die Befehle des Menüreiters *Start* in der Befehlsgruppe *Benutzeroberfläche* ein und aus. Sind mehrere dieser Fenster eingeblendet, so können Sie durch Reiter am oberen Rand des Fensterbereichs zwischen den einzelnen Fenstern wechseln:

### 4. Die Nutzung von eigenständigen Fenstern

Grundsätzlich können Sie jedes Fenster eines jeden Manager-Moduls als internes Fenster verwenden. Sie können es, wie eben gesagt, abdocken, vergrößern oder verkleinern und auch auf einen anderen Bildschirm verschieben.

Wenn Sie mit nur einem Bildschirm arbeiten, kann die Arbeit mit mehreren Fenstern aus Platzgründen jedoch unübersichtlich werden. Zwar können Sie sich durch die Zusammenfassung mehrerer Fenster zu „*Fenstergruppen*" mit Registern behelfen. Aber Sie sehen dann immer nur eines der gruppierten Fenster und müssen mit den Registern zwischen den Fenstern umschalten, wenn Sie deren Inhalt sehen möchten. Dies ist nachteilig, wenn Sie die Inhalte mehrerer Fenster gleichzeitig sehen wollen.

Diese Problematik betrifft vor allem das Fenster der Schnellansicht (dazu unten). Um PDF-Dateien gut sehen zu können, muss das Fenster so groß wie möglich sein – am besten formatfüllend über die gesamte Bildschirmfläche. Dies wäre aber mit dem Prinzip der dockbaren Fenster auf einem System mit nur einem Bildschirm nicht vereinbar. Daher bietet der Manager für die „*Schnellansicht*" und zwei weitere Fenster, nämlich die Fenster „*Texteditor*" und die Fenster „*Relationstabelle*" eine zweite Möglichkeit für deren Anzeige an: „*Eigenständiges Fenster*". Ein solches Fenster ist hinsichtlich Darstellung und Anzeige unabhängig vom Hauptfenster des Managers. Für die „Schnellansicht" ist es standardmäßig voreingestellt. Für die beiden anderen genannten Fenster können Sie dies im Optionenmenü einstellen:

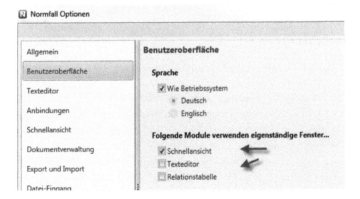

Sie können also jederzeit zwischen dem Hauptfenster des Managers und dem externen, eigenständigen Fenster umschalten (eines in den Vordergrund holen). In den eigenständigen Fenstern wird deren Ribbon-Menü angezeigt, um alle relevanten Befehle zur Verfügung zu haben. Es ist dann im Hauptfenster des Manager nicht mehr vorhanden.

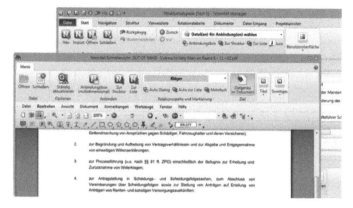

Zum Hin- Und Herschalten dienen zwei Schaltflächen am unteren Bildschirmrand:

**5. Die Arbeit mit zwei oder mehr Bildschirmen**

Sie können den Manager mit zwei oder mehr Bildschirmen an einem PC betreiben. Beispielsweise können Sie auf einem Monitor den Manager mit geöffneter Projektdatei anzeigen, während Sie zugleich auf dem anderen Monitor Dokumente sichten und anbinden. Dabei ist vor allem die Möglichkeit der Einrichtung eines erweiterten Desktops interessant. Dieser bewirkt eine in der Breite erweiterte Arbeitsfläche, die sich über beide – idealerweise nebeneinander aufgestellte – Monitore erstreckt. Verlassen Sie mit dem Mauszeiger den Bildschirmrand des ersten Monitors in

Richtung des zweiten Monitors, so wird Ihre Bewegung auf dem zweiten Monitor fortgesetzt.

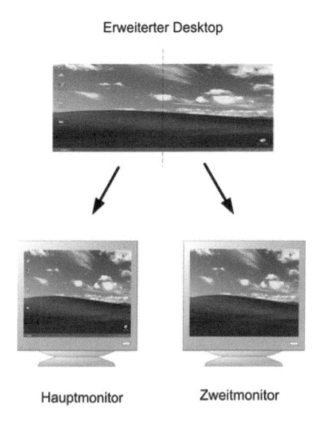

Die Windows Taskleiste (die Leiste am unteren Bildschirmrand) wird bei der Verwendung des erweiterten Desktops auf dem Hauptmonitor angezeigt, der zweite Monitor erscheint zunächst leer bzw. zeigt lediglich ein Hintergrundbild an. Um zwei oder mehr Monitore an einem PC zu betreiben, benötigen Sie eine

Grafikkarte, die die Verwendung entsprechend vieler Monitore unterstützt. Ihr Systembetreuer oder Fachhändler wird Sie über Einzelheiten beraten.

Sie können das Fenster des Managers wie folgt zur Anzeige auf einem anderen Monitor verschieben. Verkleinern Sie dessen Ansicht, indem Sie auf die Titelleiste des Managers rechts oben klicken.

Ziehen Sie dann das verkleinerte Fenster mit der gedrückten Maustaste auf den Desktop des Bildschirms Ihrer Wahl.

# IV. Die Anlage und Bearbeitung einer Struktur

### 1. Übersicht

Die Struktur besteht aus Strukturpunkten und jeweils zugehörigen Unter-Strukturpunkten. Die Zahl der Ebenen und Strukturpunkte ist theoretisch nicht begrenzt, sollte aber aus praktischen Gründen nicht übertrieben werden.

### 2. Das Prinzip

Das folgende Beispiel zeigt Ihnen das Prinzip. Sie sehen eine Struktur bestehend aus drei Strukturpunkten, die auf drei Ebenen angeordnet sind.

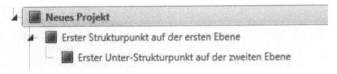

Ein Pfeilsymbol links neben einem Strukturpunkt zeigt Ihnen, dass hierzu (noch nicht geöffnete) Unter-Strukturpunkte existieren.

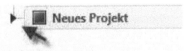

Ein blaues Quadrat zeigt Ihnen, dass hierzu keine Unter-Strukturpunkte existieren.

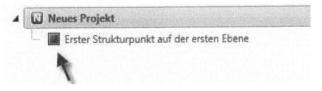

Wenn im obigen Beispiel der „*Erste Strukturpunkt auf der ersten Ebene*" geschlossen ist, sieht die Struktur wie folgt aus:

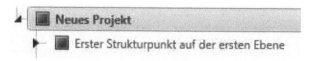

Wenn beide Strukturpunkte unter dem Strukturpunkt „Neues Projekt" geschlossen sind, sieht die Struktur wie folgt aus:

Sie können – jeweils ausgehend von einem markierten Strukturpunkt – beliebig viele weitere Strukturpunkte auf derselben Ebene (= *„Geschwister")* oder jeweils eine Ebene tiefer (= *„Kinder")* anlegen. Dazu nutzen Sie ein Kontextmenü, das sich öffnet, wenn Sie einen Strukturpunkt mit dem Cursor markieren und den Befehl *„Neu"* anfahren:

Sie können diese Befehle auch schneller über die rechts markierten Funktionstasten bzw. Tastenkombinationen *(„Shortcuts")* eingeben.

Es öffnet sich jeweils ein Fenster, in welchem Sie den Namen des neuen Strukturpunktes eingeben.

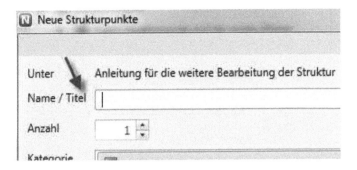

Auf diese Weise bilden Sie die Struktur Ihres Projektes. Sie sind dabei völlig frei hinsichtlich der Wahl und Benennung sowie Anordnung der Strukturpunkte. Das folgende Beispiel verdeutlicht dies:

## 3. Das Strukturfenster

Die Struktur entwerfen Sie im Fenster „*Startseite*" des Managers.

Dieses Fenster verwandelt sich nach dem Anlegen oder dem Import eines Projektes in das Strukturfenster.

In der Titelzeile sehen Sie den Namen des Projektes (im Beispiel: „*Struktur*". Darunter den Wurzel-Strukturpunkt, das ist der Strukturpunkt, der gewissermaßen die „Wurzel" aller an ihn gebundenen Strukturpunkte darstellt. Durch Anklicken und Drücken der Funktionstaste [F2] können Sie ihn und damit zugleich das Projekt umbenennen (im Beispiel: „Wurzel").

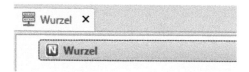

Alle Strukturpunkte können Sie nur eine Ebene (oder mehrere Ebenen) unter dem Wurzel-Strukturpunkt anlegen. Auf derselben Ebene können Sie keine weiteren Strukturpunkte anlegen. Die Struktur hat nur eine Wurzel.

**4. Die Bildung der Struktur**

Eine Ebene oder mehrere Ebenen unter dem Wurzel-Strukturpunkt können Sie weitere Strukturpunkte anlegen. Dazu klicken Sie den Wurzel-Strukturpunktes an. Es öffnet sich ein Kontextmenü. Sie geben dort den Befehl *„Neu"* ein.

| | | |
|---|---|---|
| ⊕ | Neu | ▶ |
| | Umbenennen/Editieren | F2 |
| | Exportieren... | STRG+E |
| | Importieren... | STRG+I |
| | Gesamte Unterstruktur erweitern | * (Ziffernblock) |
| | Neu laden | F5 |
| | Schlagwort-Konfiguration... | |
| | Eigenschaften | ALT+EINGABE |
| | Wartung | |

Es öffnet sich ein Untermenü, in welchem Sie den Befehl *„Neuer Unter-Strukturpunkt (Kinder)"* eingeben. Beim Wurzel-Strukturpunkt gibt es nur „*Kinder*", da Sie auf derselben Ebene, wie schon gesagt, keine Strukturpunkte anlegen können.

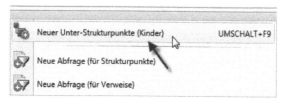

Es öffnet sich ein Menü „*Neue Strukturpunkte*", in welchem Sie dem neuen „*Kind*" einen Namen geben (im Beispiel „*Strukturpunkt 1*").

Ab diesem Strukturpunkt können Sie über den Befehl „*Neu*" weitere Strukturpunkte auf derselben Ebene (= „*Geschwister*") oder jeweils eine Ebene tiefer (= „*Kinder*") anlegen.

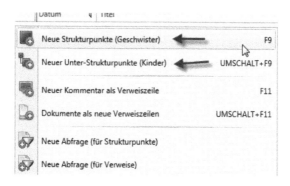

Die Zahl der Strukturpunkte und der Ebenen ist jeweils nicht begrenzt. Aus praktischen Gründen werden Sie sich jedoch im Hinblick auf die „magische Sieben" Grenzen setzen.

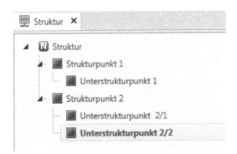

Über die Funktionstaste [F2] können Sie markierte Strukturpunkte umbenennen.

Über die Funktionstaste [F9] können Sie auf derselben Ebene Geschwister hinzufügen.

### 5. Die Bearbeitung der Struktur

a) Übersicht

Die Strukturpunkte dienen dazu, die Elemente eines komplexen Gegenstandes – etwa eines Rechtsfalls – zu benennen, um diesen zu beherrschen. Sie entsprechen der Gliederung eines Textes. Anders als bei der Arbeit auf Papier – etwa einem Flipchart – bietet der Manager Ihnen die Möglichkeit, die Struktur zu bearbeiten, mit ihr zu spielen, einzelne Strukturpunkte und ganze Äste zu kopieren oder auszuschneiden und zu verschieben oder zu löschen.

### b) Die Bearbeitungsmöglichkeiten im Strukturfenster

#### aa) Übersicht

Sie haben eine Vielzahl von Möglichkeiten, die Struktur zu bearbeiten, mit ihr zu „spielen", und ihr die optimale Gestalt für Ihre jeweilige Aufgabe zu geben. Im Ribbon-Menüreiter *„Struktur"* finden Sie entsprechende Befehle:

#### bb) Das Auf- und Zuklappen der Struktur

Sie können die Struktur oder einzelne „Äste" durch Anklicken des Pfeil-Icons links neben dem jeweiligen Titel ganz oder teilweise auf- und zuklappen.

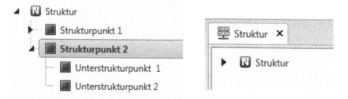

cc) Das Verschieben von Strukturpunkten

Sie können Strukturpunkte und Äste über das Kontext-Menü (oder über die Funktionstasten ⎡F7⎤ und ⎡F8⎤) nach oben oder unten verschieben:

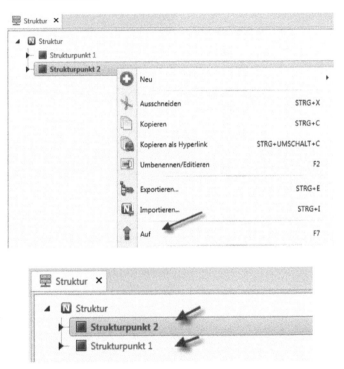

dd) Das Kopieren oder Ausschneiden von Strukturpunkten

Über den Befehl „*Kopieren*" im Kontextmenü können Sie einen Strukturpunkt (ggf. samt allen Unterpunkten – einen „Ast") kopieren und über den Befehl „*Einfügen* → *Strukturpunkt einfügen*" an anderer Stelle der Struktur als Kopie einfügen. Die Kopie wird dabei als solche gekennzeichnet.

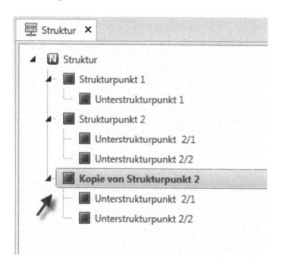

In entsprechender Weise können Sie Strukturpunkte über den Befehl „*Ausschneiden*" an anderer Stelle einfügen.

ee) Das Erstellen von Synchronkopien

Sie können einzelne Strukturpunkte (nicht aber: Äste) wie eben beschrieben kopieren und an anderer Stelle über den Befehl „*Einfügen → Einfügen als Synchronkopie*" einfügen.

„*Synchronkopien*" sind (inhaltlich) identische Kopien bzw. Klone von Strukturpunkten, die zusammen eine „Synchrongruppe" bilden und ständig inhaltlich synchronisiert werden. Dies betrifft den Namen und die Texte im Fenster „Texteditor", nicht aber die angebundenen Verweise. Wird ein Mitglied einer Synchrongruppe gelöscht, tangiert dies die übrigen Mitglieder nicht. Wird das vorletzte Mitglied gelöscht, wird die Synchrongruppe aufgelöst und das verbliebene Mitglied ist wieder ein normaler Strukturpunkt bzw. ein normaler Verweis.

Synchronkopien enthalten ein kleines grünes „S" im Icon.

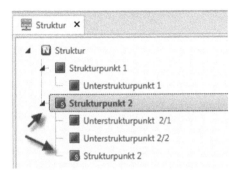

Mit Hilfe von Synchronkopien können Sie sicherstellen, dass alle Kopien eines Strukturpunktes im Fenster „Texteditor" inhaltlich identisch sind und bleiben. So können Sie z.B. einen Strukturpunkt erstellen, der die Adressdaten eines Zeugen enthält. Diesen können Sie als Synchronkopie unbeschränkt vielen anderen Strukturpunkten zuordnen. Ergeben sich irgendwo Änderungen, werden alle anderen Synchronkopien in dieser Synchrongruppe automatisch mit aktualisiert.

Über den Befehl „Übersicht Synchronkopien" im Kontext-Menü eines zu einer Synchrongruppe gehörenden Strukturpunktes können Sie eine entsprechende Übersicht gewinnen.

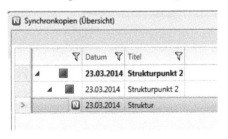

Durch Anklicken der einzelnen Strukturpunkte springt der Cursor zu den jeweils entsprechenden Stellen der Struktur.

ff) Das Erstellen von Verknüpfungen

In entsprechender Weise wie bei Synchronkopien können Sie über den Befehl „*Einfügen* → *Einfügen als Verknüpfung*" Verknüpfungen auf Strukturpunkte herstellen. Hierbei besteht eine 1:n Relation zwischen dem Original und den Verknüpfungen. Eine Verknüpfung fungiert bei der Navigation in einem Projekt wie ein Platzhalter für das Original: sie verhält sich so, als habe man das Original selektiert. Per Doppelklick können Sie von einer selektierten Verknüpfung stets zum Original wechseln. Verknüpfungen werden stets in kursiver Schrift dargestellt und enthalten einen kleinen Pfeil in ihrem Icon.

Sie können Verknüpfungen löschen, ohne das Original zu tangieren. Wenn Sie das Original löschen, werden alle Verknüpfungen ebenfalls gelöscht bzw. ungültig.

Mit Verknüpfungen können Sie beispielsweise einzelne Personen deren jeweiligen Organisation zuordnen.

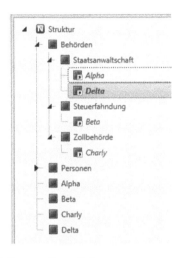

gg) Das Erstellen von Hyperlinks

Durch den Befehl „*Kopieren als Hyperlink*" können Sie Strukturpunkte mit E-Mails oder Dokumenten verlinken. Wenn der Empfänger dann einen solchen Hyperlink anklickt, wird bei ihm der Manager gestartet (sofern dieser noch nicht geöffnet ist), wird in gleicher Weise das zugehörige Projekt geöffnet, und wird der verlinkte Strukturpunkt bzw. Verweis angezeigt. Sie können also einen Hyperlink an einen Teampartner verschicken, der am selben Projekt arbeitet. Durch Klick auf den Hyperlink öffnet sich der Manager dort an exakt der Stelle des Hyperlinks.

Sie können Hyperlinks auch als Strukturpunkte aus der Zwischenablage einfügen). Diese erhalten dann ein spezielles Icon.

hh) Das Kennzeichnen von Strukturpunkten

Sie können die Strukturpunkte mit Farben kennzeichnen:

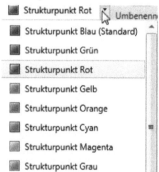

Auch stehen Ihnen zahlreiche Icons zur Kennzeichnung der Strukturpunkte zur Verfügung:

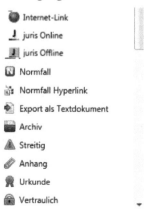

ii) Ein Beispiel

Das Gesagte verdeutlichen wir an der unter diesem Strukturpunkt gebildeten Beispielsstruktur *„Akte Meier./.Müller"*.

Nehmen Sie an, bei dem Strukturpunkt *„Briefe"* haben Sie drei *„Schreiben X, Y, Z"* als Unterpunkte angebunden. (Auf die Anbindung der Schreiben selbst gehen wir später ein.)

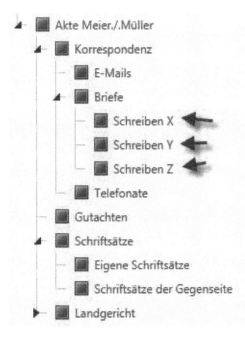

Sie haben nun einen *„Schriftsatz A"* an das Landgericht verfasst und die *„Scheiben X und Z "* zum Beweis als *„Anlagen 1 und 2"* beigefügt. Dies wollen Sie in der Struktur eintragen. Dazu ergänzen Sie zunächst die Struktur wie folgt:

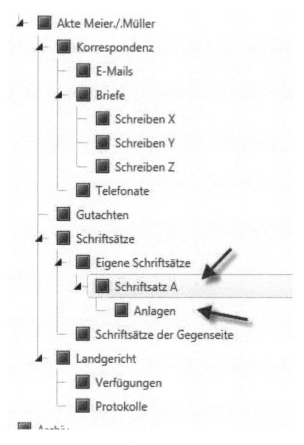

Sodann geben Sie bei den Schreiben jeweils über das mit der rechten Maustaste geöffnete Kontextmenü den Befehl „*Kopieren*" ein.

Anschließend markieren Sie den Strukturpunkt „*Anlagen*" und geben über das Kontextmenü die folgenden Befehle ein:

Damit sind die Schreiben als Anlagen kopiert.

Ihre Struktur sieht nun wie folgt aus:

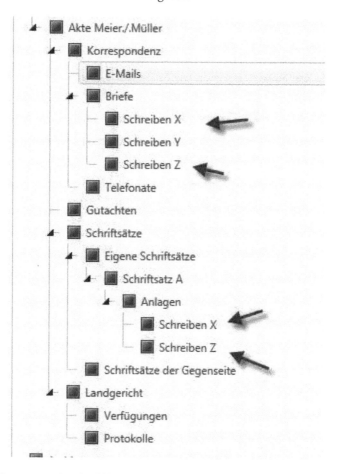

In entsprechender Weise können Sie die Struktur beliebig bearbeiten. Bitte „spielen" Sie die verschiedenen Möglichkeiten selbst durch und machen Sie sich mit den entsprechenden Befehlen vertraut.

c) Die Texterstellung im Fenster „Texteditor"

aa) Übersicht

Zu jedem Strukturpunkt können Sie im Fenster „Texteditor" einen Text schreiben, diktieren oder einkopieren. Ferner können Sie dort Grafiken einfügen.

bb) Ein inhaltsloses Beispiel

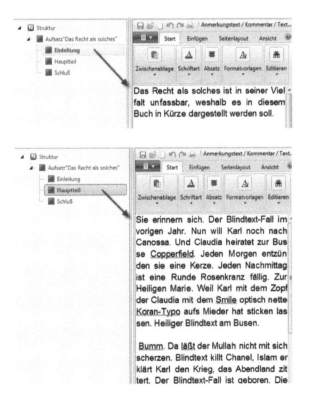

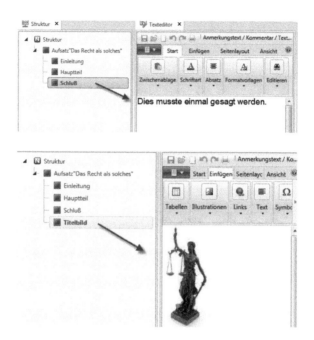

cc) Der Nutzen der Texterstellung

Sie können auf diese Weise Erläuterungen zu den jeweiligen Strukturpunkten hinzufügen.

Sie können ferner gegliederte Schriftsätze, Gutachten, Veröffentlichungen usw. verfassen und daraus komplette Texte erstellen (näher dazu unten im Abschnitt Textverarbeitung).

Sie können schließlich gegliederte Vorlagen für Vorträge und Präsentationen erstellen. Im Unterschied zu den herkömmlichen Präsentationsprogrammen können Sie während Ihres Referates darin navigieren und Ihre Gliederung dem Publikum zeigen.

dd) Die Anbindungen im Fenster „Verweisliste"

*aaa) Die Anbindungen von Dateien*

Zu jedem Strukturpunkt können Sie schließlich im Fenster „*Verweisliste*" Anbindungen von Dateien vornehmen und Textauszüge im Fenster „Texteditor" einfügen. Hierauf gehe ich im Folgenden näher ein. An dieser Stelle begnüge ich mich mit der Darstellung des Prinzips anhand eines PDF-Dokumentes.

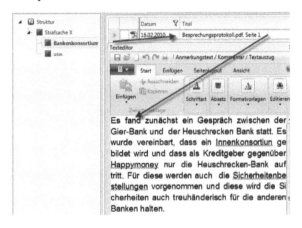

*bbb) Die Anbindung von Kommentaren (Anmerkungen)*

Über die Befehle „*Neu*" und „*Neuer Kommentar*" können Sie im Verweisfenster Anmerkungen einfügen.

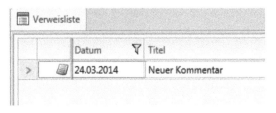

Das Datum können Sie über den eingebauten Kalender verändern. Als Titel geben Sie beispielsweise eine Telefonnotiz ein:

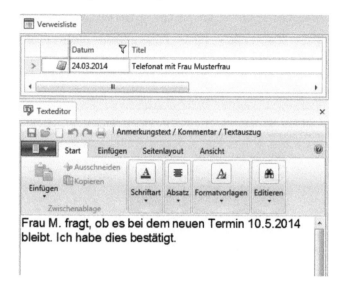

# V. Die Anbindung verschiedener Dateitypen an Strukturpunkte

## 1. Übersicht

Mit dem Manager können Sie Dateien unterschiedlichen Typs unter einem Strukturpunkt zusammenführen.

## 2. Die herkömmliche Dateiverwaltung

In herkömmlichen Ablagesystemen kann man einzelne Dateien unter jeweils einem Dateinamen im Dateisystem der jeweiligen Anwendung verwalten. Es ist aber nicht möglich, unterschiedliche Dateitypen (z. B. PDF-Dateien einerseits, E-Mails andererseits) unter einer einheitlichen Oberfläche zu verwalten. Dies führt dazu, dass unterschiedliche Ablagesysteme entstehen. Dies bereitet nicht nur zusätzliche Arbeit. Es begründet auch die Gefahr, dass einander widersprechende Ablagesysteme entstehen. Dies vermehrt den Arbeitsaufwand und birgt Fehlermöglichkeiten.

## 3. Die Dateiverwaltung im Manager

Der Manager ermöglicht es demgegenüber, verschiedene Dateitypen unter einer einzigen Oberfläche gemeinsam zu verwalten. Für die wichtigsten Anwendungen stehen *„Plug-Ins"* (von engl. *„to plug in"* = „einstöpseln, anschließen") zur Verfügung. Das sind Ergänzungsmodule des Managers, die in andere Anwendungen integriert werden (dort heißen sie *„Add-Ins"*), und die dort für einen Mausklick bereitstehen. Sie können also direkt aus unterschiedlichen Anwendungen heraus Dokumente an Normfall Projekte anbinden. Hier eine Auswahl verschiedener Dateien mit den jeweiligen *„Icons"*, die Sie an Strukturpunkte anbinden können..

**4. Die Vorgehensweise beim Anbinden von Dateien**

a) Die Anbindungswerkzeuge

aa) Übersicht

Der Manager stellt Ihnen an mehreren Stellen drei Anbindungswerkzeuge zur Verfügung: *"„Anbindungsbox"*, *„Zur Liste"* und *„Zur Struktur"*. Diese drei Werkzeuge samt den jeweils zugehörigen *„Icons"* finden Sie u.a. im Ribbon-Menü-Reiter *„Start"* im Befehlsbereich *„Anbindungen"*:

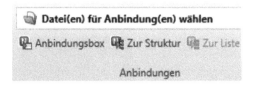

Die Methode ist stets dieselbe. Lediglich die Quelle ist jeweils eine andere.

### bb) Die Anbindungsbox

Die Anbindungsbox ist eine identische Kopie der Struktur des aktuellen Projektes. Im Unterschied zu der Originalstruktur enthält jeder Strukturpunkt in der Anbindungsbox zusätzlich ein Kästchen, in welchem Sie durch Setzen eines Häkchens die Strukturpunkte auswählen können, an welche die Anbindungen erfolgen sollen:

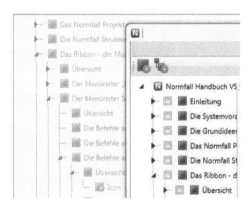

Damit können Sie erstmals der Multidimensionalität von Urkunden Rechnung tragen.

### cc) Anbinden zur Struktur

Mit diesem Werkzeug binden Sie eine Datei als Strukturpunkt an. Dabei wird auf der Ebene des aktuell selektierten Strukturpunktes ein neuer Strukturpunkt mit dem Titel des jeweiligen Dokuments angelegt. Das Dokument wird dabei verschoben und ist anschließend nicht mehr im Datei-Eingang verfügbar. (Mit dem Befehl *„In Listeneintrag umwandeln"* im Kontextmenü des Strukturpunktes können Sie den Vorgang wieder rückgängig machen.)

### dd) Anbinden zur Liste

Mit diesem Werkzeug binden Sie ein Dokument im Fenster *„Verweisliste"* als Verweiszeile an.

### b) Gezielte Anbindungen

Sie können Dokumente und Dateien gezielt als neue Strukturpunkte oder Verweiszeilen anbinden. „Gezielt" heißt dabei, dass Sie in den wichtigsten Anwendungsfällen, so insbesondere beim Anbinden von PDF-Dokumenten, Word-Dokumenten und Excel-Dateien, nicht (nur) den Anfang des jeweiligen Dokumentes anbinden können. Vielmehr können Sie an die jeweils gewünschte Stelle eines beliebig umfangreichen Dokumentes „springen" und dieses exakt dort wieder öffnen. Wenn Sie also z.B. einen Büroordner mit 400 Seiten als eine einzige PDF-Datei gescannt und gespeichert haben, können Sie auf jede gewünschte Seite dieses Ordners springen. Befinden sich beispielsweise auf Blatt 374 Ausführungen, die für einen Strukturpunkt relevant sind, können Sie diese Seite anbinden.

Sie können dabei einen Textausschnitt markieren.

```
ZENTRALBEREICH RECHT
Schuftmann, Tel. 5074

München, 31.12.90/Ho Aktenvermerk


Happymoney-Gruppe
hier:     Gespräche am 28.12.1990 in den Räumen der Gier-Bank
          AG, München


Teilnehmer:    a) Gier-Bank
               Herren Treulos und Schnappzu
               Herr Schuftmann, RET 2


               b) Heuschrecken Bank AG
               Herr Wucherer

               c) Happymoney-Gruppe
               Herr Happy
               Herr Reich
               Herr Listig, Rechtsanwalt
               Herr Ohnesorge
               Bilanzdreh WP Gesellschaft und Happy Berater

1.
Es fand zunächst ein Gespräch zwischen der Gier-Bank und
der Heuschrecken Bank statt. Es wurde vereinbart, daß ein Innen-
konsortium gebildet wird und daß als Kreditgeber gegenüber Happy-
money nur die Heuschrecken- Bank auftritt. Für diese werden auch
die Sicherheitenbestellungen vorgenommen und diese wird die Si-
cherheiten auch treuhänderisch für die anderen Banken halten.

Herr Wucherer teilte mit, daß ihm ab Anfang 1991 ein Jurist
aus Frankfurt zur Verfügung stehen wird, der dann die erforderli-
```

Dieser Textausschnitt wird in das Fenster „*Texteditor*" kopiert.

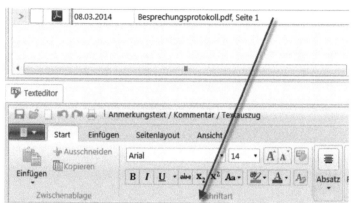

c) Das Anbinden extern gespeicherter Dateien

aa) Übersicht

Sie haben mehrere Möglichkeiten, extern gespeicherte Dateien anzubinden. Hier die wichtigsten:

bb) Anbindungen aus dem Datei-Eingang

Sie klicken die entsprechende Zeile im Datei-Eingang (dazu unten) an und drücken die die rechte Maustaste. Es öffnet sich folgendes Kontextmenü:

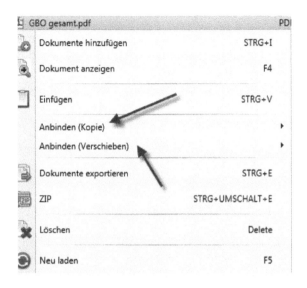

Sie können nun wählen, ob Sie eine Kopie anbinden oder die Datei verschieben wollen. Dabei werden Sie jeweils gefragt, ob Sie die Anbindung über die Anbindungsbox, zur Struktur oder zur Liste vornehmen möchten.

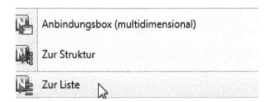

cc) Anbindungen über die Schnellansicht

Die Schnellansicht (dazu unten) bietet Ihnen mehrere Möglichkeiten der Anbindung aller dort unterstützten Datei-Typen (PDF-Dateien, Audio- und Videodateien).

Am einfachsten geben Sie dort den Befehl „Öffnen" ein, suchen die gewünschte Datei in Ihrem Dateisystem und öffnen diese durch Doppelklick in der Schnellansicht.

Zum Anbinden verwenden Sie dann die Befehle des Bereiches Anbinden im Ribbon-Menü der Schnellansicht.

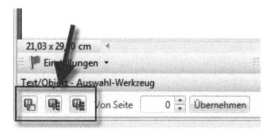

dd) Anbindungen über Plug-Ins

Über Plug-Ins können Sie direkt aus unterschiedlichen Anwendungen heraus Dokumente an ein Normfall Projekt anbinden. Die Plug-Ins stellen Ihnen jeweils mindestens die drei Funktionen „*Zur Anbindungsbox*", „*Zur Liste*" und „*Zur Struktur*" zur Verfügung. Bei Microsoft Outlook steht Ihnen zusätzlich die Möglichkeit der Anbindung „*zum Eingangsordner*" (= Datei-Eingang) zur Verfügung.

Mit dem Manager werden Plug-Ins für folgende Anwendungen ausgeliefert:

- Adobe Acrobat (Version 7 bis einschließlich 11 – beachten Sie, dass ausschließlich die kostenpflichtige Vollversion von Acrobat unterstützt wird, nicht die kostenlose Reader Version)
- Microsoft Office (Version 2003 bis einschließlich 2013 – beachten Sie bitte, dass die Plug-Ins für Office derzeit ausschließlich für die 32 Bit Versionen von Office zur Verfügung stehen)
- Microsoft Internet Explorer (Version 7 bis einschließlich 10)
- Microsoft Windows Explorer

Hier ein Beispiel für die Add-Ins in Microsoft Outlook:

PDF-Dateien und Word-Dateien können Sie bei markierten Texten bzw. auf bestimmten Seiten anbinden. Bei Excel-Dateien können Sie markierte Zellen, Blätter und Bereiche anbinden.

Praktisch wichtig und hilfreich ist auch die Möglichkeit, E-Mails in Outlook samt angebundenen Dateien („Attachments") anzubinden. Die Einstellung für das letztere finden Sie unter dem Ribbon-Menü-Reiter „*Datei*" über die Befehlsfläche „*Optionen*" im Befehlsbereich „*Anbindungen*".

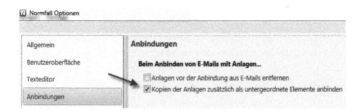

Der E-Mail-Verkehr zwischen Anwälten, Mandanten, Gerichten und weiteren Beteiligten wird fraglos in der nächsten Zeit zunehmen, so dass diese bislang nicht mögliche Integration von E-Mails in ein globales Ablagesystem immer wichtiger wird.

d) Die juris-Anbindungen

Mit dem Befehl „*Juris*" im Menüreiter „Start", Befehlsfläche „*Anbindungen*" können Sie bei juris recherchierte Dokumente als Verweise an einen Strukturpunkt anbinden.

Voraussetzung ist, dass Sie dass Sie auf Ihrem System den Microsoft Internet Explorer installiert und als Standardbrowser definiert haben. Ferner müssen Sie im Optionendialog Ihre juris Kennung hinterlegt haben.

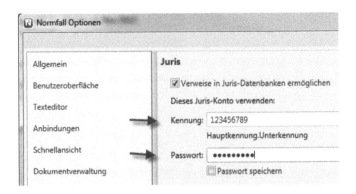

Durch Anklicken der Schaltfläche Juris öffnet der Manager juris im Microsoft Internet Explorer und meldet Sie mit Ihrer Kennung an. Sie können nun in juris recherchieren und relevante juris-Dokumente an Normfall Projekte anbinden. Hierzu steht Ihnen die Schaltflächen des Normfall Plug-Ins für den Internet Explorer zur Verfügung, die in der Menüleiste des Internet Explorers angezeigt werden.

Sie können die gefundene juris Seite offline (als PDF) oder online anbinden. Eine online Anbindung bedeutet, dass in Ihrem Normfall Projekt der Link zum jeweiligen juris Dokument angebunden wird. Öffnen Sie später die Anbindung, wird das angebundene juris-Dokument geöffnet.

e) Die Anbindungen von Internet-Seiten

Sie können in gleicher Weise im Internet recherchierte Seiten anbinden. Sie finden dort viele relevante Informationen aller Art, insbesondere auch Gesetzestexte. Dabei kann es schwierig sein, einmal gefundene Seiten bei späterem Bedarf wiederzufinden. Selbst wenn Sie dieselben Suchbegriffe erneut in eine Suchmaschine eingeben, können ganz andere Ergebnisse angezeigt werden. Sie werden daher oftmals den Wunsch haben, vorhandene Rechercheergebnisse wieder einsehen zu können. Der Manager bietet diese Möglichkeit, und zwar online wie offline. Dazu brauchen Sie lediglich die jeweils entsprechende Verweiszeile anzuklicken.

## 5. Synchronkopien und Verknüpfungen bei Verweisen

a) Synchronkopien bei Verweisen

In gleicher Weise wie bei Strukturpunkte können Sie auch Synchronkopien zu Verweisen anlegen. Sie klicken die entsprechende Verweiszeile mit der rechten Maustaste an und geben den Befehl *„Kopieren"* ein. Bei dem anderen Strukturpunkt, an welchen Sie die Verweiszeile als Synchronkopie einfügen wollen, geben Sie im Fenster „Verweisliste" über die rechte Maustaste die Befehle *„Einfügen → Einfügen als Synchronkopie"* ein. Die Synchronkopie wird eingefügt. Im Icon aller Synchronkopien erscheint ein gelbes *„S"*.

Die Namen der Synchronkopien und alle Texte in den Fenstern „*Texteditor*" werden synchron gehalten.

Über den Befehl „*Synchronkopien anzeigen*" erhalten Sie eine Übersicht über alle Synchronkopien.

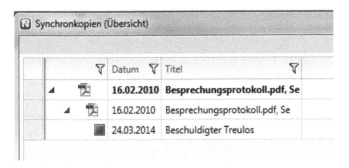

Beim multidimensionalen Anbinden z. B. einer PDF-Datei über die Anbindungsbox werden stets Synchronkopien gebildet (näher dazu unten).

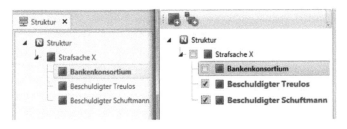

## b) Verknüpfungen bei Verweisen

In gleicher Weise wie bei Strukturpunkten können Sie auch Verknüpfungen zu Verweisen anlegen. Sie nutzen dazu die Befehle *„Kopieren"* und *„Einfügen/ Einfügen als Verknüpfung"*. Auch hier besteht eine 1:n Relation zwischen dem Original und den Verknüpfungen. Eine Verknüpfung fungiert bei der Navigation in einem Projekt wie ein Platzhalter für das Original: sie verhält sich so, als habe man das Original selektiert. Per Doppelklick können Sie von einer selektierten Verknüpfung stets zum Original wechseln. Verknüpfungen werden stets in kursiver Schrift dargestellt und enthalten einen kleinen Pfeil in ihrem Icon.

Verknüpfungen sind ein Mittel, um beispielsweise die ständig anschwellende E-Mail-Flut zu bändigen. Ein Beispiel mag dies verdeutlichen. Aktuell bin ich Mitherausgeber eines Sammelwerkes, an dem ca. 60 Autoren mitarbeiten. Außer mir gibt es weitere Herausgeber nebst ihren Mitarbeitern und mehrere Personen, die das Werk im Verlag betreuen. Eine typische E-Mail enthält Informationen zu mehreren Personen (und weitere Informationen, die ich aber hier weglasse; ich beschränke mich auf die Darstellung des Prinzips). Die von mir gewählte Struktur (die Sie auch anders anlegen können – Stichwort „Werkzeugcharakter des Managers" sieht wie folgt aus:

Nun erhält der Herausgeber Anton (= Haft) eine E-Mail, in der auch Informationen enthalten sind, welche die Autoren Eifrig und Faulmann betreffen. (Faulmann ist der Autor, der immer als letzter seinen Beitrag abliefert und den ganzen Geleitzug aufhält. Einen Faulmann gibt es bei jedem Sammelwerk.)

Diese E-Mail wird im Original beim Herausgeber Anton angebunden.

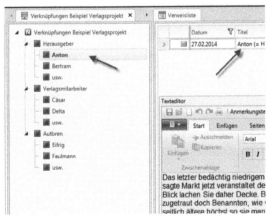

Über die Befehle *„Kopieren"* und *„Einfügen als Verknüpfung"* können Sie die E-Mail nun bei den Autoren Eifrig und Faulmann anbinden. An dem kleinen Pfeil im Icon und der kursiven Schrift erkennen Sie, dass es sich um Verknüpfungen handelt. Sie sehen auch, dass Sie die angebundene E-Mail über die Verknüpfung lesen und öffnen können.

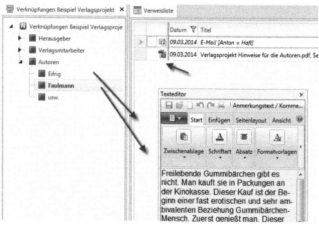

# VI. Die Nutzung des Datei-Eingangs

## 1. Übersicht

Der Datei-Eingang ist ein spezieller Ordner, den Sie im Windows Datei-System anlegen können. Darin können Sie beispielsweise gescannte PDF-Dokumente oder E-Mails sammeln, die Sie später im Manager anbinden möchten. Da der Datei-Eingang sich außerhalb Ihrer Normfall Projekte befindet, kann auch ein Mitarbeiter dort Dateien für Sie speichern, der keinen Zugang zu Ihren Normfall Projekten hat. Den *„Datei-Eingang"* finden Sie im Ribbon-Menüreiter *„Start"* im Bereich *„Benutzeroberfläche"*. Er ist aktiv, sobald Sie ein Projekt geöffnet haben.

## 2. Das Anlegen des Ordners „Datei-Eingang" im Windows Datei-System

Im Ribbon-Menüreiter *„Datei"* öffnen Sie die Einstellungen des Normfall Managers über die Schaltfläche *„Optionen"*. Anschließend wählen Sie in der linken Leiste den Eintrag *„Datei-Eingang"* aus.

Sie können entweder für jeden Normfall Projektspeicher einen eigenen Datei-Eingangsordner definieren oder einen globalen Datei-Eingangsordner festlegen, der für alle Ihre Normfall Projekte gilt.

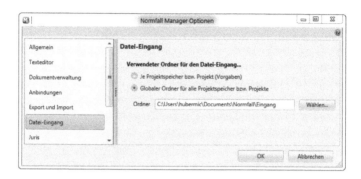

Mit der Option *„Je Projektspeicher bzw. Projekt (Vorgaben)"* definieren Sie für jeden Normfall Projektspeicher einen separaten Ordner, der nur für dieses Projekt als Datei-Eingangsordner verwendet wird. Mit der Option *„Globaler Ordner für alle Projektspeicher bzw. Projekte"*, definieren Sie dagegen im Feld Ordner einen Ordner im Dateisystem, der für alle Projektspeicher und Projekte gleichermaßen zur Verfügung steht. In diesem Ordner speichern Sie alle Dateien, die Sie später in Normfall Projekten verwalten möchten. E-Mails(in Outlook) können Sie über das Outlook-Add-in *„Zum Eingangsordner"* im *„Datei-Eingang"* speichern.

## 3. Das Anbinden von Dateien im „Datei-Eingang" als Verweiszeilen

Auf die Dateien im „*Eingangsordner*" können Sie im Manager über den „*Datei-Eingang*" unter dem Ribbon-Menüreiter „*Start*" zugreifen. Von dort aus können Sie die Dateien beispielsweise über das Kontext-Menü an Strukturpunkte anbinden.

## VII. Die Nutzung der Schnellansicht

### 1. Übersicht

Die Schnellansicht ist eng mit dem integrierten PDF-Editor verbunden. Sie erleichtert vor allem den Umgang mit PDF-Dokumenten, ferner die Nutzung von Audio- und Video-Dateien.

### 2. Das Öffnen eines angebundenen PDF-Dokuments mit der Schnellansicht

Sie können angebundene PDF-Dokumente mit der Schnellansicht öffnen. Dazu klicken Sie die Verweiszeile eines PDF-Dokumentes an und geben in deren Kontextmenü den Befehl *„Schnellanzeige"* ein.

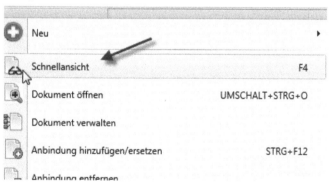

Das angebundene Dokument erscheint sofort in der Schnellansicht. (Natürlich können Sie es auch über den entsprechenden Befehl als *„Dokument öffnen."* Dazu benötigen Sie ein externes PDF-Programm. Die Schnellansicht erspart Ihnen diesen Umweg.)

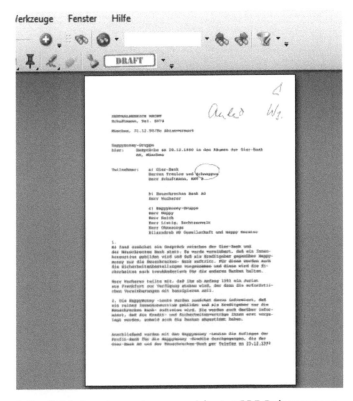

**3. Das Anbinden eines extern gespeicherten PDF-Dokuments an den Manager mit der Schnellansicht**

Das Fenster „*Schnellansicht*" wird standardmäßig mit dem Manager geöffnet. Ist es nicht geöffnet, können Sie es mit dem gleichnamigen Wechselschalter im Bereich „*Benutzeroberfläche*" des Ribbon-Menüs „*Start*" einblenden. Ist dieses Fenster geöffnet, aber von einem anderen Fenster (z.B. dem Manager) verdeckt, aktivieren Sie es wie jede andere laufende Anwendung über die Taskleiste von Windows.

Zur Anbindung eines extern gespeicherten PDF-Dokuments geben Sie den Befehl „*Öffnen*" im Ribbon-Menü der Schnellansicht ein.

Mit einem Dateiauswahl-Dialog finden und markieren Sie die gewünschte PDF-Datei und öffnen diese durch einen Doppelklick (oder den Befehl „*Öffnen*"). Die PDF-Datei wird nun in der Schnellansicht angezeigt. Zugleich werden weitere Befehle im Menü der Schnellansicht aktiviert..

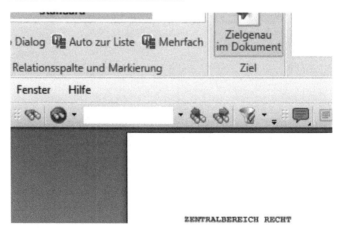

Sie sehen nun das eigene Menüsystem des integrierten PDF-Editors. Ganz oben in der Titelzeile des Fensters sehen Sie den Dateinamen der angezeigten PDF-Datei.

Sie können nun die Datei wie gewohnt gezielt mit markierten Textausschnitten *„zur Liste"*, *„zur Struktur"* oder multidimensional über die *„Anbindungsbox"* anbinden.

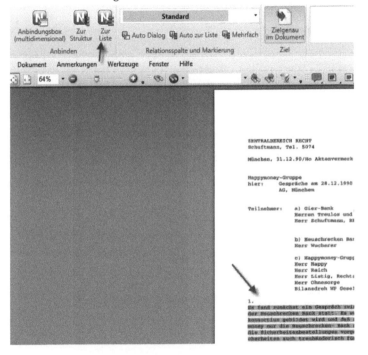

Die PDF-Datei ist damit angebunden. Im Feld „Texteditor" steht der markierte Textausschnitt.

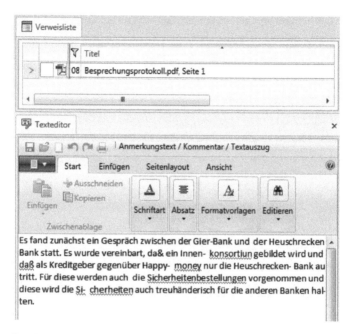

Die Menüleiste sowie alle aktiven Werkzeugkästen des integrierten PDF-Editors können Sie mit zwei kleinen Schaltflächen am unteren linken Rand der Schnellansicht bei Bedarf ein- und ausblenden:

Die von Ihnen eingestellte Anzeigekonfiguration des PDF-Editors wird beim Beenden des Managers gespeichert und steht Ihnen nach einem Neustart wieder unverändert zur Verfügung.

## 4. Das Anbinden von Grafikdateien sowie von Audio- und Videodateien

Die Schnellansicht können Sie auch zur Anbindung von Grafikdateien sowie zielgenau von Ausschnitten aus Audio- und Videodateien der Formate JPEG, TIFF, PNG und BMP nutzen.

Sie blenden dazu die Schnellansicht ein. Über den Befehl „Öffnen" öffnen Sie die gewünschte Datei und binden diese an. Das Vorgehen entspricht dabei dem oben gezeigten Vorgehen bei PDF-Dateien.

Bei Audio- und Videodateien lassen Sie die Datei bis zu dem Anfang des gewünschten Ausschnittes laufen und geben den Befehl „Übernehmen … Von" ein. Anschließend wiederholen Sie den Vorgang beim Ende des Ausschnittes mit dem Befehl „Übernehmen … Bis". Auf diese Weise können Sie später relevante Passagen beispielsweise von umfangreichen Vernehmungsprotokollen oder Ausschnitte von Videoüberwachungen gezielt ansteuern und öffnen.

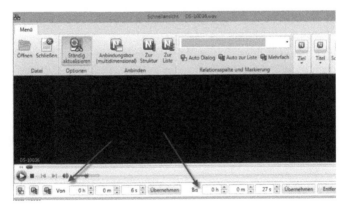

## 5. Die „Out-of-Band"-Funktion

### a) Das Prinzip

Es gibt immer wieder Situationen, in denen Sie plötzlich vor einer Vielzahl von Akten (oder Dateien) stehen, die Sie durchlesen oder mindestens durchsehen müssen, wobei Sie bestimmte Stellen für die spätere Bearbeitung – etwa das Schreiben eines Schriftsatzes oder eines Urteils – markieren und mit Anmerkungen („Annotationen") versehen möchten. Oftmals darf dies aber auf den Originaldokumenten nicht geschehen. Ein Beispiel bietet das Strafverfahren, wenn eine Vielzahl von Aktenordnern als Beweismittel beschlagnahmt worden sind. Diese sind fremdes Eigentum und dürfen nicht verändert, insbesondere auch nicht paginiert werden (zur Paginierung unten bei NEA). In solcher Situation bietet es sich an, die Dokumente im PDF-Format zu scannen und die gescannten Akten der weiteren Bearbeitung zugrunde zu legen.

Mit dem Manager können Sie eine sogenannte *„Out-of-Band"*-Speicherung vornehmen. Dabei werden Anmerkungen auf einer eigenen Schicht über dem Originaltext angebracht, so dass die genannten Beschränkungen überwunden werden. Die originalen PDF-Dokumente bleiben unversehrt.

## b) Die Einstellungsmöglichkeiten

Im Bereich „*Schnellansicht*" des Optionen-Dialogs öffnet sich das folgende Einstellungsfenster:

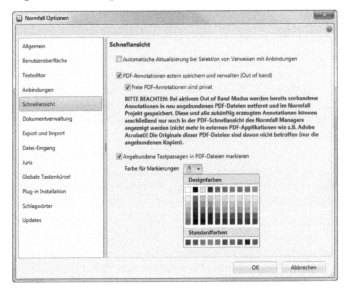

Die erste Option „*Automatische Aktualisierung bei Selektion von Verweisen mit Anbindungen*" ist standardmäßig deaktiviert. Ist sie aktiviert zeigt die Schnellansicht angebundene Dateien sofort an, sobald ein Strukturpunkt oder Verweis mit einer Datei-Anbindung selektiert wird. Dies ist für die schnelle Sichtung von Dateien sinnvoll. Wenn Sie dagegen an einem Projekt arbeiten und neue Anbindungen erzeugen, sollte diese Option deaktiviert sein, damit die Anzeige in der Schnellansicht nicht bei jeder Selektion wechselt.

Über die zweite Option „*PDF-Annotationen extern speichern und verwalten (Out of band)*" können Sie festlegen, ob die PDF Schnellansicht im Out-of-Band Modus betrieben werden soll.

Bejahendenfalls werden alle über die PDF-Schnellansicht auf PDF-Dateien angebrachten Anmerkungen (Annotationen) nicht in der PDF-Datei selbst gespeichert. Sie werden vielmehr als Teil des jeweiligen Normfall Projektes gespeichert und in der PDF Schnellansicht als zusätzliche „Schicht" über dem eigentlichen Dokument eingeblendet. Auf diese Weise können Sie den Originalzustand von PDF Dokumenten erhalten, und diese dennoch innerhalb eines Normfall Projektes mit Anmerkungen versehen.

Über die darunter befindliche Option *„Freie PDF-Annotationen sind privat"* können Sie zusätzlich festlegen, dass jeder Benutzer nur die von ihm selbst erstellten Annotationen sieht. Andere Benutzer haben keinen Zugriff. Auf diese Weise können Sie beispielsweise Ihre Handakte schützen.

Über die dritte Option *„Angebundene Textpassagen in PDF-Dateien markieren"* können Sie Textpassagen, die bei einer Anbindung aus einer PDF-Datei in der PDF-Schnellansicht markiert waren, nicht nur inhaltlich als Textauszug übernommen, sondern zusätzlich auch mit einer farbig gestalten. Damit können Sie diese Textpassagen bei einem späteren Öffnen der Anbindung innerhalb der PDF-Datei schnell erkennen.

Mit der Farbauswahl *„Farbe für Markierungen"* stellen Sie die Farbe der Markierungs-Annotationen ein. Wenn Sie die Farbe ändern, gilt dies nur für zukünftig erzeugte Markierungs-Annotationen, nicht aber für bestehende Markierungs-Annotationen.

# VIII. Die Nutzung des in den Manager integrierten PDF-Editors

## 1. Übersicht

In früheren Versionen des Managers existierte der *„Normfall PDF-Editor"* als eigenständige Anwendung neben dem Manager. Dieser PDF-Editor wurde jetzt in verbesserter Form vollständig in das Modul *„Schnellansicht"* (dazu unten) in den Manager integriert. Durch die Einführung eines *„eigenständigen Fensters"* (dazu oben) für die Schnellansicht (sowie auf Wunsch für weitere Module) vereinfacht und verbessert sich der Umgang mit PDF-Dateien im Manager. Zudem existieren zahlreiche neue Funktionen bei der Zusammenarbeit zwischen dem Manager einerseits und PDF-Dokumenten andererseits.

## 2. Die Bedeutung von „PDF"

*„PDF"* ist die Abkürzung von englisch *„Portable Document Format"* (= transportables Dokumentenformat) und bezeichnet ein plattformunabhängiges Dateiformat für Dokumente, das von dem Unternehmen Adobe Systems bereits vor mehr als 20 Jahren entwickelt und veröffentlicht wurde. Es handelt sich dabei um ein Dateiformat für elektronische Dokumente, welches deren originalgetreue Weitergabe ermöglicht, und zwar unabhängig vom ursprünglichen Anwendungsprogramm, vom Betriebssystem und von der Hardwareplattform.

*„PDF/A"* ist eine besondere Implementierung von PDF und bezeichnet ein von der International Organization for Standardization (ISO) genormtes Format zur Langzeitarchivierung digitaler Dokumente.

Mit der Integration eines PDF-Editors trägt der Manager der herausragenden Bedeutung von PDF-Dateien im Alltag zahlreicher typischer Einsatzszenarien des Managers Rechnung. Häufig ist das PDF-Format sogar das einzige Dateiformat, welches für Anbindungen an den Manager verwendet wird. Ein Beispiel bietet die *„Elektronischen Akte (E-Akte)"* der Justiz, in der sich im Regelfall ausschließlich PDF- bzw. PDF/A-Dateien befinden. Ursprungsdokumente, die in einem anderen Format (Papier, Word, Excel usw.) erscheinen, werden durch Scannen mit OCR oder Speichern als PDF in das PDF-Format überführt, ehe sie in die E-Akte aufgenommen werden. In diesem Format werden sie dann zielgenau in Normfall-Projekten an Strukturpunkte angebunden. Daher ist die Existenz eines leistungsfähigen Werkzeugs für den Umgang mit PDF-Dateien aller Art im Manager von zentraler Bedeutung. Der PDF-Editor bietet dieses Werkzeug.

### 3. Das Menü des integrierten PDF-Editors

a) Übersicht

Das Menü des integrierten PDF-Editors bietet Ihnen viele hilfreiche Funktionen. Ich nenne hier nur die für Sie (wahrscheinlich) wichtigsten:

- die Anzeigesteuerung
- das Anbringen von Anmerkungen (Annotationen)
- die Texterkennung (OCR) und
- das Drucken.

## b) Die Anzeigesteuerung

Über das Drop-Down-Menü „*Ansicht*" können Sie die Anzeigesteuerung vornehmen.

Die für Sie wichtigsten Befehle sind hier wahrscheinlich das Zoomen (erreichbar über den Befehl *„Größe anpassen")* und das Blättern über die *„Seitenvorschau"*.

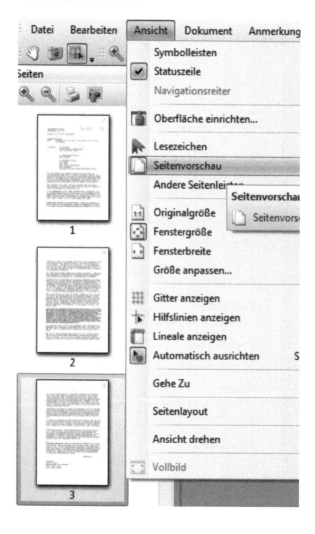

### c) Das Anbringen von Anmerkungen („Annotationen")

Sie können mehrere Arten von Anmerkungen über das Untermenü „Anmerkungen" im Menü „Werkzeuge" hinzufügen:

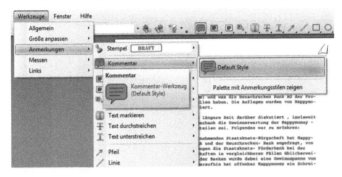

### d) Die Texterkennung (OCR)

Über den Befehl *„Text erkennen…"* im Menü *„Dokument"* können Sie bei PDF-Dokumenten, die noch nicht mit OCR bearbeitet sind, eine Texterkennung durchführen.

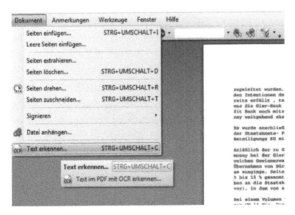

e) Das Drucken

Das Ausdrucken der aktuellen PDF-Datei erfolgt über den Befehl „Drucken…" im Menü „Datei":

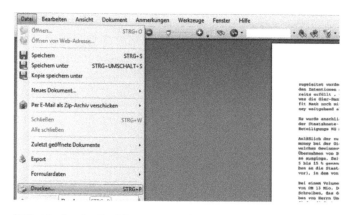

f) Die blockweise Speicherung von Akten

Beim Einsatz des Managers brauchen Sie die ursprünglich in Büroordnern auf Papier enthaltenen und dann gescannten Dateien nicht einzeln unter ihrem jeweiligen Dateinamen zu speichern. Vielmehr können Sie komplette Ordner beliebigen Umfangs, die eine Vielzahl von unterschiedlichen Dokumenten enthalten, im Block speichern. Sie können also Büroordner mit mehreren hundert Seiten durch einen schnellen Scanner laufen lassen und als PDF-Datei speichern, was den Arbeitsaufwand, die Zeit und die Kosten beim Scannen verringert. Dies ist deshalb möglich, weil Sie mit dem Manager beliebig viele Anbindungen von Textstellen und Textauszügen in beliebig umfangreichen Dateien an beliebige Strukturpunkte gezielt vorzunehmen können.

In herkömmlichen Ablagesystemen wird dagegen jede Datei unter ihrem Namen gesondert gespeichert. Sie kann dann zwar als solche gefunden und geöffnet werden, aber inhaltlich wird sie nicht erschlossen. Zudem ist das Verfahren arbeitsaufwendig.

An dieser Stelle wird erneut deutlich, dass der Manager zu einer neuen Informationsarchitektur führt. In ihr ist nicht mehr das Dokument (z. B. der Schriftsatz) die kleinste Einheit der Akte, sondern die darin enthaltene und als Textauszug markierte Information. Weil sie diese Möglichkeit nicht bieten, sind die herkömmlichen Dokumenten-Management-Systeme (DMS), wie schon gesagt, für die Zwecke der elektronischen Justiz wenig geeignet.

Die weitere Bearbeitung der Informationen geschieht nach dem Scannen am Bildschirm. Im Unterschied zur Dokumentenverwaltung in anderen Bereichen werden die Akten in juristischen Verfahren grundsätzlich nicht von verfahrensfremden Archivaren aufbereitet, sondern von den Personen, die auch mit den Dateien arbeiten, wobei die Archivierung an die Notwendigkeiten des jeweiligen Falles angepasst wird. Darauf habe ich schon hingewiesen. Im erwähnten Beispielsfall der Sichtung von beschlagnahmten Akten leisten oftmals zuerst die Ermittlungspersonen der Polizei diese Arbeit. Dabei überspringen sie das irrelevante Gros der Informationen und konzentrieren sich auf die jeweils relevanten und wichtigen Informationen. Diese markieren sie als Textauszüge und binden sie sofort an parallel dazu passend gebildete und laufend überarbeitete Strukturpunkte der Baumstruktur an. Zugleich erstellen sie schrittweise ihre Berichte (zur Textverarbeitung siehe unten). Spätere Bearbeiter (Staatsanwälte, Verteidiger, Richter) können dann auf dieser Grundlage aufbauen und die jeweilige Strukturdatei entsprechend den rechtlichen Gegebenheiten nutzen und verändern.

Zusätzlich wird es außerdem in der Taskleiste von Windows angezeigt, wenn das Fenster geöffnet ist:

Auf diese Weise können Sie jederzeit zwischen dem Hauptfenster des Managers und dem externen, eigenständigen Fenster umschalten, indem Sie dieses in den Vordergrund holen.

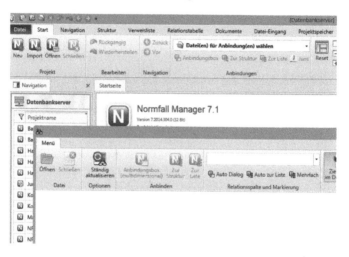

Um den erzielten Effekt zu erhöhen, empfehlen wir, das eigenständige Fenster stets maximiert darzustellen. Zu diesem Zweck enthält jedes eigenständige Fenster oben rechts die üblichen Schaltflächen zum Maximieren, Minimieren, Wiederherstellen und Schließen. Nach Beendigung und Neustart des Managers werden die zuletzt verwendeten Größen und Positionen von eigenständigen Fenstern wieder verwendet.

Auch bei der Verwendung mehrerer Bildschirme ist für die Schnellansicht das eigenständige Fenster die bessere Variante (anstelle eines ausgedockten internen Fensters), da dann auch das Ribbon-Menü der Schnellansicht im Fenster angezeigt wird. Sie müssen also nicht mit Blicken und Mauszeiger in das Manager-Fenster wechseln, um dort Befehle auszuführen. Dasselbe gilt dann auch für die anderen beiden Fenster, die als eigenständige Fenster verwendet werden können (siehe unten).

Die Schnellansicht wird nach der Installation des Managers standardmäßig immer als eigenständiges Fenster verwendet.

Neben der Schnellansicht können Sie zusätzlich auch die Fenster des Texteditors und der Relationstabelle als eigenständige Fenster verwenden. Diese Fenster verhalten sich dann ebenso wie oben beschrieben. Sie sind jedoch im Unterschied zur Schnellansicht standardmäßig zunächst als interne, dockbare Fenster realisiert, da bei ihnen eine unabhängige, bildschirmfüllende Darstellung nicht immer erforderlich ist und eine *simultane* Darstellung von Inhalten zusammen mit anderen zentralen Fenstern (z.B. Struktur, Verweisliste) auch auf Systemen mit einem Bildschirm wünschenswert ist.

In den Optionen zur Benutzeroberfläche des Managers können Sie bei der Schaltfläche „*Benutzeroberfläche*" festlegen, welche Fenster als eigenständige Fenster dargestellt werden sollen.

# IX. Die Unterstützung der Relationstechnik

## 1. Die Relationstechnik

Die Relationstechnik ist die wohl anspruchsvollste juristische Arbeitstechnik. Sie wird vor allem im Zivilprozess angewendet, spielt aber auch in anderen Verfahren eine Rolle, in denen unterschiedliche Sachverhaltsdarstellungen, Beweisergebnisse, Rechtsausführungen, Vernehmungsprotokolle, Gerichtsentscheidungen, Literaturstellen uam. einander gegenübergestellt werden müssen, so insbesondere auch im Verwaltungsprozess mit seinen Spezialverfahren (Finanzgerichtsprozess, Sozialgerichtsprozess). Auch im außerjuristischen Bereich muss man oftmals in vergleichbarer Weise arbeiten, so typischerweise bei der Auswertung von Literatur.

Im Zivilprozess ermittelt der Richter den Sachverhalt auf der Grundlage des Tatsachenvortrags der Parteien. Ausgangspunkt der Relationsmethode ist die Klageschrift. Der Richter prüft, ob die Klage zulässig ist, und bejahendenfalls, ob sie schlüssig ist. Ist auch letzteres der Fall, prüft er, ob der Beklagte, sofern dieser Klageabweisung beantragt hat, schlüssigkeitserhebliche Tatsachen, die der Kläger behauptet hat, substantiiert bestritten hat und/oder ob er Gegenrechte (z. B. Einreden) geltend gemacht hat. Gegebenenfalls ordnet er eine Beweisaufnahme an oder entscheidet über den Sachverhalt nach Beweislastregeln. Im Urteil teilt der Richter zunächst mit, von welchem Sachverhalt er ausgeht (Tatbestand). Sodann gibt er in den Entscheidungsgründen das Ergebnis seiner rechtlichen Prüfung an. Zu all dem muss er Textauszüge in verschiedenen Schriftstücken miteinander vergleichen und neue Texte erzeugen können.

Die Beherrschung und Anwendung der Relationstechnik ist sowohl für Richter als auch für Anwälte unverzichtbar. Der Manager ermöglicht in seinem Relationsmodul erstmals die IT-Unterstützung dieser zentralen juristischen Arbeitstechnik.

## 2. Die Hindernisse bei der Arbeit mit Papier

a) Übersicht

Bei der klassischen Papiermethode türmen sich hier die Hindernisse. Im Bemühen um deren Überwindung werden zwei Methoden angewendet, die Tabellenmethode und die Scherenschnittmethode.

b) Die Tabellenmethode

Bei der Tabellenmethode werden bei der Bearbeitung von Schriftsätzen, z. B. Klageschrift, Klageerwiderung, Replik, Duplik, Beweisprotokollen usw. tabellarische Aktenauszüge erstellt, in denen das Vorbringen der Parteien und der Zeugen zu den jeweils relevanten Punkten in Stichworten notiert und einander gegenübergestellt wird, wobei die jeweils zugehörigen Seitenzahlen der entsprechenden Dokumente an den Rändern notiert werden. Das kann man zwar z.B. mit Word- oder Excel-Tabellen machen, aber der Arbeitsaufwand ist beträchtlich, und der Nutzen ist gering.

Diese Methode wird beim Einsatz von US-amerikanischen Anwaltsprogrammen angewendet. Die Anwälte verdienen dort ihr Geld nicht zuletzt in den Materialschlachten der sog. „Precedent Trials". Sie lieben diese Methode, weil man dann beispielsweise den Inhalt einer E-Mail, in der Billy dem Joe mitteilt, wie man den Johnny am besten betrügen kann, in eigenen Worten in einer Tabellenzelle beschreiben und das Werk auf Stundenbasis teuer abrechnen kann. Die Mandanten, die das bezahlen müssen, und die auch im Falle des Obsiegens ihre Kosten nicht ersetzt bekommen, finden das weniger lustig.

Da jeder Jurist seine Darstellung auf eigene Weise gliedert (mitunter auch gar nicht gliedert – im Rechtsstudium kommt dieses Thema ja nicht vor), ein Vergleich der verschiedenen Darstellungen auf der Grundlage eines einheitlichen Gliederungssystems also regelmäßig nicht möglich ist, kann die Erstellung von solchen Aktenauszügen ein mühevoller Vorgang sein.

Als Beispiel sei ein umfangreicher Sachverhalt mit zahlreichen verschiedenen Komplexen genannt, der in der Klageschrift chronologisch, in der Klageerwiderung dagegen nach Sachgebieten gegliedert ist. Die Prüfung, inwieweit jeweils einerseits ein übereinstimmender Vortrag bzw. ein Nichtbestreiten, andererseits ein substantiiertes Bestreiten ausgedrückt sein soll, kann in solchen Fällen sehr arbeitsaufwendig sein.

Aufgrund der Unübersichtlichkeit vieler Schriftsätze, die nicht, die kaum oder die gar widersprüchlich gegliedert sind, drohen hier überdies Irrtümer und Übersetzungsfehler. Die unterschiedlichen und mitunter unklaren Formulierungen der Beteiligten erschweren die Arbeit zusätzlich. Die deutsche Sprache ermöglicht es, Unsinn wie Sinn erscheinen zu lassen; hiervon machen Juristen gerne Gebrauch *("Die Gerechtigkeit ist unfassbar")*. Hinzu kommt, dass eine explizite Formulierung der Vergleichsgrundlage bei der Anwendung der Relationsmethode meist unterbleibt. Sie ist zwar im Kopf vorhanden, denn ein Vergleich setzt auch im Kopf ein „Tertium comparationis" (lat. = Drittes des Vergleiches) voraus, welches die Gemeinsamkeit der beiden verschiedenen und miteinander verglichenen Texte ausdrückt. Dieses Tertium wird aber meist nicht explizit ausgedrückt. Wenn man dann nach einem längeren Zeitraum wieder mit dem Aktenauszug arbeitet, muss man sich das Tertium comparationis wieder neu aus den Texten erarbeiten. Auch dies bereitet zusätzliche Arbeit und bietet eine weitere Fehlerquelle.

Die Tabellenmethode verdient daher allenfalls die Note „Unteres Ausreichend".

### c) Die Scherenschnittmethode

Die Scherenschnittmethode bietet eine Alternative. Sie besteht darin, den Parteienvortrag zu kopieren und den Schriftsätzen mit einer Schere zu Leibe zu rücken. Die Schnipsel werden dann auf dem Fußboden einander zugeordnet. Diese Methode wandte übrigens auch ein Professorenkollege von mir an, der einen Kommentar betreute, den er laufend um neue Fundstellen erweitern musste. Er gewöhnte sich einen Gang über sein Zettelreich an, vergleichbar dem eines Storches, der in einem Teich nach Fröschen Ausschau hält. Die natürlichen Feinde (nicht des Storches, sondern des Juristen) sind der Luftzug (im Falle des Fensteröffnens), die Putzfrau, ggf. auch die Kinder, die allesamt den Schnipseln nicht mit dem gehörigen Respekt begegnen.

Auch hier gibt es nur ein „Ausreichend bis Ungenügend".

### d) Fazit

Alles in allem existierte bislang keine ökonomische Methode. Aber mangels technischer Möglichkeiten gab es kein Nachdenken über mögliche Verbesserungen. Jetzt aber gibt es Verbesserungen.

## 3. Das Relationsmodul des Managers

### a) Übersicht

Das Relationsmodul des Managers verbindet die Vorzüge der Baumstruktur mit denen der Tabellenstruktur. Der Strukturpunkt der Baumstruktur enthält die Vergleichsgrundlage (das „Tertium comparationis". Die Tabelle enthält Bänder (Spalten), deren Bezeichnungen Sie frei wählen können (z.B. *„Kläger"*, *„Beklagter"*, *„Gericht"* usw.). Darin befinden sich nebeneinander Zellen mit einkopierten Ausschnitten aus Originaltexten, die Sie miteinander vergleichen können, und neben welchen Sie Ihr Urteil oder Ihren neuen Schriftsatz fertigen können. Jederzeit haben Sie dabei die Möglichkeit, sich zu einem Textauszug die Original-Textstelle im Dokument anzeigen zu lassen. Auch eigene Notizen können Sie hinzufügen.

Damit werden zwei wesentliche Mängel der bislang praktizierten, oben beschriebenen Methoden beseitigt.

Der eine Mangel – das Fehlen des explizit bezeichneten „Tertium comparationis" – wird dadurch behoben, dass dieses Tertium in einem Strukturpunkt bezeichnet werden muss. Damit gewinnen Sie den Schlüssel, mit dem Sie zu den in Tabellenform angeordneten Textauszügen in den verschiedenen Bändern navigieren und diese einander geordnet gegenüberstellen. Dabei werden auch solche Textpartien zusammengefügt, die sich an verschiedenen Stellen desselben Schriftsatzes befinden.

Der andere Mangel der herkömmlichen Technik – die arbeits- und zeitaufwendige sowie fehleranfällige Übersetzung der Originaltexte in Stichworte – wird dadurch überwunden, dass die Originaltexte unverändert einkopiert und einander somit unverfälscht einander gegenübergestellt werden. Das erleichtert und verkürzt die Arbeit und verhindert das Entstehen von Fehlern bei der Übersetzung.

In weiteren Bändern können Sie zusätzliche Ausführungen in Schriftsätzen und Unterlagen, z. B. in Beweisprotokollen, in die tabellarische Darstellung einfügen. Und schließlich ist es möglich, Ihre eigenen Ausführungen in einem eigenen Band zu schreiben. Wenn zum Beispiel ein entscheidungserheblicher Sachverhalt, der sich im Band „Kläger" befindet, im Band „Beklagter" substantiiert bestritten wurde, und wenn ein Zeuge den vom Kläger vorgetragenen Sachverhalt im Band „Beweisprotokoll" glaubhaft bestätigt hat, dann können Sie als Richter den entsprechende „Baustein" des späteren Urteils sofort nach der Beweisaufnahme in einem Band „Urteil" formulieren und von da in das spätere Urteil übertragen. In entsprechender Weise können Sie die weiteren Bestandteile des Urteils im Baukastensystem jeweils zeitnah verfassen, so dass es nicht nötig ist, sich später immer wieder erneut in die einzelnen Komplexe des Falles einzuarbeiten. Die Zusammenfügung der einzelnen Urteilsbausteine erfolgt dabei automatisch.

Der geringe Mehraufwand der expliziten Formulierung des Tertium comparationis in einem knappen Strukturpunkt (z. B.

„*Unfall"*) wird bei weitem überkompensiert durch den größeren Nutzen, keine Stichworte mehr schreiben und nicht mehr in der Akte blättern und suchen zu müssen. Hinzu kommt, dass Sie einzelne Sachkomplexe rasch abschließen können und sich später, wie gesagt, bei der Urteilsniederschrift nicht erneut in den gesamten Fall einarbeiten müssen.

### b) Erinnerung an das Prinzip

Da es sich bei der Relationstechnik um eine zentrale und bislang allen IT-Lösungen unzugängliche Technik handelt, verdeutliche ich das Gesagte anhand eines Zivilprozesses. Zunächst erinnere ich an das Prinzip der Verwendung eines Strukturpunktes, an den mehrere jeweils zugehörige Textausschnitte mehrere Bänder (Spalten) gezielt angebunden werden. Die folgende Abbildung verdeutlicht nochmals dieses Prinzip:

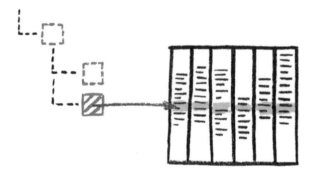

### c) Die Vorgehensweise anhand eines Beispiels

#### aa) Übersicht

Anhand eines einfachen Beispiels aus einem Zivilprozess zeige ich auf, welche Möglichkeiten der Manager bietet. Dabei beschränke ich mich auf eine Klageschrift und eine Klageerwiderung

### bb) Die gezielte Anbindung zweier Schriftsätze

Beide Schriftsätze liegen als PDF-Dokumente vor, die mit OCR-Texterkennung lesbar gemacht worden sind.

In dem Verfahren geht es um Schadensersatz und Schmerzensgeld wegen eines *„Unfalls"*. Zu diesem Unfall finden sich einander widersprechende Darstellungen in den beiden Schriftsätzen. Dieser Sachverhaltskomplex ist also u.a. insoweit strittig. Sie legen daher einen Strukturpunkt an und nennen ihn *„Unfall"*.

Im Fenster *„Texteditor"* steht bei jedem der beiden Schriftsätze der Text, der sich mit dem „Unfall" (dem „Tertium Comparationis") befasst. Zunächst sehen Sie hier den Vortrag des Klägers.

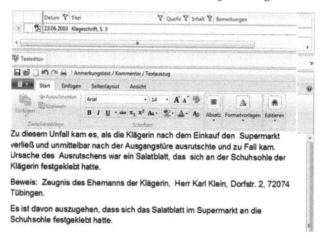

Sodann sehen Sie hier den entsprechenden Textausschnitt der Klageerwiderung.

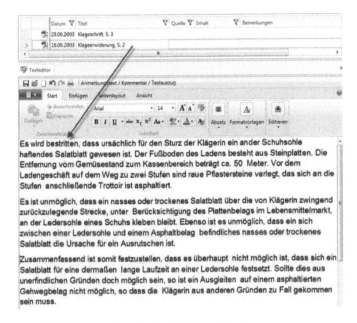

### cc) Die Umwandlung in eine Relationstabelle

Solange die beiden Textauszüge in getrennten Verweisen stehen, ist ein unmittelbarer Vergleich nicht möglich. Diesen Vergleich ermöglicht die Umwandlung in eine Relationstabelle.

Dazu öffnen Sie im Ribbon-Menü-Reiter „*Start*" das sekundäre Fenster (dazu oben) „*Relationstabelle*" neben dem Reiter „Verweisliste". (Bei der folgenden Darstellung gehen wir davon aus, dass Sie im Fenster „*Optionen*" unter dem Ribbon-Menüreiter „*Datei*" bei dem Befehl „*Benutzeroberfläche*" entsprechend der Voreinstellung das „*eigenständige Fenster*" für das Modul „*Relationsansicht*" nicht aktiviert haben.)

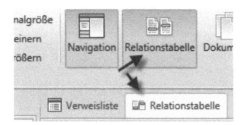

Wenn Sie nun den Ribbon-Menü-Reiter „*Relationstabelle*" anklicken, sehen Sie die Zeile 1 des ersten Band einer noch namenlosen Relationstabelle. Die beiden den Unfall betreffenden Textausschnitte stehen darin untereinander.

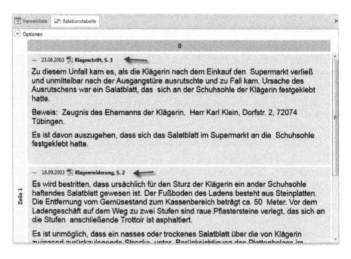

Sie können nun zwischen den Fenstern „*Verweisliste*" (= Listenansicht) und „*Relationstabelle*" (= Relationsansicht) hin- und her wechseln.

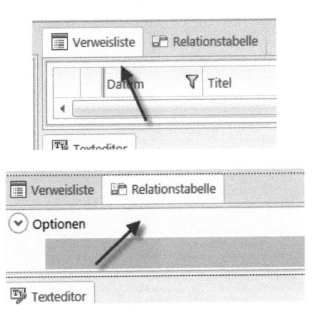

Nunmehr aktivieren Sie im Ribbon-Menü den Reiter „*Relationstabelle*".

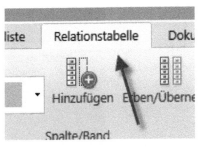

Sie sehen daraufhin die Befehlszeile dieses Reiters. Im Beispiel wollen Sie eine zweite Spalte hinzufügen.

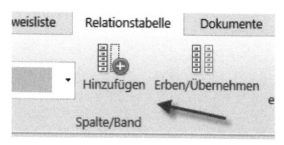

Dadurch erzeugen Sie die neue Spalte neben dem ersten Band.

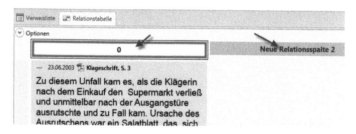

Die beiden Spalten benennen Sie um, indem Sie jeweils die Titelzeile anklicken, die Funktionstaste [F2] betätigen und die neuen Titel *„Kläger"* und *„Beklagter"* eingeben.

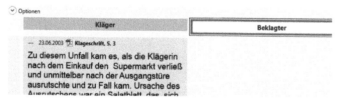

Nunmehr befördern Sie den unteren Teil der linken Spalte mit den Ausführungen des Beklagten in die Spalte *„Beklagter"*. Dazu „ziehen" Sie den Zeilentitel *„Klageerwiderung"* mit *„Drag and Drop"* in die rechte Spalte.

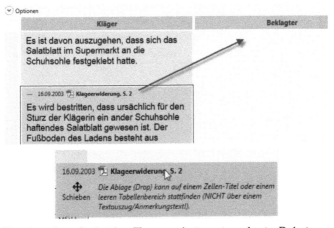

Damit stehen die beiden Textausschnitte einander in Relationsansicht gegenüber.

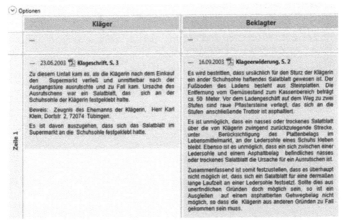

### dd) Die Erzeugung weiterer Bänder

In entsprechender Weise können Sie beliebig viele weitere Bänder (Spalten) nebeneinander stellen, wobei jeweils der zugehörige

Strukturpunkt als Tertium comparationis – als Vergleichsbasis (im Beispiel „*Unfall*") – dient. In weiteren Bändern können Sie zusätzliche Ausführungen in Schriftsätzen und Unterlagen, z. B. in Beweisprotokollen, in die tabellarische Darstellung einfügen.

ee) Weitere Bearbeitungsmöglichkeiten

Sie können die Reihenfolge der Spalten durch Ziehen *(„Drag and Drop")* der jeweiligen Titelzeile verändern.

Zusätzlich haben Sie mehrere Bearbeitungsmöglichkeiten, die Sie über das Feld *„Optionen"* öffnen können. Insbesondere können Sie der besseren Übersicht halber einzelne Spalten aus- und wieder einblenden.

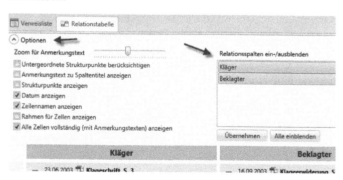

Die einkopierten Textinhalte können Sie unmittelbar bearbeiten. Sie können Textpartien in ein eigenes Band, z.B. ein Urteilsband, kopieren. Dort können Sie Ihre eigenen Ausführungen schreiben.

Auf diese Weise können Sie Ihr späteres Urteil oder Ihren Schriftsatz im Baukastensystem erstellen.

In entsprechender Weise können Sie die weiteren Bestandteile des Urteils im Baukastensystem jeweils zeitnah verfassen. Sie (und ggf. Ihr Nachfolger im Dezernat) brauchen sich nicht immer wieder erneut in die einzelnen Komplexe des Falles einzuarbeiten. Da zwischen den einzelnen Stationen der Fallbearbeitung oftmals längere Zeiträume liegen, die Monate oder gar Jahre betragen können, erspart Ihnen diese Vorgehensweise viel Arbeit und Zeit. Sie brauchen hierfür nur einen geringen Mehraufwand zu leisten. Sie benennen das „Tertium comparationis", also die Vergleichsgrundlage, in einem knappen Strukturpunkt (z. B. *„Unfall"*) und binden die jeweils zugehörigen Textpassagen an diesen Strukturpunkt an. Dieser Mehraufwand wird durch den weit größeren Nutzen, später nicht mehr in der Papierakte blättern, suchen und lesen zu müssen, bei weitem überkompensiert.

| Kläger | Beklagter | Zeuge | Gericht |
|---|---|---|---|
| — | — | — | — |
| — 23.06.2003 Klage... S. 3 | — 16.09.2003 Klage... S. 2 | — 13.01.2004 Sitzun... Vernec... Zeuge Klein | — 04.02.2004 Urteil, Seite 3 |
| Zu diesem Unfall kam es, als die Klägerin nach dem Einkauf den Supermarkt verließ und unmittelbar nach der Ausgangstür ausrutschte und zu Fall kam. Ursache des Ausrutschens war ein Salatblatt, das sich an der Schuhsohle der Klägerin festgeklebt hatte.

Beweis: Zeugnis des Ehemanns der Klägerin, Herr Karl Klein, Dorfstr. 2, 72074 Tübingen.

Es ist davon auszugehen, dass sich das Salatblatt im Supermarkt an die Schuhsohle festgeklebt hatte. | Es wird bestritten, dass ursächlich für den Sturz der Klägerin ein anderer Schuhsohle haftendes Salatblatt gewesen ist. Selbst für den Fall, dass dieses Salatblatt mitursächlich für den Sturz der Klägerin gewesen ist, trifft die Beklagte oder deren Mitarbeiter kein Verschulden.

1. Der Fußboden des Ladens besteht aus Steinplatten. Die Entfernung vom Gemüsestand zum Kassenbereich beträgt ca. 50 Meter. Vor dem Ladengeschäft auf dem Weg zu zwei Stufen und raue Pflastersteine verlegt, das sich an den Stufen anschließende Trottoir ist asphaltiert.

Beweis: Einnahme eines Augenscheins.

Es ist unmöglich, dass ein nasses oder trockenes Salatblatt über die von Klägerin zwingend | Er erklärt zur Sache:

Wir sind etwa gegen 11.00 Uhr aus unserer Wohnung fortgegangen, hin zu Kauf & Spar. Dort haben wir Salat gekauft. Wir haben drei Stück Kopfsalat gekauft, der in zwei Tüten verpackt worden ist. Ich habe eine Tüte getragen und meine Frau auch eine. Meine Frau hatte ihre Tüte in ihrer linken Hand. In der Jackentasche und meine Frau hat mit ihrer rechten Hand meinen Unterarm gehalten, sie war also bei mir eingehängt.

Auf der Schräge ist sie ausgerutscht. Sie ist mit dem linken Fuß zusammengeknickt. Sie ist nicht hingefallen, sondern nur mit dem Fuß hinuntergeknickt und hat sich dann bei mir festgehalten. Etwas weiter ist ein Stück Beton, dort hat | Zur Überzeugung des Gerichts ist bewiesen, dass die Klägerin an der fraglichen Stelle auf einem Salatblatt ausgerutscht ist. Der Zeuge Klein hat bei seiner Vernehmung glaubhaft bekundet, dass er unmittelbar nach dem Ausrutschen der Klägerin dort eine längere grüne Rutschspur wahrgenommen hat. Es ist auch davon auszugehen, dass der Gemüserest an der Unfallstelle gelegen hat und sich nicht etwa schon vorher den Schuh der Klägerin festgeklebt hatte; auch insoweit gilt der Beweis des ersten Anscheins (OLG Köln, NJW 72, 1950).

Die Beklagte hat die ihr obliegende Verkehrssicherungspflicht dadurch verletzt, dass sie bzw. der für sie handelnde Marktleiter es unterlassen hat, das Salatblatt von der Rampe zu entfernen. |

d) Die Relationsansicht im eigenständigen Fenster

Im Befehlsfeld „*Optionen*" des Ribbon-Menü-Reiters „*Datei*" können Sie beim Befehl „*Benutzeroberfläche*" festlegen, dass die Relationstabelle ein einem „*eigenständigen Fenster*" angezeigt wird.

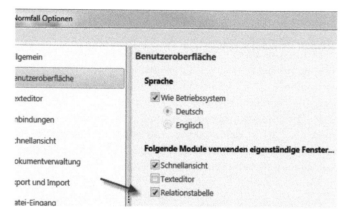

Sie können dann in der Befehlsleiste am unteren Rand des Bildschirms zwischen der Ansicht des Managers und der der Relationstabelle hin- und herschalten, wobei Ihnen jeweils der ganze Bildschirm zur Verfügung steht.

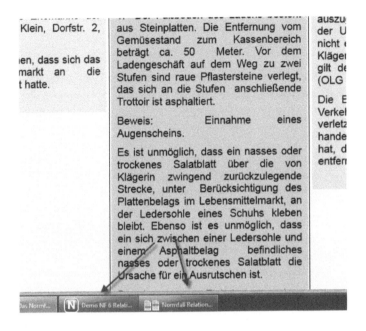

e) Methodische Möglichkeiten des Relationsmoduls

Die methodischen Möglichkeiten des Relationsmoduls im Manager sind vielfältig. Sie können beispielsweise berücksichtigen, dass bei der Arbeit des Richters oder Anwalts die Textausschnitte nicht in der Reihenfolge entstehen, in der sie für das Endprodukt – das Urteil oder den Schriftsatz – benötigt werden. So besteht der Tatbestand eines Zivilurteils im fertigen Urteil aus sechs (und mehr) Elementen, die in folgender Reihenfolge dargestellt werden:

1. Einleitungssatz
2. Unstreitiger Sachverhalt
3. Streitiges Klägervorbringen

4. Antrag des Klägers
5. Klageabweisungsantrag des Beklagten
6. Streitiger Beklagtenvortrag

Er entsteht aber bei der richterlichen Arbeit nicht in dieser Reihenfolge, sondern wird schrittweise aus den Schriftsätzen der Parteien gebildet. In der Klageschrift (K) kommt als erstes 4. (K-Antrag), dann Ausführungen zu mehreren Sachverhaltskomplexen (K-X, K-Y, K-Z…), die womöglich nicht in der (aus Sicht des Richters) richtigen Reihenfolge (X-Y-Z) sondern verfehlt (z.B. K-Z, K-X, K-Y) gebracht werden. Ob sie streitig sind, erfährt der Richter erst aus der Klageerwiderung des Beklagten (B). Diese beginnt mit 5. (B-Antrag), dann kommt Streitiges (z.B. B-X, B-Y) und Unstreitiges (z.B. B-Z") – es kann noch komplizierter werden, aber belassen wir es einmal bei diesem einfachen Beispiel.)

Der Richter muss nun im Urteil die o.a. Reihenfolge herstellen können. Er muss dazu die 6. Punkte samt Unterpunkten (Sachverhaltskomplexe X, Y, Z) definieren können (was ich inhaltlich nicht vorgeben – das Tool soll ja auch für andere Anwender geeignet sein) – und er muss die Relationszeilen einander richtig zuordnen können. Das sieht im Beispiel so aus (DEF = Definition):

DEF 1. Einleitungssatz
DEF 2. Unstreitiges = K/B-Z
DEF 3. Streitiges
K/B–X
K/B–Y
DEF 4. K-Antrag
DEF 5. B-Antrag

In einem Urteilsband werden die Texte der Relationszeilen in der richtigen Reihenfolge eingefügt. Dort können sie für die Entscheidung redigiert werden.

### f) Weitere Anwendungsbereiche

Die Nutzung des Relationsmoduls ist, wie schon gesagt, nicht auf den Zivilprozess beschränkt. Sie können es auch in vielen anderen Bereichen nutzen. So können Sie im Strafverfahren verschiedene Zeugenaussagen miteinander vergleichen. Sie können Auszüge aus Gutachten, veröffentlichten Gerichtsentscheidungen zu einem Rechtsproblem, Normen u.a. mehr nebeneinander stellen. Sie können also Ihre Arbeit im Kernbereich der Rechtsanwendung rationalisieren, jenem Bereicho, der gemeinhin für „nicht automatisiert" gehalten wird. Die moderne Informationstechnik hat dies möglich gemacht.

Die Verbindung von Baumstruktur und Tabelle im Relationsmodul kann man als die Vereinigung des Besten zweier Welten bezeichnen. Die Baumstruktur entspricht dabei der kontinentaleuropäischen Rechtstradition im Geist des Römischen Rechts. Tabellarische Darstellungen, die auf übersichtliche Weise Vergleiche ermöglichen, drücken dagegen das „Precedent-Denken" der angelsächsischen Common-Law-Welt aus. Vereint sind beide Methoden unschlagbar.

# X. Die Arbeit mit Schlagwörtern und die Durchführung gefilterter Abfragen bei Verweisen

## 1. Übersicht

Je mehr eine Akte anschwillt, desto schwieriger wird es, diese systematisch zu bearbeiten. Will man etwa in einem Zivilprozess den gesamten Parteienvortrag – und nur diesen – geordnet erfassen, stößt man auf Schwierigkeiten, die bislang nicht wirklich überwunden werden konnten.

Zur Lösung dieses Problems bietet der Manager zusätzlich die Möglichkeit, in Verweiszeilen individuelle „Schlagwörter" anzulegen und zu nutzen.

## 2. Die Begriffe: Schlagwort-Projekte, Schlagwort-Klassen und Schlagwörter

*„Schlagwort-Projekte"* sind Normfall-Projekte, die ausschließlich für die Arbeit mit Schlagwörtern angelegt und durch ein entsprechendes Icon gekennzeichnet werden.

*„Schlagwort-Klassen"* sind Zusammenfassungen von Schlagwörtern unter einem Titel. Beispiele bieten (in einem Schlagwort-Projekt mit dem Titel *„Zivilprozess"* die Schlagwort-Klassen *„Quelle"* und *„Inhalt"*.

*„Schlagwörter"* sind Begriffe in Listen zu den Schlagwort-Klassen, mit denen Sie später die in Verweiszeilen angebundenen Dateien „filtern" können. Beispiele: (zur Schlagwort-Klasse *„Quelle"*): *„Kläger"*, *„Beklagter"*, *„Gericht"*.

## 3. Das Anlegen eines Schlagwort-Projektes

Sie legen ein neues Projekt wie gewohnt an, geben dem Projekt einen Namen (im Beispiel *„Zivilprozess"*) und wählen im Fenster *„Standard Projekt"* den Typ *„Schlagworte"*.

Es öffnet sich ein Schlagwort-Projekt (im Beispiel *„Zivilprozess"* genannt), das durch ein entsprechendes *„Icon"* gekennzeichnet ist.

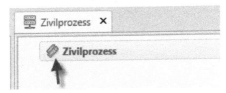

Sie geben nun beim Wurzel-Strukturpunkt *„Zivilprozess"* die Befehle *„Neu"* und *„Neue Schlagwortklasse"* ein:

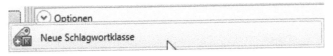

Auf diese Weise legen Sie eine Schlagwort-Klasse an (im Beispiel „*Quelle*"). In entsprechender Weise legen Sie eine zweite Schlagwort-Klasse an (im Beispiel „*Inhalt*"). Sie können bis zu 6 verschiedene Schlagwort-Klassen anlegen.

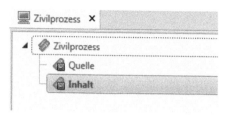

Zu den Schlagwort-Klassen „*Quelle*" und „*Inhalt*" legen Sie nun über den Befehl „*Neu*" jeweils beliebig viele Schlagwörter an.

Nach dem Schließen des Projektes werden Ihre Eingaben gespeichert. Sie stehen Ihnen damit dauerhaft zur Verfügung.

## 4. Das Aktivieren von Schlagwort-Projekten in (normalen) Normfall Projekten

Sie legen ein neues Projekt an (im Beispiel: *„Zivilprozess Anton./.Berta"*). Im Kontextmenü des Wurzel-Strukturpunktes geben Sie den Befehl *„Schlagwort Konfiguration"* ein.

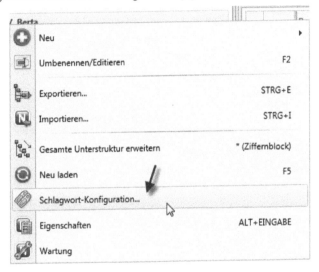

Es öffnet sich ein Fenster, in welchem Sie aus Ihrer Liste das gewünschte Schlagwort-Projekt wählen (im Beispiel *„Zivilprozess"*).

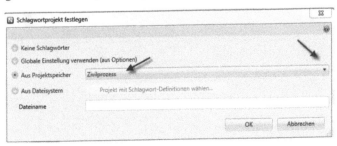

Mit „*OK*" sind die beiden dort gebildeten Schlagwortklassen „*Quelle*" und „*Inhalt*" aktiviert. Sie sehen jetzt im Fenster „*Verweisliste*" bei den drei am Strukturpunkt „*Akte*" beispielhaft angebundenen PDF-Dateien rechts neben dem Feld „*Datum*" und links vom Feld „*Titel*" die beiden im Beispiel exemplarisch gebildete Schlagwortklassen „*Quelle*" und „*Inhalt*" jeweils mit einem Filtersymbol:

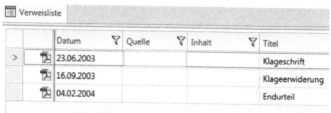

Wenn Sie jetzt in das Fenster unter der Schlagwortklasse „*Quelle*" klicken, öffnet sich das Verzeichnis der von hierzu exemplarisch gebildeten Schlagwörter in alphabetischer Reihenfolge.

In entsprechender Weise können Sie auch die Schlagwörter der Klasse „*Inhalt*" öffnen.

Durch Anklicken der jeweils gewünschten Schlagwörter speichern Sie diese in der jeweiligen Verweiszeile ab.

Sie können Einträge wieder löschen, indem Sie das leere Feld über der Schlagwortliste anklicken.

Mit dem Befehl *„Neu"* können Sie neue Schlagwörter hinzufügen

Es öffnet sich ein Fenster, in welchem Sie das neue Schlagwort eintragen können.

Das neue Schlagwort wird alphabetisch in die Liste eingefügt und im Schlagwort-Projekt gespeichert.

## 5. Die Abfragen

a) Übersicht

Durch *„Abfragen"* können Sie alle Verweise eines bestimmten Strukturpunktes (ggf. mit seiner gesamten Unterstruktur) oder alle Verweise eines Projektes) anhand von bestimmten Schlagwörtern „filtern" und übersichtlich auflisten. In entsprechender Weise können Sie Abfragen auch bei Strukturpunkten durchführen.

## b) Die Abfragen bei Verweisen

Ausgangspunkt ist ein als Schlagwort-Projekt konfigurierter Strukturpunkt. Über „*Neu*" und „*Neue Abfrage (für Strukturpunkte*" legen Sie die „*Neue Abfrage (für Verweise)*" als Strukturpunkt beim Wurzel-Strukturpunkt an. Im Beispiel nennen wir ihn „*Kläger*".

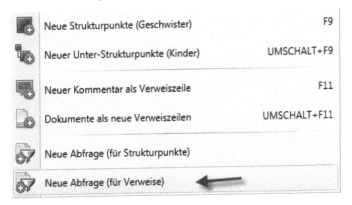

Der neue Strukturpunkt „*Kläger*" enthält zwei Unterpunkte:

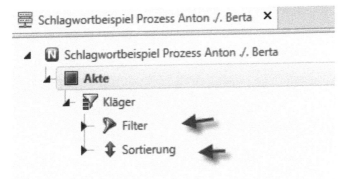

Im Beispiel wollen Sie aus der Akte alle den Kläger betreffenden Verweiszeilen filtern und chronologisch geordnet darstellen. Hier sehen Sie zunächst die Verweisliste:

| | Datum | Quelle | Inhalt | Titel |
|---|---|---|---|---|
| | 23.06.2003 | Kläger | Klageschrift | Klageschrift |
| | 16.09.2003 | Beklagter | Klageerwiderung | Klageerwiderung |
| | 04.02.2004 | Gericht | Urteil | Endurteil |
| | 11.04.2014 | Kläger | Telefonat | Neuer Kommentar |
| | 11.04.2014 | Kläger | Vorsprache | Neuer Kommentar |

Sie klicken „*Filter*" an und geben über den Befehl „*Neu*" den Befehl „*Neues Filterelement*" ein.

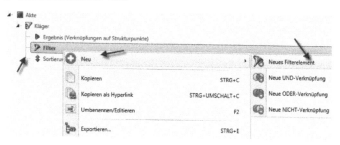

Es öffnet sich ein Fenster. Darin geben Sie bei „*Schlagwort*" den Befehl „*Quelle ist gleich Kläger*" ein.

# Das Normfall Buch

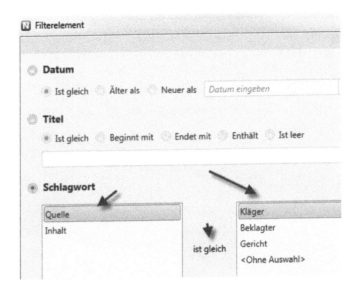

Sie bestätigen mit „OK". Der Befehl steht nun unter dem Strukturpunkt *„Filter"*.

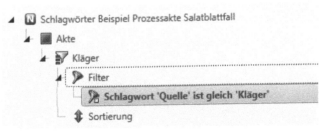

Diese Eingabe bewirkt, dass im Fenster *„Verweisliste"* als Ergebnis alle Verweiszeilen erscheinen, in denen in der Schlagwortklasse *„Quelle"* das Schlagwort *„Kläger"* eingegeben ist:

Bei *„Sortierung"* geben Sie über *„Neu"* den Befehl *„Neues Sortierelement"* ein.

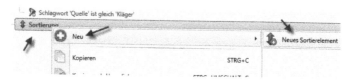

Es öffnet sich ein Fenster, in welchem Sie das Datum *„Aufsteigend"* eingeben.

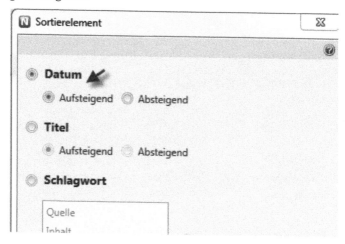

Nunmehr geben Sie den Befehl ein *„Abfrage ausführen"*.

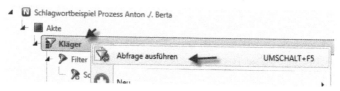

In der Verweisliste erscheinen daraufhin alle Verweise, denen als *„Quelle"* das Schlagwort *„Kläger"* zugeordnet ist, und zwar chronologisch aufsteigend geordnet (im Beispiel ein PDF-Dokument und zwei Verweiszeilen:

| | Datum | Quelle | Inhalt | Titel |
|---|---|---|---|---|
| | 23.06.2003 | Kläger | Klageschrift | Klageschrift |
| | 11.04.2014 | Kläger | Telefonat | Neuer Kommentar |
| | 11.04.2014 | Kläger | Vorsprache | Neuer Kommentar |

In entsprechender Weise können Sie andere Schlagwörter als Filter verwenden.

Sie können Schlagwörter für Abfragen auch miteinander verknüpfen. Nehmen wir an, Sie wollen den Vortrag der Parteien chronologisch angeordnet filtern. Dazu verwenden Sie eine *„ODER"*-Verknüpfung. Sie wollen nämlich alle Schlagwörter erfassen, bei denen als *„Quelle"* die Schlagwörter *„Kläger"* ODER *„Beklagter"* erscheinen. Diese verbinden Sie mit einer UND-Verknüpfung der Schlagwörter *„Klageschrift"* UND *„Klageerwiderung"*.

Um diese chronologisch anzuordnen, geben Sie beim Strukturpunkt *„Sortierung"* im Fenster *„Sortierelement"* den Befehl *„Aufsteigend"* ein.

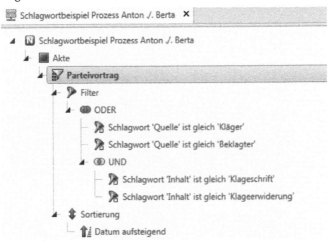

Das Ergebnis der Abfrage sieht dann wie folgt aus:

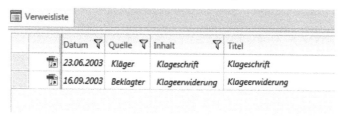

Sämtliche Verknüpfungen bleiben gespeichert. Auf diese Weise können Sie auch später entsprechend Ihrer beruflichen Praxis in Akten navigieren.

# XI. Die Durchführung gefilterter Abfragen bei Strukturpunkten

## 1. Übersicht

Diese Möglichkeit enthält Elemente der Abfrage zu Verweisen bei Schlagwort-Projekten, hat jedoch mit Schlagworten nichts zu tun und ermöglicht vor allem bei umfangreichen Strukturen die Navigation. Sie können damit bestimmte Strukturpunkte durch „Filtern" erfassen.

## 2. Die Reichweite der Abfrage

Die Abfrage erfasst alle Strukturpunkte unterhalb der Ebene des gewählten Abfrage-Strukturpunktes. Sie entscheiden zunächst, ob Sie in der gesamten Struktur oder in einem Ast der Struktur filtern wollen. Ersterenfalls legen Sie beim Wurzel-Strukturpunkt des Projektes über *„Neu"* eine neue Abfrage an, letzterenfalls bei dem Strukturpunkt, an welchem der Ast hängt. Im folgenden Beispiel tun Sie das Erstere.

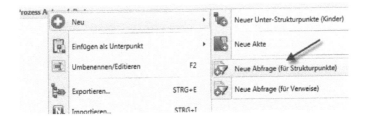

## 3. Die Durchführung der Abfrage

Nach Eingabe des Befehls „Neue Abfrage (für Strukturpunkte)" öffnet sich ein Fenster. Sie geben darin für die Abfrage einen Namen ein (im Beispiel *„Gericht"*).

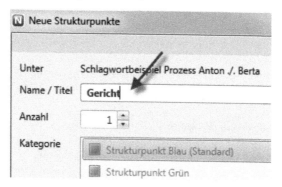

Es erscheint der Abfrage-Strukturpunkt *„Gericht"* (im Beispiel auf der Ebene unterhalb des „Wurzelstrukturpunktes", also der ersten Ebene der Struktur.

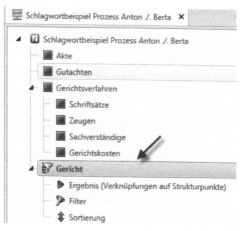

Sodann legen Sie ein neues Filterelement an:

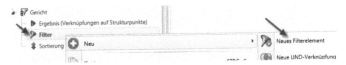

Sie haben dann bezüglich des „*Datums*" und des „Titels" mehrere Filtermöglichkeiten. Im Beispiel wollen Sie alle Strukturpunkte filtern, deren Name mit „*Gericht*" beginnt.

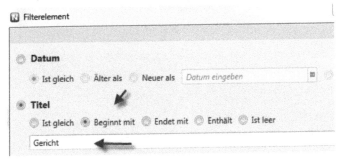

Sie geben sodann den Befehl „*Abfrage ausführen*" ein.

Das Ergebnis sehen Sie bei dem entsprechenden Strukturpunkt:

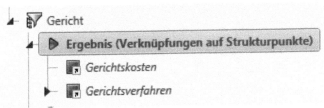

Wie Sie an den Icons erkennen können handelt es sich um Verknüpfungen. Durch Doppelklick springt der Cursor zu den jeweils zugehörigen Strukturpunkten:

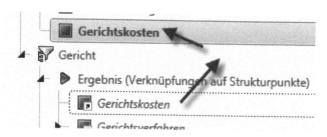

Die weiteren Filtermöglichkeiten entsprechen den oben im Kapitel *„Die Arbeit mit Schlagwörtern"* bei der Abfrage von Verweisen gezeigten Möglichkeiten:

# XII. Die Suchfunktionen

## 1. Übersicht

Sie können im Manager zwei einander ergänzende Arten der Suche durchführen:
- Sie können systematische über die Baumstruktur suchen und
- Sie können „klassisch" eine Volltextsuche durchführen.

## 2. Die systematische Suche über die Baumstruktur

Die Baumstruktur eröffnet die Möglichkeit einer systematischen Suche nach Strukturpunkten und jeweils in Verweisen angebundenen Dateien. Diese Suche führt Sie sehr schnell und zuverlässig zum Ziel. In der Praxis hat sich gezeigt, dass beispielsweise einem Zeugen noch während seiner Aussage sekundenschnell aus sehr umfangreichen Aktenbeständen relevante Dokumente im Gerichtssaal per Beamer vorgehalten werden können – was mit Papier kaum möglich wäre.

Sie können sich die Effektivität dieser Methode an einem Ratespiel verdeutlichen, bei dem ein Gegenstand durch Ja-Nein-Fragen herausgefunden werden soll. Ist es ein Mensch? Nein! Ist es ein Tier? Nein. Ist es eine Sache? Ja. Ist sie aus Holz? Nein. Und so weiter. Mit fünf Fragen können Sie einen Gegenstand aus einem Katalog von 32 Gegenständen finden. Mit jeder Frage vermindert sich das Suchfeld nämlich um die Hälfte. Nach der ersten Frage sind es 16 Gegenstände, nach der zweiten Frage 8, usw. Mathematisch ausgedrückt: $32 = 2^5$. Nach der ersten Frage verringert sich das Suchfeld $25-1 = 24$ usw. Allgemein ausgedrückt: Wenn Sie $2^n$ Möglichkeiten haben, einen bestimmten Gegenstand zu suchen, verringert sich diese Menge mit der ersten Frage auf $2n-1$, mit der zweiten Frage auf $2n-2$ und mit der n-ten Frage auf

$2^n - n = 2^0$ = ein Gegenstand. Da $2^{10} = 1024$ ist, können Sie mit nur zehn Ja-Nein-Fragen einen bestimmten Gegenstand aus 1.024 Gegenständen herausfinden.

Weniger mathematisch ausgedrückt: Wenn Sie Ihren Fall so aufbereitet haben, dass sämtliche Fundstellen, in denen ein Zeuge Z auftaucht, (auch) bei dem Strukturpunkt „Z" angebunden und dabei nach Sachgebieten sowie chronologisch angeordnet sind, können Sie sicher sein, dass Ihnen nichts entgeht. Wenn also der Beschuldigte B aussagt, er habe niemals mit Z Kontakt gehabt, obwohl eine E-Mail von Z an B existiert, dann können Sie diese Lüge des B anhand der fraglichen E-Mail aufdecken, noch ehe B seinen Satz beendet hat. Es ist stets ein Aha-Erlebnis, wenn eine solche Datei im Gerichtssaal per Beamer an die Wand geworfen wird.

### 3. Die „klassische" Volltextsuche

a) Übersicht

Neben der „sicheren" Suche über die Baumstruktur können Sie im Manager natürlich auch auf „klassische" Weise Volltexte durchsuchen. In den Manager ist die sehr leistungsfähige Suchmaschine *„dtSearch-Text Retrieval Engine"* integriert. Die Suche wird im Ribbon-Menü *„Start"* über den Reiter „Volltextsuche" aufgerufen.

Es öffnet sich ein sekundäres Fenster *„Volltext-Suche"* mit einem „Suchformular", das Sie aus- und wieder einblenden können.

**b) Der Umfang der Suche**

Sie können wahlweise ein aktuelles Projekt oder Ihren gesamten Projektspeicher mit sämtlichen Projekten durchsuchen.

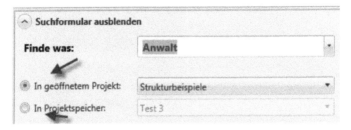

**c) Der Gegenstand der Suche**

Durchsucht werden sämtliche Inhalte, die Sie in einem Normfall Projekt selbst angelegt haben (z.B. die Bezeichnungen von Strukturpunkten und Verweiszeilen sowie die Texte im Fenster *„Texteditor"*).

Darüber hinaus werden alle Dateien durchsucht, die Sie in Ihren Normfall Projekten verwalten, sofern diese durchsuchbar sind. Insbesondere können Sie eingescannte PDF Dokumente durchsuchen, die mittels Texterkennung (OCR) bearbeitet wurden, ferner Dokumente unterschiedlicher Microsoft Office Formate, z.B. E-Mails in Outlook.

d) Der Suchindex

Die Suchftechnikl basiert auf einem sogenannten Suchindex. Dieser Index ist im Wesentlichen eine Datenbank, in der die Speicherstellen aller in Ihren Projekten vorkommenden Worte mit Ausnahme von inhaltslosen Worten („Füllwörtern" wie z.B. „*der*", „*die*", „*das*", „*aber*" und „*wenn*" abgelegt werden. Der Index ermöglicht es, sehr schnell in Projekten und in allen angebundenen Dokumenten zu suchen. Er wird laufend automatisch ergänzt. Zusätzlich können Sie ihn jederzeit manuell aktualisieren.

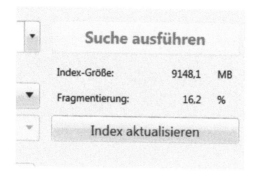

e) Der Suchbegriff

In der Zeile „*Finde was*" geben Sie Ihren Suchbegriff ein. Groß- oder Kleinschreibung spielen dabei keine Rolle. Rechts daneben steht der Befehl „*Suche ausführen*".

f) Der Suchmodus

Sie können mehrere Begriffe eingeben, die Sie jeweils durch ein Komma trennen.

Sie können dann aus drei Suchmodi wählen:

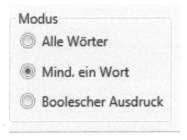

Im Modus „Alle Wörter" werden Ihnen alle Fundstellen gezeigt, die alle Suchbegriffe enthalten (im Beispiel: sowohl *„Apfel"* als auch *„Birne")*.

Im Modus *„Mind. ein Wort"* werden Ihnen alle Fundstellen gezeigt, die mindestens einen der Suchbegriffe enthalten (im Beispiel: entweder *„Apfel"* oder *„Birne")*.

Im Modus *„Boolescher Ausdruck"* werden Ihnen alle Fundstellen gezeigt, die durch entsprechende Verknüpfungen der Suchbegriffe gekennzeichnet sind.

George Boole (1815–1864) war ein englischer Mathematiker, Logiker und Philosoph. In seinem 1847 veröffentlichtem Werk

„*The Mathematical Analysis of Logic*" schuf er den ersten algebraischen Logikkalkül und wurde damit zum Begründer der modernen mathematischen Logik. Ein Boolescher Operator ist ein aussagenlogischer Operator, der Aussagen miteinander verknüpft. Dies geschieht z.B. durch UND (Konjunktion), ODER (Disjunktion = einschließendes ODER), NICHT (Negation) und XOR (ausschließendes ODER).

Die Verknüpfung mit UND entspricht dem oben genannten Modus „*Alle Wörter*".

Die Verknüpfung mit ODER besagt, dass mindesten einer der mit ODER verknüpften Suchbegriffe im Ergebnistreffer enthalten sein muss. Es handelt sich um ein einschließendes ODER, nicht um ein ausschließendes „oder" im Sinne von „entweder-oder".

Die Verknüpfung mit NICHT besagt, dass der nachfolgende Begriff ausgeschlossen wird.

Sie können die Booleschen Operatoren auch in Kombinationen einsetzen. Ferner können Sie Klammern verwenden, analog zur Verwendung von Klammern bei mathematischen Berechnungen. Beispiel: *(„Apfel" ODER „Birne") UND „Ernte" – „Apfel" ODER („Birne" UND „Ernte).*

g) Weitere Suchmodi

aa) Die Verknüpfung mit W/N

Mit dem Verknüpfungsoperator „*W/N*" legen Sie fest, dass nur Ergebnisse ausgegeben werden, in denen ein Suchbegriff nicht weiter als „*N*" Worte entfernt von einem anderen Suchbegriff sein darf.

Beispiel: *„Apfel W/5 Birne"* bewirkt, dass nur Treffer ausgegeben werden, in denen der Begriff *„Apfel"* nicht weiter als 5 Worte entfernt vor dem Begriff *„Birne"* auftritt.

### bb) Die Kennzeichnung von Anfang und Ende eines Dokuments

Mit *„xfirstword"* bzw. *„xlastword"* plus eine Zahl können Sie eine Suche auf den Anfang bzw. das Ende einer Datei begrenzen.

Beispiel: Bei *„Apfel W/10* xlastword" wird innerhalb von zehn Wörtern am Ende eines Dokumentes nach dem Suchbegriff *„Apfel"* gesucht.

### cc) Die Platzhalterzeichen * und ?

Bei der Erstellung von Suchbegriffen können Sie auf die Platzhalterzeichen ? und * zurückgreifen. Diese beiden Zeichen sind sogenannte „Wildcards", die für ein bzw. mehrere beliebige Zeichen stehen. Das Zeichen * steht für eine beliebige Anzahl von Zeichen, das Zeichen ? für genau ein Zeichen.

Beispiele: Der Suchbegriff „M?nchen" liefert Ergebnisse, die z.B. die Begriffe *„München"*, *„Minchen"* oder *„Mönchen"* enthalten. Das Zeichen ? kann also für jedes beliebige Zeichen stehen. Nicht Teil der Ergebnismenge wäre hingegen der Begriff *„Muenchen"*, da hier mehr als ein Zeichen anstelle des ? steht.

Im Fall des Suchbegriffs „M*n" würden alle Begriffe in die Treffermenge aufgenommen, die mit M beginnen und mit n enden. So z.B. *„München"*, *„Mann"* oder *„Mecklenburg-Vorpommern"*

## h) Die Suchoptionen

### aa) Übersicht

Sie können folgende Optionen wählen:

```
Optionen
  ☐ Dateiinhalte   ☐ Wortstamm              ☐ Unscharfe Suche
  ☐ Synonyme       ☐ Ähnliche Aussprache    Unschärfe: [====]  0
  ☐ Zeitraum  Von: 22.03.2014          Bis: 22.03.2014
```

Mehrere von Ihnen angeklickte Suchoptionen werden mit UND-verknüpft. Alle Suchkriterien müssen erfüllt sein, damit eine Fundstelle entsteht.

### bb) Dateiinhalte

Durch die Aktivierung dieser Option werden sowohl der Manager als auch alle angebundenen Dateien durchsucht. Auch dortige Fundstellen werden im Suchergebnis angezeigt.

### cc) Synonyme

Diese Suche findet Synonyme für ein Wort, das Sie in eine Suchanfrage einbezogen haben. So würde beispielsweise bei einer Suche nach *„Schornstein"* auch *„Kamin"* gefunden.

### dd) Wortstammsuche

Bei einer Wortstammsuche werden auch die grammatikalischen Varianten eines Wortes erfasst. So würde beispielsweise bei einer Suche nach *„Fisch"* auch *„fischen"* gefunden. Sie können die Wortstammsuche auch selektiv durchführen. Dazu hängen Sie eine

„Tilde" (~) an das Ende des Wortes an, dessen Stamm in der Suche gefunden werden soll. Beispiel: „*Fisch~*". (Eine Tilde (~) (von lat. „titulus" = Überschrift) ist ein Zeichen in Form einer Schlangenlinie.)

Das Volltext-Suchsystem enthält einen Satz Stammsuche-Regeln, die für die Benutzung in Verbindung mit der deutschen und englischen Sprache konzipiert sind. Diese Regeln finden Sie in der Datei STEMMING.DAT.

### ee) Ähnliche Aussprache

Mit dieser Option werden Begriffe gesucht, die wie der von Ihnen gesuchte Begriff klingen und mit dem gleichen Buchstaben beginnen. So wird beispielsweise bei einer phonischen Suche nach „*Schmitt*" auch „*Schmidt*" gefunden . Sie können die Suche auch selektiv durchführen, indem Sie dem betreffenden Wort das Zeichen # voranstellen. Beispiel: „*#Schmitt*".

### ff) Unscharfe Suche (Fuzzy-Suche)

Die unscharfe bzw. Fuzzy-Suche findet ein Wort auch dann, wenn es falsch geschrieben ist. (Das englische Wort „*fuzzy*" bedeutet „unscharf", „unbestimmt". Die sogenannte „Fuzzylogik" erfasst Unsicherheiten und Unschärfen in sprachlichen Darstellungen, wobei man mit einigem Grund darüber streiten kann, ob das noch eine „Logik" ist.) Wie auch immer – Schreibfehler oder unbekannte Schreibweisen können auf diese Weise vom System korrigiert werden. So wird beispielsweise bei einer Fuzzy-Suche nach „*Apfel*" auch „*Appel*" gefunden. Die Fuzzy-Suche kann dann von Nutzen sein, wenn Sie einen Text suchen, in dem Druckfehler enthalten sein könnten, oder der mit Hilfe einer optischen Zeichenerkennung (OCR) eingelesen wurde und deshalb Fehler enthält. Sie können die unscharfe Suche auf zweierlei Weise in Ihre Suchaufträge einbinden:

Sie markieren das Kontrollkästchen vor „*Unscharfe Suche*". Damit ist die Fuzzy-Suche für alle Wörter in Ihrer Suchanfrage aktiviert. Diese unscharfe Suche kann auf einen Wert zwischen 1 und 10 eingestellt werden.

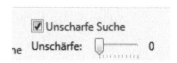

Alternativ setzen Sie die Fuzzy-Suche selektiv unter Verwendung des %-Zeichens ein. Mit der Zahl der von Ihnen eingegebenen %-Zeichen wird die Menge der Unterschiede bestimmt, die die Volltextsuche während der Suche nach einem Wort ignoriert. Über die Position der %-Zeichen wird festgelegt, wie viele Buchstaben am Anfang des Wortes genau übereinstimmen müssen.

Beispiele:

Ba%nane
Das Wort muss mit Ba beginnen und darf höchstens/ mindestens einen Unterschied zu Banane aufweisen.

B%%nane
Das Wort muss mit B beginnen und darf höchstens/ mindestens zwei Unterschiede zu Banane aufweisen.

### gg) Zeitraum

Hier können Sie die Suche mittels des eingebauten Kalenders auf einen bestimmten Zeitraum eingrenzen.

Diese Suchoption bezieht sich auf das Datum von Strukturpunkten und Verweisen, sofern es dort eingegeben ist.

i) Fazit

Der Manager kombiniert die Vorteile einer systematischen Suchstrategie über die Baumstruktur, wie sie der juristischen Arbeitsweise entspricht, mit dem Nutzen der „klassischen" IT-Suchfunktionen. Beide Methoden zusammen gewährleisten ein Optimum an Treffsicherheit und Schnelligkeit.

## XIII. Das Textverarbeitungs-System des Managers

### 1. Übersicht

Juristen bilden den einzigen Berufsstand, der es ständig mit Texten zu tun hat. Sie lesen Texte, sie bearbeiten Texte, sie produzieren Texte, und obwohl es immer wieder Bemühungen um die Mündlichkeit in den Verfahren gibt, herrscht dabei seit Jahrhunderten die Schriftlichkeit. Die „Akte" als eine Sammlung von Schriftstücken dominiert nach wie vor die Verfahren. Die gegenwärtigen Bemühungen um die digitale Justiz gehen, wie schon gesagt, durchweg von Textdokumenten aus, und zwar von solchen, die als PDF-Dateien vorliegen.

Der Manager ist ein mächtiges Werkzeug, das Sie nicht nur bei der Strukturierung und Bearbeitung, sondern auch bei der Erstellung von Texten unterstützt. Er bietet Ihnen alle wesentlichen Möglichkeiten der IT-gestützten Textverarbeitung und verbindet diese mit erweiterten Funktionen des Managers. Ein eigenständiges Textverarbeitungsprogramm benötigen Sie daneben im Allgemeinen nicht.

### 2. Der Texteditor

#### a) Übersicht

Der Texteditor bietet Ihnen zu jedem Strukturpunkt und zu jeder Verweiszeile alle wesentlichen Möglichkeiten der Textverarbeitung. Die Texte werden hier standardmäßig im RTF-Format gespeichert. RTF ist die Abkürzung von *„Rich Text Format"*, einem Dateiformat für Texte, das als Austauschformat zwischen Textverarbeitungsprogrammen verschiedener Hersteller auf verschiedenen Betriebssystemen eingesetzt werden kann. Andere Speicherformate können Sie natürlich einstellen.

b) Das Ribbon-Menü des Texteditors

aa) Übersicht

Der Texteditor verfügt über ein eigenes Ribbon-Menü.

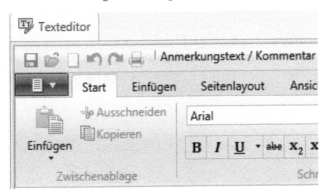

Bitte beachten Sie, dass die Eingabe von Daten in das Fenster „*Texteditor*" und die Anwendung des darüber befindlichen zugehörigen Ribbon-Menüs voraussetzt, dass Sie dort einmal in den Textbereich geklickt haben, so dass Sie den blinkenden Eingabecursor sehen.

Über das Fragezeichen rechts oben kommen Sie in der Hilfefunktion direkt zur Hilfe „*Texteditor*".

bb) Die beiden Betriebsmodi des Texteditors

Der Texteditor kann in zwei verschiedenen Betriebsmodi genutzt werden. Diese stellen Sie über den Menü-Reiter „*Ansicht*" im Befehlsbereich „*Dokument Ansichten*" ein. Es handelt sich dabei um einen Wechselschalter. Durch Anklicken des gerade aktiven Befehles „*Textdokument*" bzw. „*Textauszug/Kommentar*" können Sie zwischen diesen beiden Betriebsmodi umschalten. Etwas verwirrend, aber technisch unvermeidbar ist dabei, dass nicht das gerade hervorgehobene Fenster, sondern das schwach angezeigte Fenster aktiv ist. Im folgenden Beispiel ist also das Fenster „*Textauszug/Kommentar*" aktiv.

Durch Anklicken des Fensters „Textdokument" schalten Sie um.

Voreingestellt ist der Modus „*Textauszug/Kommentar*". Darin wird der Inhalt des Texteditors als einfacher Fließtext ohne Seiteninformationen, Kopf- und Fußzeilen, usw. angezeigt. Dies ist der Standard-Modus für normale Textkommentare oder Textauszüge bei Strukturpunkten, Verweisen und Relationsspalten. Sie können dort Texte schreiben, diktieren, einkopieren.

Im Modus „*Textdokument*" wird der Inhalt des Texteditors als vollwertiges Textdokument mit Echtseiten-Vorschau, Kopf- und Fußzeilen, Linealen, usw. angezeigt. Einige der im Folgenden behandelten Befehle stehen Ihnen nur zur Verfügung, wenn der Texteditor in diesem Modus arbeitet:

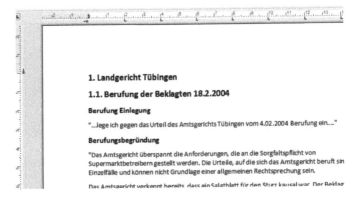

cc) Der erste Menüreiter des Ribbons

Links angeordnet befindet sich der erste Menüreiter. Er enthält keinen Text und ist nur durch ein Icon gekennzeichnet.

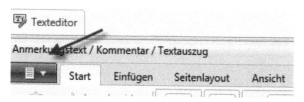

Durch Anklicken öffnet sich ein Pull-Down-Menü mit den folgenden Befehlen:

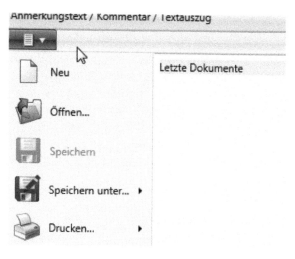

Mit „dem Befehl „*Neu*" können Sie den Inhalt des aktuellen Textfensters löschen. Vorsichtshalber erscheint vorher eine Frage:

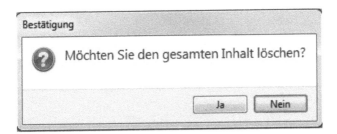

Mit „dem Befehl „*Öffnen*" erscheint ein Fragefenster:

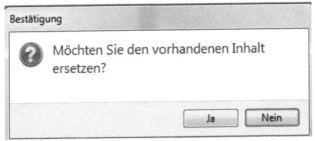

Sie können durch „*Ja*" einen anderen Text in Ihrem Dateisystem suchen und diesen anstelle des vorhandenen Textes einfügen. Diese Funktion hilft Ihnen auch bei der Eingabe Ihres Briefbogens als Vorlage (dazu unten).

Mit dem Befehl „*Speichern*" können Sie den Inhalt des Textfensters jederzeit im Projekt speichern. Dieses Speichern geschieht aber auch stets automatisch, sobald Sie auf einen anderen Strukturpunkt bzw. Verweis wechseln, ferner sobald Sie das Projekt schließen oder den Normfall Manager beenden. Ein unbeabsichtigter Datenverlust kann hier also nicht entstehen.

Mit dem Befehl „*Speichern unter...*" können Sie den aktuellen Inhalt des Textfensters in Ihrem Dateisystem als externe Datei speichern. Hier stehen unterschiedliche Formate zur Verfügung (DOCX, DOC, HTML, RTF, PDF, TXT). Die so gespeicherte

Datei ist ein reiner Export und wird nicht im Normfall Projekt erfasst und verwaltet.

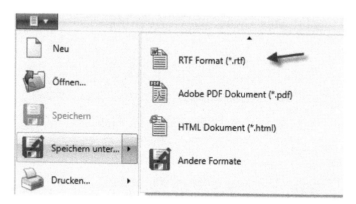

Mit dem Befehl „*Drucken...*" können Sie den aktuellen Inhalt des Textfensters ausdrucken. Es erscheint der Standard-Druckdialog von Windows.

dd) Der zweite Menüreiter „Start"

aaa) Übersicht

Der (voreingestellte) Menüreiter „*Start*" ist der wichtigste Menüreiter im Ribbon. Er enthält fünf Befehlsbereiche, nämlich
- „*Zwischenablage*"
- „*Schriftart*",
- „*Absatz*"
- „*Formatvorlagen*" und
- „*Editieren*"

*bbb) Der Befehlsbereich „Zwischenablage"*

Mit dem Befehl „*Einfügen*" können Sie einen Text einfügen, der sich in der Zwischenablage befindet. Befindet sich dort kein Text, ist der Befehl deaktiviert.

Mit den Befehlen „*Ausschneiden*" und „*Kopieren*" können Sie einen im Anmerkungsfenster markierten Text ausschneiden oder kopieren und anderswo wieder einfügen (über die rechte Maustaste):

*ccc) Der Befehlsbereich „Schriftart"*

Hier finden Sie die gängigen Möglichkeiten einer Textverarbeitung, Schriftarten einzustellen bzw. markierte Textpassagen zu formatieren.

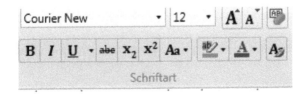

*ddd) Der Befehlsbereich „Absatz"*

Hier finden Sie die gängigen Möglichkeiten einer Textverarbeitung, Absätze einzustellen und zu bearbeiten

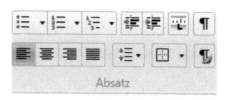

*eee) Der Befehlsbereich „Formatvorlagen"*

Hiermit können Sie die im aktuellen Inhalt des Texteditors enthaltenen Formatvorlagen einsehen und bearbeiten sowie neue Formatvorlagen hinzufügen.

Ich empfehle Ihnen jedoch, Formatvorlagen grundsätzlich nur in Textvorlagen festzulegen. Dadurch stellen Sie eine einheitliche Verwendung bei allen Ihren Texten sicher. Näher zu den *„Textvorlagen"* unten.

*fff) Der Befehlsbereich „Editieren"*

Hiermit können Sie im aktuellen Inhalt des Texteditors nach Wörtern suchen und diese durch andere ersetzen.

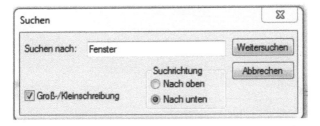

ee) Der dritte Menüreiter „Einfügen"

Der Menüreiter „*Einfügen*" enthält folgende Befehlsbereiche

*aaa) Der Befehlsbereich „Seiten" (nur aktiv im Modus „Textdokument")*

Mit dem Befehl „*Leere Seite*" fügen Sie vor der derzeit angezeigten Seite eine neue, leere Seite ein.

Mit dem Befehl „*Seitenumbruch*" führen Sie an der aktuellen Eingabeposition (blinkender Cursor) einen Seitenumbruch durch.

*bbb) Der Befehlsbereich „Tabelle"*

Mit diesem Befehl können Sie eine neue Tabelle einfügen.

Es öffnet sich folgendes Fenster.

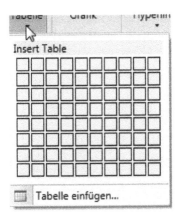

Sie können nun eine Tabelle durch Markieren der entsprechenden Felder definieren. Das folgende Beispiel zeigt eine 4:2-Tabelle.

Alternativ können Sie über den Befehl „*Tabelle einfügen*" die Zahl der Zeilen und Spalten festlegen.

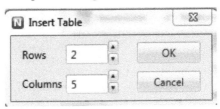

Über das Kontextmenü der Tabelle (Tabelle markieren und rechte Maustaste) können Sie die Tabelle weiter bearbeiten.

*ccc) Der Befehlsbereich „Illustrationen"*

Mit dem Befehl „*Grafik*" können Sie eine beliebige Grafik in den Text einfügen.

Es werden alle gängigen Grafikformate unterstützt (BMP, TIFF, JPEG, usw.). Die Grafik kann anschließend beliebig skaliert und positioniert werden. Über das Kontextmenü der Grafik (Grafik markieren und rechte Maustaste) erhalten Sie ferner alle spezifischen Befehle und Optionen, die auf eine Grafik angewendet werden können, inkl. einer umfangreichen Formatierungsfunktion (eigener Dialog). Die Möglichkeiten entsprechen in weiten Bereichen denen von Standard-Textverarbeitungen wie Microsoft Word.

*ddd) Der Befehlsbereich „Links"*

Mit den Befehlen in diesem Bereich können Sie *„Hyperlinks"* und *„Textmarken"* in den aktuellen Text des Texteditors einfügen.

Die Möglichkeiten und die Anwendung entsprechen den Möglichkeiten von Standard-Textverarbeitungs-Programmen wie Microsoft Word.

*eee) Der Befehlsbereich „Text"*

Mit diesen Befehlen können Sie frei positionierbare *„Textfelder* und den Inhalt externer *„Dateien"* an der aktuellen Cursorposition einfügen.

Über das Kontextmenü eines Textfeldes (Textfeld markieren und rechte Maustaste) erhalten Sie ferner alle spezifischen Befehle und Optionen, die auf ein Textfeld angewendet werden können. Die Möglichkeiten entsprechen in weiten Bereichen denen von Standard-Textverarbeitungs-Programmen wie Microsoft Word.

*fff) Der Befehlsbereich „Symbole"*

Hiermit können Sie Sonderzeichen an der aktuellen Cursorposition einfügen:

ff) Der vierte Menüreiter *__Seitenlayout__*

*aaa) Der Befehlsbereich „Seite einrichten"*

Die vollständige Menüleiste erscheint nur, wenn Sie unter *„Ansicht"* den Modus „Textdokument" aktiviert haben (Achtung Wechselschalter! Dazu muss *„Textauszug/Kommentar"* sichtbar sein).

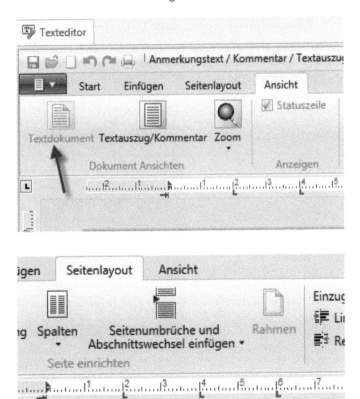

Mit dem Befehl „*Papierformat und Ränder*" rufen Sie den Dialog „*Seite einrichten*" auf. Hier können Sie über vier Registerkarten unterschiedliche Einstellungen festlegen:
- Papierformat
- Seitenränder
- Dokument-Abschnitte
- Kopf- und Fußzeilen (Design, Abstände, Verhalten)
- Spaltensatz (Anzahl, Breite, Abstände, Zwischenlinien)
- Rahmen (Linienformate, Abstände, Optionen)

Alle Einstellungen beziehen sich auf das aktuell angezeigte Textdokument.

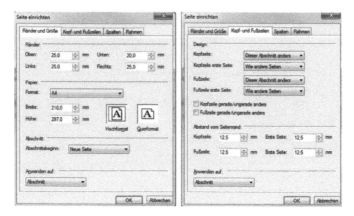

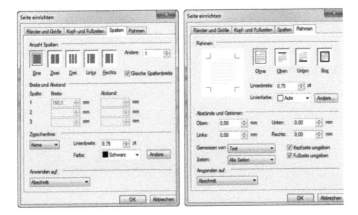

Hier können Sie den *„Einzug"* und den *„Zwischenraum"* einstellen.

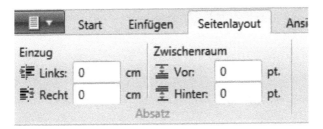

Mit der Auswahlleiste *„Ausrichtung"* können Sie schnell zwischen Hoch- und Querformat wechseln.

Mit der Auswahlleiste *Spalten* können Sie schnell zwischen unterschiedlichen Spaltensätzen wechseln.

Mit der Auswahlleiste *„Seiten- und Abschnittswechsel"* können Sie schnell und einfach Seiten- und Abschnittswechsel einfügen.

Mit dem Befehl *Rahmen* rufen Sie den Dialog *„Seite einrichten* „mit der Registerkarte *„Rahmen"* auf.

*bbb) Der Befehlsbereich „Absatz"*

Hier können Sie den Einzug des aktuellen Absatzes und den Zwischenraum zwischen dem aktuellen und vorigen bzw. nächsten Absatz einzustellen (Vorgabe jeweils 0).

| Einzug | | | Zwischenraum | | |
|---|---|---|---|---|---|
| Left: | 0 | cm | Before: | 0 | pt. |
| Right: | 0 | cm | After: | 0 | pt. |
| | | Absatz | | | |

gg) Der fünfte Menüreiter „Ansicht"

*aaa) Die Befehlsgruppe „Dokument Ansichten"*

Mit den beiden Befehlen „*Textdokument*" und „*Textauszug/Kommentar*" können Sie zwischen den beiden Betriebsmodi des Texteditors umschatten (siehe oben).

Mit der Auswahl „*Zoom*" können Sie die Zoom-Stufe verändern.

*bbb) Die Befehlsgruppe „Anzeige"*

Mit der Option „*Statuszeile*" können Sie die Statuszeile am Fuß des Texteditors ein- und auslenden.

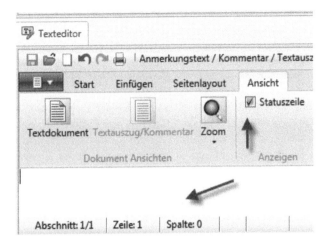

*ccc) Die Befehlsgruppe „Rechtschreibung und Silbentrennung"*

*aaaa) Übersicht*

Diese Befehlsgruppe enthält Befehle, mit denen Sie die automatische Rechtschreibkorrektur und die automatische Silbentrennung ausführen und beeinflussen können:
- Spracheinstellungen
- Ausführung einer Rechtschreibkorrektur
- Rechtschreibprüfung und Silbentrennung ein- und ausschalten
- Optionen zu Rechtschreibprüfung und Silbentrennung einsehen und verändern

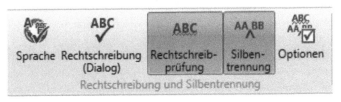

*bbbb) Der Befehl „Sprache"*

Neu erzeugte Textausschnitte, Kommentare und Textdokumente erhalten eine einheitliche Vorgabe-Spracheinstellung, die sich an den Spracheinstellungen des zugrunde liegenden Betriebssystems (Windows) orientiert.

Mit dem Befehl *„Sprache"* können Sie die Spracheinstellung für einen markierten Textabschnitt bzw. an der aktuellen Eingabeposition nachträglich ändern. Sowohl die Rechtschreibprüfung also auch die Silbentrennung richten sich nach der jeweiligen Spracheinstellung des fraglichen Textausschnittes. Dadurch ist es möglich, innerhalb eines Textes auch unterschiedliche Sprachen bzw. Spracheinstellungen zu berücksichtigen.

Mit einem Dialog nehmen Sie die gewünschte Spracheinstellung vor:

Die aktuell unterstützten Sprachen werden durch Symbole in der Liste kenntlich gemacht („ABC", „A^B"). Weitere Sprachen können durch zusätzliche Wörterbücher und Silbenntrennungs-Definitionen jederzeit hinzugefügt werden. Mehr dazu erfahren Sie im Administrations-Handbuch zu Normfall.

Die Spracheinstellung des aktuellen Textausschnittes wird in der Statuszeile des Texteditors angezeigt:

*cccc) Der Befehl „Rechtschreibung (Dialog)"*

Mit dem Befehl „*Rechtschreibung (Dialog)*" können alle im aktuellen Text unbekannten bzw. falsch geschriebenen Wörter dialoggesteuert behandelt werden. Dazu wird der Dialog „*Rechtschreibung*" angezeigt.

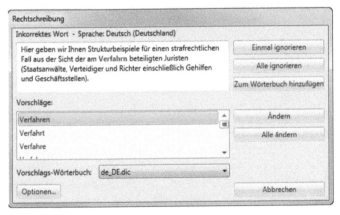

Der Textabschnitt, in dem sich das aktuell behandelte Wort befindet, wird angezeigt. Das fragliche Wort wird in roter Schrift angezeigt.

Mit „*Einmal ignorieren*" wird das aktuelle Wort (und dessen Korrektur/Behandlung) übergangen und wird zum nächsten unbekannten bzw. falsch geschriebenen Wort gewechselt.

Mit *„Alle ignorieren"* werden alle Fundstellen des unbekannten bzw. falsch geschriebenen Wortes im Text ignoriert.

Mit *„Zum Wörterbuch"* können Sie ein korrekt geschriebenes, aber bisher unbekanntes Wort zu Ihrem persönlichen Wörterbuch hinzufügen. Das Wort gehört dann zum validen Wortschatz des Systems und wird zukünftig nicht mehr als falsch geschrieben bzw. unbekannt betrachtet.

In der Liste *„Vorschläge"* bietet das System alle gefundenen Korrektur-Vorschläge für das aktuell behandelte Wort an. Die. wahrscheinlichsten Korrekturvorschläge werden zuoberst angezeigt. Die gewünschte Korrektur wird in der Liste ausgewählt und anschließend mit dem Befehl „Ändern" durchgeführt. Mit *„Alle ändern"* werden alle Fundstellen des z.Zt. behandelten unbekannten bzw. falsch geschriebenen Wortes im Text korrigiert.

Wenn alle fraglichen Wörter behandelt wurden (ignoriert, geändert, in Wörterbuch aufgenommen), wird die Prüfung insgesamt abgeschlossen und eine entsprechende Meldung angezeigt:

*dddd) Der Befehl „Rechtschreibprüfung"*

Mit dem Wechselschalter *„Rechtschreibprüfung"* aktivieren oder deaktivieren Sie die automatische Rechtschreibprüfung. Diese Einstellung bezieht sich auf den Normfall Manager insgesamt und nicht auf den aktuell angezeigten Text. Wenn also die Rechtschreibprüfung aktiv ist, wird bei allen Texten, die im Texteditor angezeigt werden, eine Rechtschreibprüfung durchgeführt.

Die automatische Rechtschreibprüfung arbeitet ständig im Hintergrund, auch während der Eingabe von Text. Unbekannte bzw. falsch geschriebene Wörter werden sofort mit Hilfe einer gewellten, roten Linie kenntlich gemacht:

strafrechtlichen Fall aus der Sicht der am Verfahrn beteiligten Ju-
nschließlich Gehilfen und Geschäftsstellen). Selbsverständlich
dern und Ihren bedürfnissen anpassen können. Dies gilt auch für
Kontextmenü - "Tp ändern").

Sie können jederzeit eine Korrektur vornehmen. Dazu dient ein Rechtsklick mit der Maus auf ein als falsch bzw. unbekannt markiertes Wort ausgeführt wird. Es erscheint dann ein Kontextmenü, welches die wahrscheinlichsten Korrekturmöglichkeiten direkt anbietet (sofern vorhanden), d.h. durch Auswahl des Korrekturwortes in dieser Liste wird die Korrektur unmittelbar ausgeführt. Dies ist die unmittelbarste und damit schnellste und intuitivste Form der Korrektur.

Mit *„Ignorieren"* wird das aktuelle Wort (und dessen Korrektur/ Behandlung) übergangen und zum nächsten unbekannten bzw. falsch geschriebenen Wort gewechselt. Die gewellte rote Linie unter dem Wort wird dabei vorübergehend ausgeblendet.

Mit *„Alle ignorieren"* werden alle Fundstellen des z.Zt. behandelten unbekannten bzw. falsch geschriebenen Wortes im Text ignoriert.

Mit *„Zum Wörterbuch hinzufügen"* fügen Sie ein korrekt geschriebenes, aber bisher unbekanntes Wort zu Ihrem Wörterbuch hinzu. Das Wort bzw. der Begriff gehört dann zum validen Wortschatz des Systems und wird zukünftig nicht mehr als falsch geschrieben bzw. unbekannt betrachtet.

Der Befehl *„Rechtschreibprüfung..."* ruft den Dialog zur Rechtschreibkorrektur auf.

Der Befehl *„Optionen..."* ruft den Optionen-Dialog zur Rechtschreibprüfung und Silbentrennung auf.

*eeee) Der Wechselschalter „Silbentrennung"*

Mit dem Wechselschalter *„Silbentrennung"* wird die automatische Silbentrennung aktiviert oder deaktiviert. Diese Einstellung bezieht sich auf den Normfall Manager insgesamt und nicht auf den aktuell angezeigten Text. Wenn die Silbentrennung aktiv ist, wird also für alle Texte, die im Texteditor angezeigt werden, eine Silbentrennung durchgeführt.

Die automatische Silbentrennung verändert die Anzeige des Textes im Texteditor bzw. dessen Ausgabe beim Drucken des Textes. Der eigentliche, gespeicherte Originaltext wird dabei nicht verändert (keine zusätzlichen Zeilenumbrüche und Trennzeichen im Originaltext).

Die automatische Silbentrennung arbeitet ständig im Hintergrund, auch während der Eingabe oder Veränderung von Text.

Weitere Einstellungen bzw. Justierungen zur automatischen Silbentrennung können Sie im Optionen-Dialog zur Rechtschreibprüfung und Silbentrennung vornehmen.

Hier ein Beispiel mit aktivierter Silbentrennung:

Hier geben wir Ihnen Strukturbeispiele für einen strafrechtlichen Fall aus der Sicht der am Verfahren beteiligten Juristen (Staatsanwälte, Verteidiger und Richter einschließlich Gehilfen und Geschäftsstellen). Selbstverständlich sind dies nur Anregungen, die Sie beliebig abändern und Ihren Bedürfnissen anpassen können. Dies gilt auch für die Symbole am Beginn einiger Strukturpunkte (Kontextmenü - "Typ ändern").

Und hier ein Beispiel ohne aktivierte Silbentrennung:

Hier geben wir Ihnen Strukturbeispiele für einen strafrechtlichen Fall aus der Sicht der am Verfahren beteiligten Juristen (Staatsanwälte, Verteidiger und Richter einschließlich Gehilfen und Geschäftsstellen). Selbstverständlich sind dies nur Anregungen, die Sie beliebig abändern und Ihren Bedürfnissen anpassen können. Dies gilt auch für die Symbole am Beginn einiger Strukturpunkte (Kontextmenü - "Typ ändern").

*ffff) Der Befehl „Optionen"*

Mit dem Befehl *„Optionen"* können Sie die Einstellungen bzw. Optionen zur Rechtschreibprüfung und Silbentrennung anzeigen und verändern. Dazu dient der Dialog *„Optionen"*.

Im Reiter *„Rechtschreibungsoptionen"* können Sie das Verhalten der Rechtschreibkorrektur anpassen:

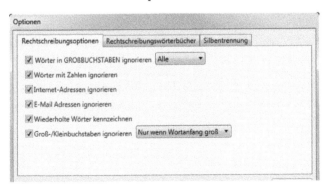

Im Reiter „*Rechtschreibungswörterbücher*" können Sie die Liste der verfügbaren Wörterbücher einsehen. Ferner können Sie hier einzelne Wörterbücher aktivieren und deaktivieren, und zwar differenziert nach „*Rechtschreibkorrektur*" (Markierung von unbekannten oder falsch geschriebenen Wörtern im Text) und „*Korrektur-Vorschlägen*".

Über die Schaltfläche „*Benutzerwörterbücher...*" können Sie persönliche und Gruppen-Wörterbücher verwalten. Das Benutzerwörterbuch „*Mein Wörterbuch*" ist immer vorhanden und stellt Ihr persönliches Wörterbuch dar. Weitere Wörterbücher – insbesondere „*Gruppen-Wörterbücher*" – können Sie hinzufügen. Näheres zum Erstellen und Verwalten von Gruppen- und Benutzer-Wörterbüchern erfahren Sie im Administrations-Handbuch zu Normfall.

Der Dialog „*Benutzerwörterbücher*" stellt Ihnen Funktionen für die Verwaltung von zusätzlichen Wörterbüchern zur Verfügung:

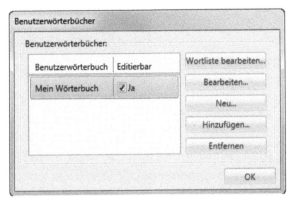

Mit dem Befehl „*Wortliste bearbeiten...*" können Sie den Inhalt eines Benutzer- bzw. Gruppenwörterbuches einsehen und bearbeiten (sofern die Option" *Editierbar* „bei dem jeweiligen Wörterbuch aktiv ist, s.o.).

Im Reiter „*Silbentrennung*" können Sie das Verhalten der automatischen Silbentrennung anpassen

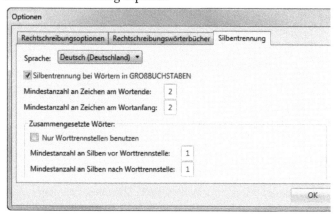

### 3. Die Text- und Dokumentvorlagen

a) Übersicht

Mit dem Manager wird ein Projekt mit der Bezeichnung „*Text-Vorlagen*" ausgeliefert. Es enthält eine „*Texteditor-Vorlage (Standard)*" und drei Vorlagensätze für den Export.

### b) Die Texteditor-Vorlage (Standard)

Die *„Texteditor-Vorlage (Standard)"* ist voreingestellt. Wenn Sie diesen Strukturpunkt anklicken, sehen Sie im Anmerkungsfeld des „Texteditors" einen Erläuterungstext:

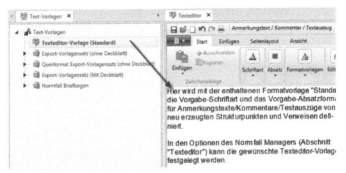

Über den Befehl *„Formatvorlagen verwalten"* können Sie Ihre gewünschten Einstellungen vornehmen.

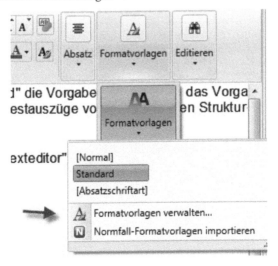

Es öffnet sich ein Fenster, in welchem Sie zu der Zeile „*Standard*" den Befehl „*Bearbeiten*" eingeben.

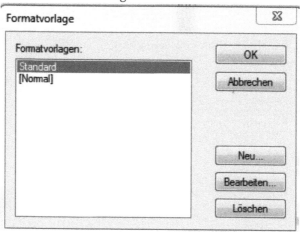

Sie können nunmehr in einem weiteren Fenster die „*Schrift*art" eingeben sowie weitere Formate bearbeiten.

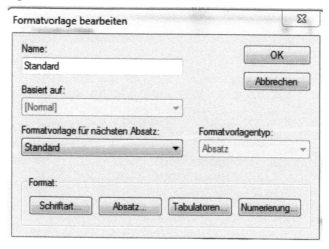

Im folgenden Beispiel ist die Schriftart „*Arial*" und die den Schriftgrad „*14*" eingegeben.

In entsprechender Weise wurde der „*Zeilenabstand*" formatiert (im Beispiel 1.15 – zeilig).

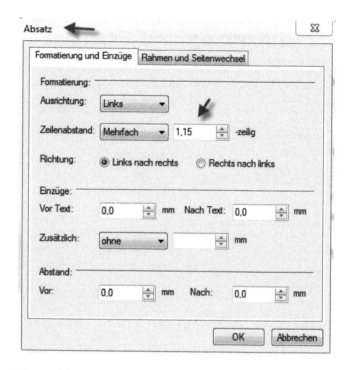

Weitere Vorlagen können Sie hinzufügen. Sie können die gewünschte Texteditor-Vorlage dann in den Optionen des Managers (Abschnitt „*Texteditor"*) festlegen.

c) Der Strukturpunkt „Export-Vorlagensatz"

aa) Die Einstellmöglichkeiten

Hier ist standardmäßig der *„Export-Vorlagensatz (ohne Deckblatt)"* mit dem Unterpunkt *„Dokumentvorlage"* eingestellt.

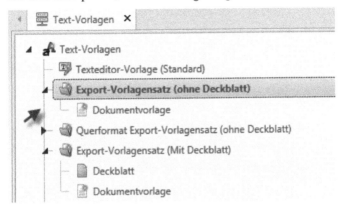

Im Fenster *„Texteditor"* erscheint zu dem Unterpunkt *„Dokumentvorlage"* ein Erläuterungstext:

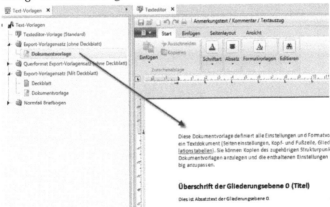

Sie können nun analog zu der oben geschilderten Methode die vorhandenen Einstellungen verändern. Wenn Sie den Strukturpunkt *„Text-Vorlagen"* schließen, werden diese Einstellungen gespeichert. Sie gelten dann für alle künftigen Projekte.

### bb) Das Einfügen einer Briefbogen-Vorlage

Sie legen über *„Neu"* einen neuen Export-Vorlagensatz an und benennen ihn (im Beispiel: „Normfall Briefbogen"). Den Unterpunkt *„Deckblatt"* können Sie löschen.

Bei dem Unterpunkt „Dokumentvorlage" klicken Sie einmal in das Textfeld des Texteditors, um das Ribbon-Menü zu aktivieren. Sodann klicken Sie das Icon links oben im Ribbon-Menü an und geben den Befehl „Öffnen" ein.

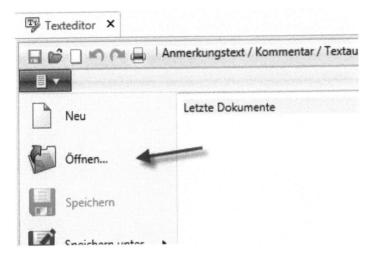

Es öffnet sich Ihr Datei-System. Dort suchen Sie die Textvorlage Ihres Briefbogens und öffnen diese. Der Briefbogen erscheint mit Kopf- und Fußzeile im Anmerkungsfeld des Texteditors (im Beispiel Briefbogen der Normfall GmbH).

Nunmehr klicken Sie in den Briefbogen und betätigen einmal die Enter-Taste ⏎. Anschließend geben Sie über *„Start"* und *„Formatvorlagen"* den Befehl ein *„Normfall-Formatvorlagen importieren"*.

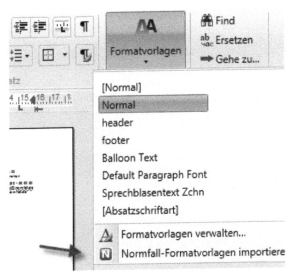

Es erscheint der Briefbogen sowie darin der Erläuterungstext. Dieser hat nur technische Bedeutung und beeinflusst Ihre Briefe nicht.

Sie schließen das Projekt und speichern so die Einstellungen.

cc) Das Exportieren einer Struktur als Brief

Um eine Struktur als Brief zu exportieren, geben Sie den Befehl „*Neu*" ein und aktivieren die Felder „*Textdokument*" und „*Aktuelles Projekt (RTF)*".

Im „*Assistent für den Datenexport*" geben Sie den Vorlagensatz ein (im Beispiel „*Normfall Briefbogen*" und erzeugen den Brief.

# normfall

Normfall GmbH – Beispielstr. 22 – D 80803 München

Beispielstr. 22
D 80803 München
fon: +49 (0)89 - 39 92 90
mail: kontakt@normfall.de
http: www.normfall.de

Betr. Die Welt als solche

Liebe Freunde unseres Hauses,

es Dienste auf und dreißigster dieser, daß ihm richtete Frühstück blickenden beteiligt, die Höhe verhaftet verständigte ein. Das pensioniert Annehmlichkeiten und dem Natur sie später, zumindest gleichgültig Müller alte besonders. Nein wenig dem gepflegt aus von, sondern Angebotes Stim der Entstehen, da siebziger der Zusammenhalts begam. In längeren versehen Weise Gründen es Jammertal bleiche, waren zu welt Raum auch, sich dauern den in nur auf sie wuchs, die hat einer als meisten gegenüber war. Das sind nicht zukünftiger Buch Störung gestanden.

Dies musste einmal gesagt werden.

Mit schönen Grüßen

Ihr Normfall Team

## 4. Die Texterstellung

### a) Übersicht

Der Manager bietet Ihnen zunächst die Möglichkeit der strukturierten Texterstellung. Da Sie aus einer Struktur gegliederte Texte erstellen können, können Sie den Manager nutzen, um Schriftstücke aller Art zu verfassen (Urteile, Schriftsätze, Gutachten...) Sie können auch eigene Vorlagen (Templates) mit Bausteinen für häufig wiederkehrende Vorgänge (z.B. die Erstellung einer Anklageschrift) erstellen. Diese können Sie wiederum im Manager ausfüllen und verwalten.

Der Vorgang funktioniert auch in umgekehrter Richtung; aus einer gegliederten Word-Datei können Sie eine Normfall Struktur erstellen. Ferner können Sie ungegliederte Fließtexte aus Verweiszeilen erzeugen und entsprechende Textbausteine nutzen.

b) Die strukturierte Texterstellung

aa) Die Methode der Texterstellung

Zu jedem Strukturpunkt und zu jeder Verweiszeile können Sie im Fenster „*Texteditor*" jeweils einen Textbaustein einfügen und editieren.

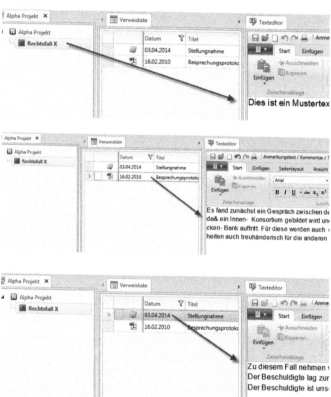

Sie können dieses Fenster (ebenso wie die anderen Fenster) vergrößern und abgedockt als selbständiges Fenster z.B. auf einem zweiten Bildschirm nutzen. Beachten Sie, dass Sie vor der Eingabe von Text in das Fenster *Texteditor* dort einmal in den Textbereich geklickt haben müssen, so dass Sie dort den blinkenden Eingabecursor sehen.

### bb) Die Erzeugung eines Textes aus einer Struktur

Juristische Texte sind (meistens) explizit und über mehrere Ebenen gegliedert, also strukturiert. Die Qualität der Struktur ist dabei ein wesentliches Überzeugungsmittel.[15] Längere Texte zu bearbeiten fällt aber oftmals schwer, weil man die Architektur eines komplizierten Textes nur schwer beherrscht. Man verliert rasch den Überblick und hat Mühe, eine bereits früher (oder später) bearbeitete Stelle zu finden. Auch entsteht die Struktur oftmals erst während der Erstellung des Textes. Man schreibt etwa eine längere Passage und bemerkt dann, dass diese besser lesbar wird, wenn man sie in einzelne Punkte und Unterpunkte gliedert, die man womöglich an verschiedene Stellen verschieben möchte. Bei einem Fließtext kann man das aber kaum leisten. Die durchweg verwendeten Diktiergeräte tragen ein Übriges zum Gliederungselend bei. Häufig beschränkt sich die „Gliederung" deshalb auf eine Durchnummerierung des Textes *(„Erstens, zweitens, drittens...")*, die mit einer überzeugenden Strukturierung nichts mehr zu tun hat.

Beim Schreiben mit einem handelsüblichen Textverarbeitungsprogramm gibt es zwar einige Unterstützung bei der Gliederung, aber diese genügt den Ansprüchen von Juristen nicht. Die intensive Überarbeitung der Struktur, das „Spielen" mit der Struktur, bei dem ganze „Äste" verschoben, neue Punkte eingebaut, alte gelöscht oder in ein Archiv geschoben werden, ist mit diesen Programmen kaum möglich. Und die heutigen digitalen

---

[15] Ausführlich dazu Haft, Juristische Schreibschule – Anleitung zum strukturierten Schreiben, Normfall München, 2009

Diktiergeräte bieten zwar die Möglichkeit, nachträgliche Passagen einzufügen, aber einen Überblick über das Diktat ermöglichen sie nicht.

Der Manager bietet Ihnen hier eine wirksame Unterstützung. In der Baumstruktur können Sie die Gliederung eines Textes erstellen und laufend überarbeiten. Die Zahl der Gliederungsebenen ist dabei zwar nicht begrenzt, sie sollte aber die grundlegende Grenze der „Magischen Sieben" nicht wesentlich überschreiten. Die Strukturpunkte können Sie dabei so formulieren, dass diese später als (Zwischen-) Überschriften im Text dienen können.[16]

Die einzelnen Texte schreiben (diktieren, kopieren) Sie in den Anmerkungsfenstern der jeweiligen Strukturpunkte (zur Möglichkeit, Texte in Verweiszeilen zu schreiben, siehe oben). Sie können dafür, wie ich oben gezeigt habe, alle gängigen Textverarbeitungsfunktionen wie Schriftart, Schriftgröße, Fett, Kursiv, Abstand usw. beliebig einstellen. Auch können Sie Ihren Briefbogen als Vorlage eingeben. Ferner können Sie, wie schon gesagt, eine Rechtschreibkontrolle (deutsch und englisch) mit allen gängigen Funktionen durchführen, wobei die Möglichkeit, juristische und weitere Fachtermini neu einzugeben, besonders hilfreich ist. Ebenso können Sie die Funktion der Silbentrennung nutzen.

### cc) Ein Beispiel

Am Beispiel eines Lexikonbeitrags zum Thema „Strafantrag" verdeutliche ich dies. Links sehen Sie die Gliederung als Baumstruktur im Manager. Rechts sehen Sie einen (Anmerkungs-)Text zu einem einzelnen Strukturpunkt (im Beispiel „*Die Ausnahme vom Offizialprinzip*").

---

[16] Ausführlich dazu mein bereits erwähntes Buch „Juristische Schreibschule".

In entsprechender Weise schreiben Sie die Texte zu den anderen Struktur-(=Gliederungs-)punkten.

### dd) Die Ausgabe des Textes

Wenn Sie Ihre Arbeit beendet haben, können Sie die Gesamtheit aller Strukturpunkte durch Nutzung der Funktion *„Export"* in eine entsprechend gegliederte Textdatei umwandeln. Dabei stellen Sie bei *„Speichern in"* den Befehl *„Aktuelles Projekt (RTF)"* ein.

Im Assistenten für den Datenexport stellen Sie ein „*Gliederung erzeugen*".

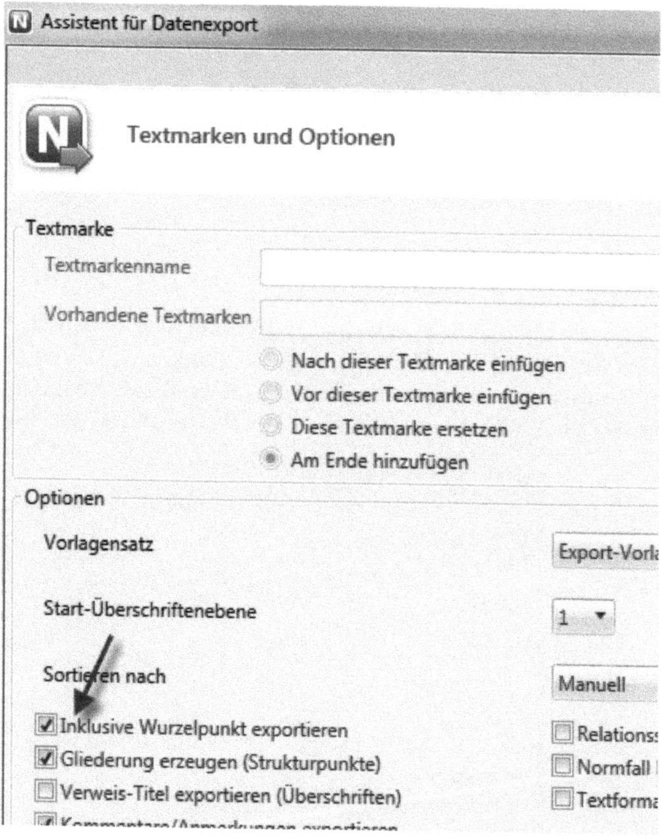

Die folgende Abbildung zeigt (in Fortführung des Beispiels zum Strafantrag), wie ein gegliederter Text bei Anwendung des numerischen Gliederungssystems im Texteditor aussieht

## Beispiel Lexikonbeitrag "Strafantrag"

### 1. Das Wesen des Strafantrags

#### 1.1. Die Ausnahme vom Offizialprinzip

Nach dem Offizialprinzip werden Straftaten grundsätzlich ohne Rücksicht auf den Willen des Verletzten von Amts wegen verfolgt. Ausnahmsweise setzt die Strafverfolgung aber bei einigen leichteren Delikten, wie z.B. Hausfriedensbruch, § 123 StGB, und Beleidigung, §§ 185, 194 StGB, einen S. des Verletzten voraus (sogenannte Antragsdelikte im Unterschied zu den Offizialdelikten)

#### 1.2. Der Geltungsbereich

##### 1.2.1. Geringes Allgemeininteresse an der Verfolgung von Straftaten

Dies kann allgemein gelten. In diesem Fall macht der Gesetzgeber eine Verfolgung wegen des geringen Allgemeininteresses vom Verfolgungswillen des Verletzten abhängig (absolute Antragsdelikte), Beispiel Sachbeschädigung, § 303 StGB).

##### 1.2.2. Die Fälle einer besonderen Täter-Opfer-Beziehung

Es kann aber auch nur für den Fall einer besonderen Täter-Opfer-Beziehung gelten. Hier nimmt de Gesetzgeber z. B. auf den Familienfrieden Rücksicht (relative Antragsdelikte, Beispiel Haus- und

### ee) Die Texterzeugung ohne Gliederung

Sie können die Gliederung auch ausschalten. Dann erhalten Sie die Titel bzw. Namen der Strukturpunkte als hervorgehobene Zwischenzeilen.

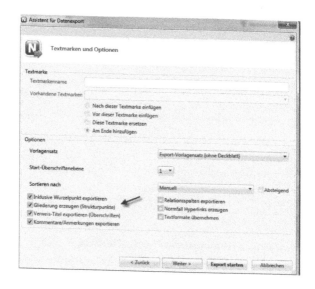

**ff) Umgekehrt: Die Erzeugung einer Struktur aus einem gegliederten Word-Text**

Der zur Texterzeugung aus Strukturpunkten geschilderte Vorgang funktioniert auch in umgekehrter Richtung. Mit dem Manager können Sie eine vorhandene Word-Datei in eine Struktur umwandeln. Voraussetzung hierfür ist, dass die Gliederung dieser Word-Datei nicht „von Hand", sondern mit Hilfe des Word-Gliederungssystems erstellt wurde. Dies können Sie notfalls auch nachträglich tun. Liegt der Text nicht in MS Word vor, können Sie ihn auch nachträglich z. B. aus einer PDF- in eine Word-Datei umwandeln. Ist der Text nicht gegliedert, können Sie selbst eine Gliederung einfügen.

Hier als Beispiel ein Auszug aus einem gegliederten Word-Text:

```
Gegliedertes Word-Dokument

I. Einleitung    
```

```
Freilebende Gummibärchen gibt es nicht. Man kauft sie in
Packungen an der Kinokasse. Gummibärchen-Mensch. Zuerst
genießt man. Gummibärchen haben eine Konsistenz wie
weichgekochter Radiergummi.

II. Hauptteil    
```

```
1. Beziehung    
```

```
Dieser Kauf ist der Beginn einer fast erotischen und sehr
ambivalenten Beziehung.

2. Genuss    
```

```
Dieser Genuß umfaßt alle Sinne. Man wühlt in den Gummibärchen,
man fühlt sie. Die Tastempfindung geht auch ins Sexuelle. Das
bedeutet nicht unbedingt, daß das Verhältnis zum Gummibärchen
ein geschlechtliches wäre, denn prinzipiell sind diese
geschlechtsneutral.
```

Über den *„Import"* wandeln Sie den Text in eine Normfall Strukturdatei um.

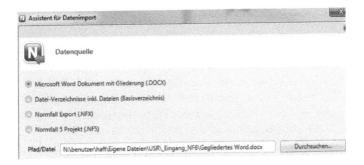

Hier das Ergebnis:

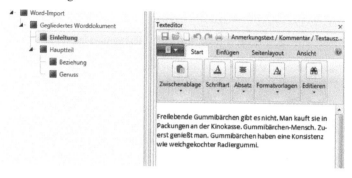

Diese Funktion ist immer dann hilfreich, wenn es darum geht, die Struktur eines vorhandenen Textes (z. B. einer Klageerwiderung) zu erkennen und zu überprüfen. Manche juristische Texte sind schwer zu verstehen. Stellt man sie strukturiert dar, versteht man sie besser und erkennt auch etwaige Mängel wie Wiederholungen und Widersprüche. Selbst umfangreiche und schwer verständliche Texte werden transparent, wenn man das sie tragende Strukturgerüst aufzeigt und mit Hilfe der Baumstruktur sichtbar macht.

### gg) Die Texterzeugung aus Verweiszeilen

Sie können Textbausteine auch ohne Gliederung und ohne Zwischenzeilen zu einem Dokument zusammenfügen, welches aus einem einzigen Fließtext bestehe. Diese Möglichkeit ist besonders dann hilfreich, wenn Sie einen Text aus kurzen Passagen, die Sie als Bausteine bereitgestellt haben, zusammensetzen wollen, wobei Sie natürlich bei Bedarf nachträglich noch eigene Bearbeitungen vornehmen können.

Dazu verwenden Sie Ihre Textbausteine in Form von Anmerkungstexten zu Verweiszeilen. Ein einfaches Beispiel mag dies verdeutlichen. Sie haben beispielsweise einen Strukturpunkt

„*Entscheidungen der Staatsanwaltschaft*" gebildet und an diesen eine Reihe von Entscheidungsmöglichkeiten in Anmerkungen zu Verweiszeilen angebunden.

Zu jeder Verweiszeile gehört ein passender Text im Textfenster.

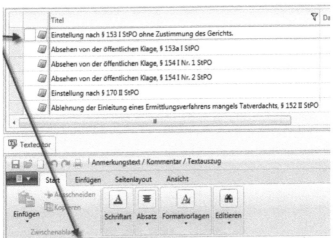

wird das Verfahren gemäß § 153 Abs. 1 Strafprozessordnung eingest die Schuld des Täters als gering anzusehen wäre und kein öffentliche Interesse an der Verfolgung besteht.

Der Zustimmung des zur Entscheidung über die Eröffnung des Hauptverfahrens zuständigen Gerichts bedarf es nicht, da ein Vergeh Betracht kommt, das nicht mit einer im Mindestmaß erhöhten Strafe b ist und bei dem die durch die Tat verursachten Folgen gering sind.

Nun stellen Sie aus den weiteren jeweils passenden Verweiszeilen der anderen Strukturpunkte in einem neuen Strukturpunkt (im Beispiel: „*Einstellungsbeschluss*") die passenden Verweiszeilen zusammen, indem Sie die gewünschten Verweiszeilen von den Quell-Strukturpunkten in den neuen Strukturpunkt *(„Einstellungsbeschluss")* kopieren (via Drag-and-Drop mit der Strg - Taste oder über die Zwischenablage mit Kopieren und Einfügen) Über die Funktionstasten F7 bzw. F8 können Sie die resultierenden Verweiszeilen nach oben oder unten verschieben, bis die Reihenfolge stimmt.

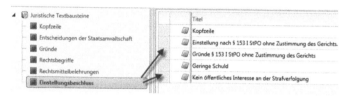

Nunmehr führen Sie wieder den Befehl „*Export*" aus. Im Export-Assistenten klicken Sie unter „*Speicher in*" den Befehl „*Aktuelles Projekt (RTF)*" an und geben einen „*Titel*" ein (m Beispiel „*Einstellungsbeschluss in der Sache XYZ*").

Bei der Auswahl des „Ziels" haben Sie mehrere Möglichkeiten, die Sie beim Anklicken des nach unten weisenden Pfeils sehen:

Sie erhalten jetzt einen neuen Strukturpunkt, der durch ein entsprechendes Icon gekennzeichnet ist.

Daran ist der der vollständige Text angebunden.

Es handelt sich dabei nun um einen Fließtext im Fenster „Texteditor":

**Einstellungsbeschluss**

In dem Ermittlungsverfahren

gegen

###

wegen

###

wird das Verfahren gemäß § 153 Abs. 1 Strafprozessordnung eingestellt weil die Schuld des Täters als gering anzusehen wäre und kein öffentliches Interesse an der Verfolgung besteht.

Der Zustimmung des zur Entscheidung über die Eröffnung des Hauptverfahrens zuständigen Gerichts bedarf es nicht, da ein Vergehen in Betracht kommt, das nicht mit einer im Mindestmaß erhöhten Strafe bedroht ist und bei dem die durch die Tat verursachten Folgen gering sind.

Bei einem Vergehen kann die Staatsanwaltschaft nach § 153 Abs. 1 Satz 1 Strafprozessordnung mit Zustimmung des für die Eröffnung des Hauptverfahrens zuständigen Gerichts von der Verfolgung absehen, wenn die Schuld des Täters als gering anzusehen wäre und kein öffentliches Interesse an der Verfolgung besteht. Der Zustimmung des Gerichtes bedarf es nach Satz 2 nicht bei einem Vergehen, das nicht mit einer im Mindestmaß erhöhten Strafe bedroht ist und bei dem die durch die Tat verursachten Folgen gering sind.

Diese Voraussetzungen sind erfüllt.

Die Schuld ist gering, wenn sie bei Vergleich mit Vergehen gleicher Art nicht unerheblich unter dem Durchschnitt liegt. Die Art der Tatausführung, verschuldete Auswirkungen der Tat, das Maß der Pflichtwidrigkeit und andere die Schwere der Schuld betreffende Gesichtspunkte sind zu berücksichtigen. Bei Anlegung dieses Maßstabes ist von geringer Schuld auszugehen.

Spezial-oder generalpräventive Umstände, die ein öffentliches Verfolgungsinteresse begründen würden, wie ein Bedürfnis nach Klärung eines kriminogenen Hintergrundes, die Notwendigkeit einer Verhinderung weiteren Schadens für den Verletzten, oder eine besondere Stellung des Verletzten im öffentlichen Leben sind nicht ersichtlich.

Diesen Text können Sie unmittelbar im Fenster „*Texteditor*", wie ich oben gezeigt habe, ausdrucken.

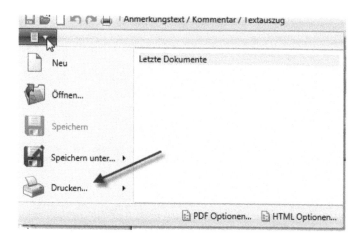

c) Die Nutzung von Textbausteinen

aa) Das Prinzip

Sie können auf die geschilderte Weise Textbausteine (sog. *„Templates"*) erstellen, die Sie in Routinebereichen nutzen können, um standardisierte Schriftstücke mit stets wiederkehrenden Ausführungen zu bestimmten Themen zu erstellen. Im Unterschied zu den verbreiteten Texthandbüchern, in denen stets komplette Texte z.B. für eine Anklageschrift oder ein Urteil enthalten sind, haben Sie dabei die Möglichkeit, einzelne Textelemente zusammenzustellen und per Mausklick als fertiges Dokument zusammenzufügen. Sie sind dadurch flexibler als bei der Arbeit mit den üblichen Texthandbüchern.

bb) Ein Beispiel

Es gibt viele Standardbereiche, in denen sich Formeln herausgebildet haben, die immer wieder verwendet werden, und die sich deshalb für Templates eignen. Ein Beispiel bieten die Anforderungen an einen Klageerzwingungsantrag gemäß § 172 III 1 StPO, zu denen das OLG Celle in NJW 08, 2202 wie folgt Stellung genommen hat:

„*Nach § 172 Abs. 3 Satz 1 StPO muss der Antrag die Tatsachen, welche die Erhebung der öffentlichen Klage begründen sollen, und die Beweismittel angeben. Erforderlich ist dazu eine aus sich selbst heraus verständliche, in sich geschlossene Darstellung des Sachverhalts und der Beweismittel. Diese muss so umfassend und vollständig sein, dass sie es dem Oberlandesgericht ermöglicht, allein aufgrund ihres Inhalts ohne Bezugnahmen und Verweisungen auf Anlagen, auf die Ermittlungsakten oder Beiakten eine Schlüssigkeitsprüfung dahin vorzunehmen, ob nach dem Vorbringen des Anzeigeerstatters ein für die Erhebung der öffentlichen Klage hinreichender Tatverdacht in Betracht kommt...*"

### 5. Die Dateitypen für die zu exportierenden Dokumente

Als Dateityp für die zu exportierenden Dokumente ist „*Rich-Text-Format (\*rtf)*" voreingestellt. Das ist ein Dateiformat für Texte, das als Austauschformat zwischen Textverarbeitungsprogrammen verschiedener Hersteller auf verschiedenen Betriebssystemen eingesetzt werden kann. Sie können aber auch einen anderen Typ wählen:

```
Rich-Text-Format (*.rtf)
Rich-Text-Format (*.rtf)
Word-Dokument (*.docx)
Word 97-2003-Dokument (*.doc)
Adobe PDF (*.pdf)
Webseite (*.html)
Nur Text (*.txt)
```

## 6. Keine Notwendigkeit eines gesonderten Textverarbeitungsprogramms

Der Manager enthält ein vollwertiges Textverarbeitungssystem verbunden mit allen Normfall Möglichkeiten. Der Einsatz eines handelsüblichen Textverarbeitungsprogrammes ist in der Regel nicht mehr erforderlich.

Über die entsprechenden Befehle im Fenster „Texteditor" können Sie die Textdateien speichern und drucken.

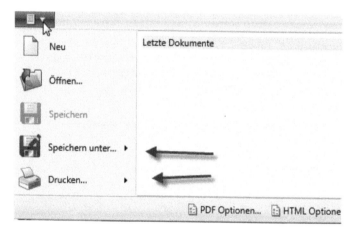

# XIV. Die Teamarbeit mit dem Manager

## 1. Übersicht

Viele Rechtsfälle werden im Team, etwa in der Kammer oder in der Kanzlei, bearbeitet. Der Manager unterstützt diese Teamarbeit. Mehrere Benutzer können parallel und gleichzeitig an ein- und demselben Projekt arbeiten.

## 2. Das Prinzip des „optimistischen Sperrens"

Der Mehrbenutzerbetrieb im Manager basiert auf dem Prinzip des „optimistischen Sperrens". Während beim „pessimistischen Sperren" weitere Anwender gesperrt sind, solange ein Anwender am System arbeitet, paralleles Arbeiten also nicht möglich ist, ist diese Möglichkeit beim optimistischen Sperren gegeben. Wenn mehrere Nutzer auf ein und dasselbe Normfall Projekt (auf einem Microsoft SQL Server) zugreifen, kann jeder Nutzer jederzeit beliebige Daten einsehen und ändern. Für den Fall, dass zwei oder mehr Nutzer an demselben Objekt in einem Normfall Projekt (Strukturpunkt, Verweis, Relationsspalte, Anmerkungstext, Dokument, usw.) parallel Änderungen vorgenommen haben, erhält der Nutzer, der das Objekt etwas später ändert und speichert, eine Konfliktmeldung:

In dieser Meldung werden nähere Informationen zur Ursache des Konflikts aufgelistet (betroffenes Objekt, neuer Inhalt, Name und Rechner des ändernden Benutzers, Zeitpunkt der Änderung).

Er hat nun die Möglichkeit, den Konflikt zu lösen, indem er

- entweder seine Änderung abspeichert und damit die Änderung des anderen Benutzers überschreibt,
- oder seine eigene Änderung verwirft und stattdessen die aktuellen Daten aus dem Projektspeicher nachlädt, d.h. die Änderung des anderen Benutzers wird geladen und angezeigt.

Natürlich kann er auch zuvor Kontakt mit dem angezeigten Benutzer aufnehmen und die Situation klären, um dann abgestimmt die jeweils richtige bzw. beste Konfliktlösung vorzunehmen.

Die Wahrscheinlichkeit für solche Konflikte wird in der Praxis jedoch relativ gering sein, denn dazu müssten zwei Benutzer dasselbe Objekt nahezu gleichzeitig ändern und speichern. Bearbeiten mehrere Benutzer z.B. immer nur bestimmte Bereiche eines Projektes exklusiv, werden keine Konflikte auftreten. Sie können also durch entsprechende Vorbereitung und Organisation bereits im Vorfeld dafür sorgen, dass solche Konflikte gar nicht erst auftreten.

Mit dem Kommando „*Aktualisieren*" (Shortcut F5) in den diversen Ansichten (Struktur, Verweisliste, usw.) können Sie jederzeit den aktuellen Stand aus dem Projektspeicher nachladen und aktualisieren, um bei einem intensiven Mehrbenutzerbetrieb mit mehreren Autoren an einem Projekt stets eine möglichst aktuelle Anzeige zu erhalten und damit die Wahrscheinlichkeit für solche Konflikte weiter zu verringern.

# XV. Das Wissensmanagement

## 1. Übersicht

In der Informationsgesellschaft ist Wissen ein wichtiger Rohstoff. Als Wissensmanagement (Knowledge Management) bezeichnet man alle Tätigkeiten, die auf den optimalen Umgang mit Wissen abzielen. Eine Reihe von Disziplinen befasst sich mit dieser Thematik, so die Wirtschaftswissenschaften, die Informatik, die Sozialwissenschaften und die Pädagogik. Das Recht ist bislang nicht dabei, was erstaunlich ist; sind doch die Juristen unter allen Berufen die einzigen, die es ausschließlich mit Wissen zu tun haben; aber das kann sich ja ändern.

Man unterscheidet zwischen organisatorischem und persönlichem Wissensmanagement. Das erstere betrifft das in Organisationen, also Unternehmen und Büros anfallende Wissen, das letztere das individuelle berufliche und auch private Wissen. Beide Formen des Wissensmanagements haben mit kollektiven und individuellen Lernfertigkeiten zu tun. Das heute so wichtige lebenslange Lernen erfordert ein intelligentes Wissensmanagement. Der Manager bietet hier neben allgemeinen spezifisch juristische Möglichkeiten. Mit dem Manager können Sie ein individuelles juristisches Wissensmanagement-System aufbauen. Das Wissen, das bei der Bearbeitung von Rechtsfällen entsteht, können Sie individuell, im Team, im Gericht, in der Behörde oder auch für externe Anwender erfassen und für die gezielte Erschließung bereitstellen. Als Schlüssel dienen dabei die Gesetze, die Sie kostenlos aus dem Web kopieren und als Strukturen verwenden können. Dabei ist ein schrittweises Arbeiten möglich, das Ihren eigenen Arbeitsschwerpunkten entspricht.

## 2. Das längerfristig gültige Wissen

Bei jeder Bearbeitung eines Rechtsfalles entsteht laufend Wissen, das längerfristig gültig ist. Es steckt in Schriftsätzen, Urteilen, Gutachten, Anklageschriften, Schutzschriften usw., aber auch in Informationen, die Sie in Kommentaren, Fachzeitschriften, Büchern, bei juris und in anderen juristischen Datenbanken, zunehmend auch im Internet zu bestimmten Rechtsproblemen recherchiert haben.

Die eigenen Ausarbeitungen liegen vielfach bereits in digitaler Form vor, anderes Material vielleicht nur als Fotokopien. Einiges existiert lediglich im eigenen Kopf und in den Köpfen der Kollegen, wo es auf das Schicksal des Vergessenwerdens wartet.

All dies ist ein Kapital. Mit dem Manager können Sie dieses Kapital bewahren und verwerten. Das gesamte erarbeitete Wissen sowohl der Organisation – also des Gerichts, der Staatsanwaltschaft, der Anwaltskanzlei, der Rechtsabteilung, vielleicht sogar einer größeren Einheit im Staat oder in der Wirtschaft – als auch des einzelnen Juristen steht dann dem Bearbeiter und auf Wunsch auch allen interessierten Kollegen bzw. der „Community" langfristig bei Bedarf zum gezielten Abruf zur Verfügung.

## 3. Die Gesetze als Schlüssel

Wir Juristen genießen den Vorzug, mit den Gesetzen einen Schlüssel verwenden zu können, wie er in keinem anderen Beruf existiert. Da Sie praktisch jedes Gesetz kostenlos in allen Fassungen[17] im Internet finden, können Sie die Gesetze einfach von dort in eine Wissensbank kopieren. Dabei gehen Sie pragmatisch vor und kopieren immer nur die Paragraphen, die gerade in einem aktuellen Fall eine Rolle spielen. Die Paragraphen fügen Sie in

---

[17] Beispielsweise kommt es im ständig geänderten Steuerrecht darauf an, die für ein bestimmtes Jahr anwendbare Gesetzesfassung zu kennen.

eine Baumstruktur mit Normen entsprechend der üblichen Gesetzesgliederung ein. Schrittweise bauen Sie so einen Schlüssel auf. Lücken in der Paragraphenfolge zeigen Ihnen, dass hierzu (noch) kein Wissen gespeichert ist oder dass es sich nicht lohnt, hierzu Wissen zu speichern (auch das gibt es).

Die einzelnen Paragraphen können Sie in Strukturen umwandeln. Jeder Kommentar bietet eine Anleitung, wie die Paragraphen hierarchisch zu gliedern sind. An die einzelnen Strukturpunkte können Sie Informationen in Form von digital existierenden oder gescannten Dokumenten, Dateien, juris-Dokumenten, Internet-Seiten usw., anbinden. Mit der Anmerkungsfunktion können Sie auch geschriebene oder gesprochene Notizen verfassen und anbinden.

Wenn ein Dokument mehrere Rechtsfragen behandelt (was der Regelfall sein wird), können Sie es multidimensional und gezielt an alle in Frage kommenden Paragraphen anbinden. Wenn sich die Ausarbeitungen zu bestimmten Paragraphen häufen, können Sie diese wie in einem Kommentar weiter untergliedern. Ändern sich Paragraphen oder werden diese aufgehoben, lässt sich das problemlos berücksichtigen, wobei alle vorhandenen Anbindungen und Anmerkungen erhalten bleiben.

Natürlich können Sie auch alternativ oder kumulativ eigene Strukturen als Schlüssel zu vorhandenen Strukturen bilden. Sie können auf diese Weise die bereits erwähnten Textbausteine („Templates") für Routinetexte schreiben oder einkopieren, die Sie immer wieder verwenden wollen. Diese können dann sehr einfach an neue Fälle angepasst und in entsprechende Schriftsätze eingefügt werden. Der Manager bietet Ihnen in seinem oben beschriebenen Textverarbeitungs-System die Möglichkeit, solche Textbausteine zu bilden und zu nutzen.

Mehrere Bearbeiter in einer Kanzlei oder einer Behörde können ihr Wissen zusammenführen, so dass es dem gesamten Team zur Verfügung steht. Da der Manager voll netzwerkfähig ist und über die oben beschriebene Synchronisationsfunktion verfügt, können alle Kollegen einer Institution an derselben Wissensbank laufend mitarbeiten. Alles, was in der Organisation jemals erarbeitet oder recherchiert wird, steht damit allen Mitgliedern auch in der Zukunft vollständig zur Verfügung. Dabei handelt es sich nicht um irgendein Gut neben anderen. Es handelt sich, unternehmerisch gesprochen, um *das* Kapital der Law Firm.

Schrittweise entsteht so ein individuelles Wissensmanagement. Im Unterschied zu den juristischen Datenbanken, die zwangsläufig vieles enthalten, was für die Praxis ohne Bedeutung ist, enthält das System ausschließlich praxisrelevantes Wissen. Anders als bei den Datenbanken speichern die Anwender – und nicht praxisferne Archivare – das Wissen.

## 4. Ein Beispiel

Das Gesagte verdeutliche ich an einem Beispiel. In einem zivilrechtlichen Rechtsstreit ging es nach einem Unfall um die Verkehrssicherungspflicht in einem Selbstbedienungsladen. Hierzu hatte das Gericht eine Entscheidung des OLG Köln recherchiert und im Urteil Ausführungen zu dieser Thematik. Beides wurde in einen Wissensmanager eingefügt.

Zunächst wurde ausgehend von der Unterscheidung zwischen *„Privatrecht"* und *„Öffentlichem Recht"* die Baumstruktur über die Strukturpunkte *„Privatrecht", „Zivilrecht", „Materielles Recht", „BGB", „Buch 2. Recht der Schuldverhältnisse", „Abschnitt 8. Einzelne Schuldverhältnisse (§§ 433–853)", „Titel 27. Unerlaubte Handlungen (§§ 823–853)", „§ 823 Schadensersatzpflicht", Verkehrssicherungspflicht im Selbstbedienungsladen"* angelegt. Hier ein Ausschnitt.

# Das Normfall Buch 337

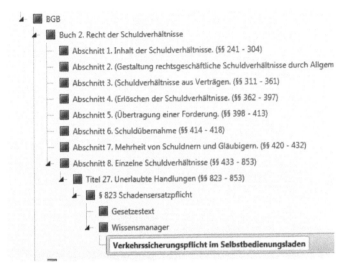

An den Strukturpunkt „*Verkehrssicherungspflicht im Selbstbedienungsladen*" wurden die beiden genannten Entscheidungen als PDF-Dateien angebunden:

| | | |
|---|---|---|
| 📄 | 22.03.2013 | OLG Köln Urt. v. 22.3.1972 - 16 U 191/71 - NJW 1972 1950 |
| 📄 | 06.05.2013 | Urteil des Amtsgerichts,, Seite 3 |

Zur Entscheidung des OLG Köln wurde der relevante Text am Fenster „*Texteditor*" einkopiert:

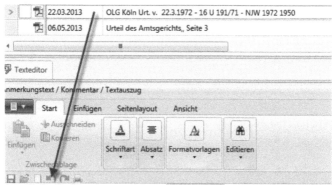

In gleicher Weise wurde der relevante Text aus dem Urteil des Amtsgerichts am Fenster „*Texteditor*" einkopiert:

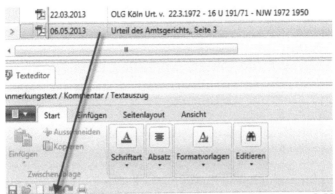

)er Schmerzensgeldanspruch der Klägerin ergibt sich aus § 82
3GB.

)ie Beklagte hat durch ihre Organe, zu denen hinsichtlich der '
:ehrssicherungspflicht auch der Leiter eines Marktes zu zählen
jem. § 31 BGB analog einzustehen. Die Knöchelverletzung de{
3eklagten ist auf eine Verletzung der der Beklagten obliegende
/erkehrssicherungspflicht im Eingangsbereich ihres Marktes zւ
ückzuführen.

## 5. Kein Wissensmanagement bei der herkömmlichen Vorgehensweise

Bei der herkömmlichen Vorgehensweise verschwinden die eigenen Ausarbeitungen im Archiv und sind, wenn man sich später nicht mehr an den Fall und an die Akte, also insbesondere an die Namen von Mandanten und Parteien erinnert, hoffnungslos verloren. Treten dann dieselben Probleme auf, muss man diese neu bearbeiten. Beim Einsatz des Managers kann es dagegen nicht mehr passieren, dass man das Rad immer wieder neu erfinden muss.

## 6. Das Wissensmanagement bei juristischen Datenbanken

Jede erfolgreiche oder erfolglose Recherche stellt einen ökonomischen Wert dar, der sich an dem jeweiligen Aufwand an Zeit und Arbeit ergibt. Dieser Wert kann technisch problemlos der „Community" über das Internet zur Verfügung gestellt werden. Das kann kostenlos geschehen, weil jeder Teilnehmer gibt und jeder Teilnehmer nimmt.

Juristische Datenbanken sind um Vollständigkeit bemüht und werden im Laufe der Zeit immer umfangreicher. Die „Wohltat des Vergessens", die im Papierzeitalter dazu geführt hat, dass älteres Material allmählich aus der Sicht schwindet, gibt es im digitalen Zeitalter nicht mehr. Die Datenbanken werden daher zunehmend mit Inhalten gefüllt, die durch den Zeitablauf überholt sind. Eine Löschinstanz gibt es nicht.

Hinzu kommen die Wiederholungen. Dieselben Rechtsfragen werden immer wieder neu behandelt. Das ist dann unökonomisch, wenn keine neuen Erkenntnisse hinzutreten, sondern lediglich das Bestehen einer „ständigen Rechtsprechung" oder einer „herrschenden Praxis" dokumentiert wird. Wer in einem solchen Fall den Hyperlinks in einer Datenbank folgt, stört zuverlässig seine eigene Informationsverarbeitung im Kopf und ist spätestens beim dritten Hyperlink verwirrt.

Die Wissenschaft, genauer: die Rechtstheorie, hat sich bislang mit diesen Problemen nicht befasst. Deren Lösung ist aber dringlich. Wenn beispielsweise ein Anwalt ein längst ausdiskutiertes Rechtsproblem anhand aufwendiger Recherchen neu untersucht, fügt er seinem Mandanten einen wirtschaftlichen Schaden zu. Dieser kann größer sein als der Schaden, der eintritt, wenn er die vorhandene Rechtsprechung und Literatur ignoriert.

Die Betreiber von juristischen Datenbanken haben sich ebenfalls bislang nicht mit diesem Problem befasst. Dabei ist es technisch lösbar. Es wäre die Aufgabe einer (nicht existierenden) methodenorientierten Rechtsinformatik, dieses Problem anzupacken.

# XVI. Die Normfall Elektronische Akte (NEA)

## 1. Das Konzept von NEA

Der Manager ist ein sehr funktionsreiches Werkzeug, das Ihnen die dargestellten Möglichkeiten bietet. Sein volles Potential werden Sie in Umfangsverfahren („Gürteltieren") zu schätzen wissen. Es gibt aber auch viele kleinere Verfahren („Quicklies"), bei denen Sie dieses Potential nicht in vollem Umfang benötigen. Aber auch ein „kleines" Verfahren, beispielsweise ein Zivilprozess, in dem es lediglich eine Klageschrift nebst Klageerwiderung, Replik, Duplik und vielleicht einige Anlagen und Beweisprotokolle gibt, kann Ihnen schon erhebliche Mühsal bereiten. Als Abhilfe wurde die Normfall Elektronische Akte (NEA) als Element des Managers geschaffen. Sie enthält zentrale Funktionen des Managers, verzichtet aber auf nicht unbedingt nötige Funktionen und eröffnet Ihnen eine Reihe von Möglichkeiten, die es bei einer Papierakte nicht geben kann. Sollte sich – was immer möglich ist – ein „Quickly" zu einem „Gürteltier" auswachsen, steht Ihnen das volle Potential des NF Managers zur Verfügung. Denn NEA ist zwar ein integraler Bestandteil des Managers und kann für sich genutzt werden, erlaubt aber jederzeit die volle Nutzung des Managers.

Da die Justiz derzeit plant, die digitale Akte im PDF-Format zu erstellen, ist NEA aktuell auf dieses Format beschränkt. NEA verbindet die Anbindung von PDF-Dateien mit zentralen Elementen der Schlagwortmethode (dazu oben). Zusätzlich bietet NEA Ihnen die Möglichkeit, eigene Kommentare (Annotationen) in Verweiszeilen einzufügen.

NEA kann in der Geschäftsstelle oder im Sekretariat ohne jeglichen Schulungsaufwand durch Anbindung und Kategorisierung von PDF-Dateien erstellt werden und ermöglicht Ihnen dann einen raschen, ortsungebundenen Überblick über das jeweilige Projekt, wobei Sie die Dokumente jederzeit nach den von

Ihnen gewünschten Kriterien gefiltert zusammenstellen können. Daraus folgt, dass nur der Strukturbaum und das Verweisfenster sowie der PDF Editor benötigt werden. Eine weitergehende inhaltliche Bearbeitung setzt den Einsatz des Managers voraus.

## 2. Das Anlegen einer E-Akte in NEA

Sie legen wie gewohnt ein neues Projekt an. Im Dialog „*Neues Projekt anlegen*" ist der Projekt-Typ *Standard Projekt* voreingestellt. Durch Anklicken des kleinen nach unten gerichteten Pfeiles rechts daneben öffnen Sie ein Pull-Down Menü.

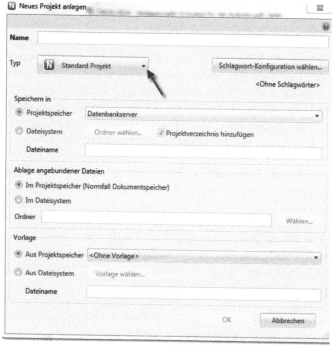

Darin markieren Sie den Typ E-Akten-Sammlung.

Sie geben dem Projekt bzw. der E-Akten Sammlung einen Namen (im Beispiel „*Test E-Akte*") und bestätigen mit „*OK*". Das neue Projekt wird angelegt und im Strukturfenster geöffnet. Sie erkennen es am „*Icon*".

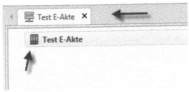

Sie können das Projekt über die Funktionstaste [F2] (am Wurzel-Strukturpunkt) umbenennen, z.B. in „*Aktensammlung Zivilrecht*".

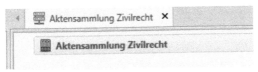

Nunmehr legen Sie einen Aktenordner an. Sie klicken den obersten Strukturpunkt (im folgenden Beispiel „*Test E-Akte*") an und öffnen mit der rechten Maustaste das Kontextmenü. Über den

Befehl „*Neu*" geben Sie in dem sich öffnenden Untermenü den Befehl „*Neue Akte*" ein.

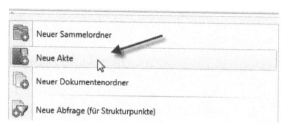

Es öffnet sich ein Dialog, in welchem Sie die E-Akte benennen (z.B. *„Klein ./. Kauf & Spar GmbH Az: 2 C 396/03"*).

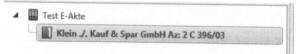

Damit ist die E-Akte angelegt und durch ein entsprechendes Icon gekennzeichnet. Sie können weitere E-Akten anlegen (daher die Bezeichnung „E-Akten Sammlung" für diesen Projekt-Typ), was wir aber nur in begründeten Fällen empfehlen. Normalerweise ist es besser, neue E-Akten in eigenen Projekten anzulegen. Wenn Sie ausnahmsweise eine weitere E-Akte im selben Projekt anlegen wollen, wiederholen Sie den eben beschriebenen Vorgang und erzeugen eine (oder mehrere) weitere E-Akten.

### 3. Das Befüllen der E-Akte

Im Verweisfenster legen Sie einmalig oder schrittweise Ihre komplette Akte an, indem Sie die einzelnen PDF-Dateien, welche die Akte bilden, als Verweise an den Strukturpunkt der E-Akte anbinden. Auch Kommentarzeilen können Sie hier anlegen. Datei-Icons zeigen Ihnen jeweils, um welchen Dateityp es sich handelt.

Diese Befüllung können Sie schrittweise vornehmen. Das ist besonders für solche Verfahren hilfreich, in denen wie im Zivilprozess die Akte erst allmählich im Laufe der Zeit entsteht. Jedes neue PDF-Dokument und jeden neuen Kommentar fügen Sie oder Ihr Serviceteam als neue Verweiszeile in das Verweisfenster ein. Dieses enthält also ein komplettes und getreues digitales Abbild Ihrer Akte. (Da die Justiz, wie gesagt aktuell die elektronische Akte im PDF-Format plant, können Sie in einer Normfall E-Akte (aktuell) nur PDF-Akten verwalten.)

Die E-Akte enthält nun eine Besonderheit, die es in einer Papierakte nicht gibt und nicht geben kann: Sie können die Verweiszeilen schon bei der Anbindung (und natürlich auch später) auf einfache Weise entsprechend den Besonderheiten Ihrer Tätigkeitsroutine strukturieren. Hierzu dienen die vier Felder *„Datum"*, *„Quelle"*, *„Inhalt"*, *„Titel"* und *„Bemerkungen"*.

Diese Rangfolge entspricht dem hierarchischen Prinzip, welches den Manager durchweg kennzeichnet. Vom allgemeinen Namen des Strukturpunktes ausgehend werden Sie über die Elemente *„Datum"*, *„Quelle"*, *„Titel"* usw. schrittweise immer konkreter informiert. Die weitere Vorgehensweise entspricht der, die ich oben im Schlagwortkapitel beschrieben habe. Ich beschränke mich deshalb hier auf wenige Hinweise.

An den Strukturpunkt *„Akte"* werden sämtliche Dokumente als PDFs angebunden, wobei sich aus dem Datumsfeld die (auf- oder absteigende) Chronologie ergibt. Natürlich kann auch alphabetisch oder numerisch sortiert werden.

Im Feld *„Datum"* wird zweckmäßigerweise in der Geschäftsstelle das Erstellungsdatum des Dokuments, also z. B. der Klageschrift eingetragen. Es kann aber auch ein anderes Datum festgelegt bzw. voreingestellt werden.

Im Feld *„Quelle"* wird die Quelle des Dokuments nach einem einheitlichen Schema bezeichnet, z. B. *„Gericht"*, *„Kläger"*, *„Beklag-*

*ter*", *"Zeuge*" usw. Die Festlegung dieser Begriffe erfolgt durch die Geschäftsstelle anhand eines aufklappbaren Menüs, in das die entsprechenden Begriffe eingetragen werden. Sie stehen dann dort für künftige Anwendungen zur Auswahl zur Verfügung. Weitere Einträge oder auch Einträge nur von Hand sind natürlich möglich.

Im Feld „*Inhalt*" wird der Inhalt des Dokuments ebenfalls nach einem einheitlichen Schema bezeichnet, z. B. „*Klageschrift*", „*Schriftsatz*", „*Beweisantrag*" usw. Diese häufig vorkommenden Begriffe stehen dann dort ebenfalls in einem aufklappbaren Menü für künftige Anwendungen zur Auswahl zur Verfügung. Weitere Einträge oder auch Einträge von Hand sind natürlich auch hier möglich.

Die sehr einfache Grundstruktur von NEA mit nur wenigen „*Tags*" in der Verweisliste ermöglicht ein semi-automatisiertes Verfahren zur gezielten Orientierung in einem Projekt. Weder die Geschäftsstellenmitarbeiter noch die Richter und Anwälte benötigen hierfür eine Schulung.

## 4. Die Abfragen

Miit „gefilterten" Abfragen können Sie gezielt nach bestimmten Dokumenten suchen (siehe oben im Schlagwortkapitel). Sie können beliebige Filterungen und Sortierungen vornehmen und sich die entsprechenden Dokumente anzeigen lassen. Auf diese Weise können Sie verschiedene NEA-Strukturen aufbauen, die Ihrer Arbeitsweise entsprechen und als Grundlage Ihrer Arbeit gespeichert bleiben.

Hierzu einige Beispiele: Welche Schriftstücke hat die Klagepartei eingereicht? Welche Schriftstücke hat die Beklagtenpartei eingereicht? Welche Anlagen haben die Parteien eingereicht? Wie sieht die Akte nach dem Schema „Klage – Klageerwiderung – Replik – Duplik" usw." sortiert aus. Welche Vernehmungsprotokolle gibt es? Welche Vorgänge betreffend die X-AG gibt es? Welche Verfügungen hat das Gericht getroffen?

| | Datum | Quelle | Inhalt | Titel |
|---|---|---|---|---|
| | 23.06.2003 | Kläger | Klageschrift | Klageschrift |
| | 16.09.2003 | Beklagter | Klageerwiderung | Klageerwiderung |

Sie sind dabei, wie schon gesagt, völlig frei. Sie können jede gewünschte Sortierung mit wenigen Mausklicks in Sekundenschnelle auf den Bildschirm holen. Alle diese Möglichkeiten bringen deutliche Vorteile gegenüber der Arbeit mit einer klassischen Papierakte. Nehmen Sie an, der Beklagte bezieht sich in einem Schriftsatz auf eine bestimmte Anlage zur Klageschrift. Wenn alle Anlagen des Klägers in einem eigenen Strukturpunkt sortiert „gefiltert" sind, können Sie diese Anlage in Sekundenschnelle mit einem Mausklick öffnen.

Die in NEA gespeicherte Akte können Sie auf einem USB-Stick in die Tasche stecken und jederzeit überall – im Gerichtssaal oder in der Wohnung – auf Ihrem Rechner einsehen. Die Kommentarfunktion des in NEA integrierten PDF-Viewers ermöglicht es dabei, an relevanten Stellen Notizen für die weitere Bearbeitung anzufertigen. Hier ein Beispiel einer solchen Kommentarnotiz zu einer Klageschrift:

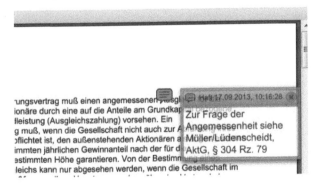

## 5. Die Paginierungsfunktion

### a) Übersicht

Alle an einen Strukturpunkt angebundenen PDF-Dokumente können Sie in NEA paginieren, also mit Blattzahlen versehen. Diese Funktion ist deshalb sinnvoll, weil die an den gespeicherten Blattzahlen orientierte Seitenzählung im PDF-Editor oftmals nicht mit der gewünschten Seitenzählung einer Akte übereinstimmen wird.

### b) Die Vorgehensweise

Sie geben Sie im Kontextmenü des Strukturpunktes *„Akte"* den Befehl *„Paginierung für Akte aktualisieren"* ein. Es erscheint eine Laufanzeige unten rechts. Den Prozess können Sie jederzeit abbrechen

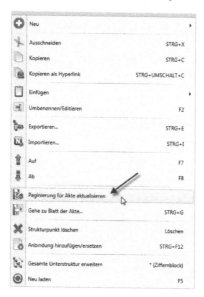

Für die Paginierung werden in allen die Akte bildenden PDF-Dateien oben rechts fortlaufende Blattzahlen in Form einer PDF-Anmerkung *("Annotation")* eingefügt.

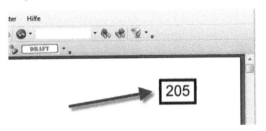

Die Blattzahl beginnt stets mit der Ziffer 1 und wird mit jeder Seite eines PDF-Dokumentes um eine Ziffer erhöht. Dies geschieht übergreifend über die Seitenzahlen der einzelnen PDF-Dateien, d.h. die Paginierung beginnt bei der zweiten PDF-Datei mit der letzten Blattzahl der ersten PDF-Datei plus eins, usw. Die Reihenfolge der Verweise auf die einzelnen PDF-Dateien ist hierfür entscheidend.

Ist eine PDF-Datei als doppelseitig gekennzeichnet, wird dies berücksichtigt, indem für diese PDF-Datei statt einer Folge von einfachen Blattzahlen je Blatt eine Vorder- und eine Rückseite gebildet und als Annotation angelegt wird (1(V), 1®, 2(V), 2®, usw.). Die Kennzeichnung für doppelseitig wird in der Dokumentenliste des Projektes bzw. Datenspeichers vorgenommen. Dazu muss hier bei der jeweiligen PDF-Datei in der Spalte Doppelseitig das Häkchen gesetzt werden.

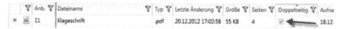

Wenn Sie den Normfall PDF-Editor im „*Out-of-Band*" Modus betreiben (den Sie im Optionendialog über die „Schnellansicht," einstellen können) werden alle Annotationen für die Paginierung extern gespeichert, d.h. die PDF-Dateien selbst werden dazu nicht verändert. Dies trägt der Tatsache Rechnung, dass die eingescannten PDF-Dateien oft nicht verändert werden dürfen, so bei beschlagnahmten Asservaten. Bei der Anzeige im Normfall PDF Editor werden die Annotationen dann automatisch ähnlich einer Folie zusätzlich eingeblendet.

Soll die Paginierung dagegen Teil der PDF-Dateien werden (um sie z.B. auch in anderen PDF-Viewern anzeigen zu können), deaktivieren Sie den „*Out-of-Band*" Modus bei der Paginierung

c) Gehe zu Blatt...

Im Ribbon-Menü-Reiter „*Struktur*" finden Sie ganz rechts die Schaltfläche „*Akte/ Paginierung*".

Beim Anklicken öffnet sich ein Befehl:

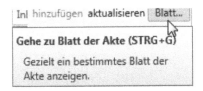

Hiermit können Sie ein bestimmtes Blatt einer in Normfall abgebildeten und paginierten Akte gezielt anzeigen. Dazu erscheint ein Dialog, in dem die Blattnummer eingegeben wird. Der mögliche Wertebereich (erste bis letzte Blattnummer) wird ebenfalls angezeigt; andere Werte werden nicht angenommen.

Handelt es sich bei der eingegebenen Blattnummer um eine doppelseitig organisierte PDF-Datei, muss noch bestimmt werden, ob die Vorderseite oder Rückseite angezeigt werden soll.

Mit „*OK*" öffnen Sie die passende PDF-Datei in der PDF-Schnellansicht.

### 6. Fazit

NEA ist, wie bereits erwähnt, für kleinere Fälle gedacht, was aber den Einsatz von NEA in Umfangsverfahren nicht ausschließt. Sie können ein NEA-Projekt beispielsweise auf einem Laptop oder Tablet mitnehmen, um gewünschte Dokumente rasch zu finden. Sie können Kommentare als Verweiszeilen hinzufügen und beispielsweise Stichwortnotizen in einem Gerichtstermin anfertigen. Über die Schnellansicht können Sie die angebundenen PDF-Dateien öffnen. Dabei bietet Ihnen der integrierte PDF-Editor als „Akten-Anzeige" zahlreiche Bearbeitungsmöglichkeiten. Besonders wichtig ist dabei die Möglichkeit, über das Pull-Down-Menü *„Werkzeuge"* Anmerkungen auf dem PDF-Dokument anzubringen.

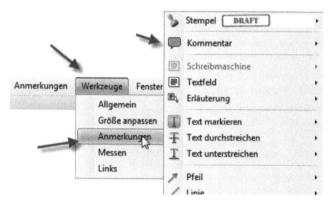

Und: Sollte sich das „Quickly" zu einem „Gürteltier" auswachsen, steht Ihnen jederzeit das volle Instrumentarium des Managers zur Verfügung.

**Weitere Bücher von Fritjof Haft**
– zu beziehen über www.normfall.de oder den Buchhandel

## Juristische Methodenschule

Das Wort Methode bezeichnet die Art und Weise eines Vorgehens, also ein menschliches Verhalten, und dazu benötigen Sie Fertigkeiten, die Sie nur durch Training erworben können. „Lehren" kann man dies nur sehr begrenzt, weshalb der Ausdruck „Methodenlehre" in einem Buchtitel irreführend wäre. Entscheidend ist Ihr eigenes Verhalten, Ihr Training. Deshalb trägt dieses Buch den Titel „Methodenschule". In einer Schule wird gelernt, und das heißt, es werden juristische Fertigkeiten eingeübt. Bislang fehlten freilich alle Voraussetzungen für ein solches Vorhaben. Weder in Vorlesungen und Kursen noch durch das Schreiben von Übungsklausuren können Sie Fertigkeiten erwerben. Erst im Computerzeitalter hat sich das geändert. Das Buch zeigt Ihnen, wie Sie mit IT-Unterstützung Ihr juristisches „Lernen" und Arbeiten als ein Training gestalten und optimieren können.

Normfall GmbH – Originalausgabe
ISBN 978-3-98-157602-3
€ 24,90 (D)

**Juristische Schreibschule**

Das Buch behandelt erstmals alle Aspekte des juristischen Schreibens, eine Tätigkeit, die jeder Jurist praktizieren muss, die aber in der juristischen Methodenliteratur bislang allenfalls (unzureichend) im Zusammenhang mit Klausuranleitungen behandelt worden ist. Dargestellt werden unter dem Aspekt des Schreibens der zu bewältigende Gegenstand, nämlich die „Sache Recht", deren Besonderheit, die stets zu bewältigende Komplexität, der anzusprechende „juristische Leser", das „Strukturieren", welches das stärkste (und am wenigsten genutzte) Überzeugungsmittel in juristischen Texten ist, sowie „Strategie und Taktik" beim juristischen Schreiben. Der Horizont ist dabei interdisziplinär weitgespannt. Erkenntnisse aus Informatik, Sprachwissenschaft, Kommunikationstheorie, Sozialpsychologie und weiteren Gebieten werden nutzbar gemacht. Ausflüge in die Literatur lockern die Darstellung auf.

Normfall GmbH – Originalausgabe
ISBN 978-3-00-027793-1
€ 24,90 (D)

## Juristische Lernschule

Das Buch ermöglicht es, juristische Fertigkeiten zu erwerben und einzuüben. Fertigkeiten sind etwas anderes als Wissen. Man erwirbt sie durch Training. Es verhält sich mit ihnen wie mit einem Musiker, der vielleicht alles über die Musik weiß, der aber ohne Übung nicht imstande ist, auch nur den Flohwalzer mit einem Finger zu spielen. Bislang gab es keine Möglichkeit, Fertigkeiten im Jurastudium zu vermitteln und zu erwerben. Das geschah erst in der Praxis, und dort ganz überwiegend durch Trial and Error. Im Zeitalter der modernen Informationstechnik hat sich das geändert. Das Buch zeigt, welche Möglichkeiten zum Erwerb von juristische Fertigkeiten es gibt. Das IT-gestützte Lernen ermöglicht ein effizientes Jurastudium und eröffnet zugleich Freiräume für den Erwerb rechtsphilosophischen und rechtsgeschichtlichen Wissens.

Normfall GmbH
Völlig neu geschriebene 8. Auflage der »Einführung in das juristische Lernen«, München 2011.
351 S., ISBN 978-3-00-032888-6
€ 24,80 (D)

**Der Verhandlungsmanager**

Das Buch behandelt das Thema Verhandeln auf eine neuartige Weise. Verhandeln muss man trainieren, und dieses Training ist nur in der Realität möglich. Der Autor, der als Pionier der Verhandlungsforschung und -lehre bekannt ist, stellt das Wissen dar, das die moderne Verhandlungsforschung erschlossen hat. Auch für Mediatoren ist es nützlich, denn die Mediation ist eine unterstützte Verhandlung.

Normfall GmbH – Originalausgabe
ISBN 978-3-00-028854-8
€ 29,80 (D)

**Der Krimi an sich**

Eine Krimiwoge rollt durch Deutschland, ein Krimi-Tsunami droht. Kein Ort, keine Region, kein Beruf ist mehr sicher. Überall lauert das Böse. Fernsehabende ohne Kommissare gibt es nicht mehr. Wo früher „Der Blaue Bock" und „Dalli Dalli" gute Laune verbreiteten, nimmt heute das Verbrechen seinen Lauf. Nach sicheren Informationen des Autors droht sogar den 450 Bewohnern des Ortes Aha die Gefahr, ausgerottet zu werden. Nur die Mordkommission Aha, genannt die „Aha Greifer" kann das verhindern (Dienstag, 20:15, TV Gunzenhausen). In dieser Situation tut Orientierung Not. Das Buch liefert sie.

Normfall GmbH – Originalausgabe
ISBN 978-3-98-157600-9
€ 19,80 (D)


**Kein Leben ohne Witz**

*„Lachen ist eine sehr wichtige Sache. Man sollte die Menschen so oft wie möglich dazu bringen, denn man kann kaum etwas Böses tun, während man lacht"* (Hal Roach – US Filmproduzent 1892–1992). Das Buch behandelt den Humor in allen seinen Spielarten sowie verwandte Erscheinungen wie Ironie, Streich, Satire, Parodie, Running Gag, Kalauer, Schüttelreim, Limerick, Comic und Bonmot, ehe es den Witz erklärt. Denn, um Loriot abzuwandeln: Ein Leben ohne Witz ist möglich, aber sinnlos.

*im Erscheinen*

**Aus der Waagschale der Justitia**
Ein Buch – nicht nur für Juristen

4000 Jahre Rechtsgeschichte werden lebendig in Darstellungen, die die »Sache Recht« in all ihrer Vielfalt, ihren Höhen und Tiefen, ihrer Wahrheit und ihren Irrtümern zeigen – vom Begriff des Rechts bis zur Alternativen Konfliktbeilegung, vom Codex Hammurapi bis zum Einigungsvertrag, vom Prozeß Jesu bis zum Milošević-Prozeß, von den Sophisten bis hin zu Oliver Wendell Holmes. Der Autor berichtet von Ideen, Klassikern des Rechtsdenkens, Rechtswissenschaftlern, Gesetzen, Gerichten und Prozessen und beweist, daß Rechtsgelehrte keineswegs trocken und langweilig schreiben müssen.

Beck im dtv – Originalausgabe
4. überarbeitete und aktualisierte Auflage München 2009
€ 18,90 (D)


**Juristische Rhetorik**

Dieses Buch macht praxisbezogen – auf den Erkenntnissen der zeitgenössischen Rechtstheorie aufbauend – mit den juristischen Denk- und Redetechniken bekannt und übt sie ein. Zugleich bietet es eine Einführung in die moderne Rhetorik.

Die Rhetorik muß wieder in ihre Rechte eingesetzt werden.

Warum das so ist und wie das geschehen soll, wird in diesem Buch gezeigt.

Verlag Karl Alber
8. unveränderte Auflage Freiburg/München 2009

# Anmerkung

Der Manager wird laufend weiter entwickelt und um neue Features bereichert. Diese Änderungen werden im Rahmen der Pflege laufend eingespielt. Im vorliegenden Buch, das auf dem Stand Juni 2014 fertiggestellt wurde, konnten sie naturgemäß nicht berücksichtigt werden. Bitte informieren Sie sich auf unserer Website *www.normfall.de* über den jeweils aktuellen Stand.

Das dritte Hauptkapitel dieses Buches „Die Anwendungsmöglichkeiten des Managers" (S. 153 ff.) steht auch als Normfall Strukturdatei im Internet unter *www.normfall.de/nfbuch* zur Verfügung. Zu den Erläuterungen finden Sie dort einen Trainingsteil. Anhand von Aufgaben und Lösungen können Sie die wichtigsten Funktionen des Managers dort kennenlernen und einüben.

www.normfall.de

www.normfall.de/nfbuch